考试研究方法导论

陈明庆　陈达辉　林文广　主编

内 容 简 介

考试是一门新兴的科学，还很不完善，亟待建立完备的考试科学体系。因此，大力开展考试科学研究工作非常必要。对考试研究方法的研究本身就是考试科学研究的重要组成部分，也是考试科学研究的基础性、前瞻性的研究。

本书主要涵盖了考试研究概述、考试研究步骤、考试研究方法、考试研究评价等内容，可为有志于考试研究的人们提供一个参考和借鉴。

图书在版编目（CIP）数据

考试研究方法导论 / 陈明庆，陈达辉，林文广主编. —北京：北京大学出版社，2009.1

ISBN 978-7-301-15094-8

Ⅰ.考… Ⅱ.①陈…②陈…③林… Ⅲ.考试学－研究方法 Ⅳ.G424.7-3

中国版本图书馆 CIP 数据核字（2009）第 052485 号

书　　　　名：	考试研究方法导论
著作责任者：	陈明庆　陈达辉　林文广　主编
责 任 编 辑：	卢英华
标 准 书 号：	ISBN 978-7-301-15094-8/G•2594
出 版 者：	北京大学出版社
地　　　址：	北京市海淀区成府路 205 号　100871
电　　　话：	邮购部 62752015　发行部 62750672　编辑部 62765126　出版部 62754962
网　　　址：	http://www.pup.cn
电 子 信 箱：	xxjs@pup.pku.edu.cn
印 刷 者：	北京飞达印刷有限责任公司
发 行 者：	北京大学出版社
经 销 者：	新华书店
	787 毫米×980 毫米　16 开本　16.5 印张　220 千字
	2009 年 1 月第 1 版　2010 年 3 月第 2 次印刷
定　　　价：	40.00 元

未经许可，不得以任何方式复制或抄袭本书之部分或全部内容。

版权所有，侵权必究

举报电话：010－62752024；电子信箱：fd@pup.pku.edu.cn

序

方法是人们在社会实践过程中认识世界、改造世界的方式、手段和技术的总称。方法是人类经验的总结、智慧的结晶，又是帮助人们创造新的业绩、获得更大智慧的阶梯。人们的一切活动，都离不开方法。科学的发展，都以方法的革命为先导。社会的进步，也离不开方法的更新。随着社会不断发展和改革的深入进行，人们的思维方式也在不断变化。新时期的新任务，迫切需要新的方法。

对考试研究而言，掌握科学方法也一样重要。考试作为一种测试活动，有其内部规律。考试作为一种社会现象，又与一定社会的政治、经济、文化有密切的关系。研究考试不仅要研究考试活动的内部规律，探索科学、准确地考查人的知识和能力水平的办法，还要研究考试活动的外部规律，探索如何适应社会的需要建立和完善考试制度，制定考试政策，确定考试内容和方法，以便更好地发挥考试的功能。与其他学科相比，考试毕竟还是一门新兴的科学，它还很不完善，还远远不能适应考试实践的要求。显然，现代社会和考试的发展亟待建立完备的考试科学体系。因此，大力开展考试科学研究工作非常必要，它对于促进人才培养和选拔，也有着极其重要的现实意义和深远的历史意义。

巴甫洛夫说："初期研究的障碍乃在于缺乏研究法。无怪乎人们常说，科学是随着研究法所获得的成就而前进的。"对考试研究方法的研究本身就是考试科学研究的重要组成部分，也是考试科学研究的基础性、前瞻性的研究。本书主要涵盖了考试研究概述、考试研究步骤、考试研究方法、考试研究评价等内容，从总体而言，本书是对考试研究方法的论述，虽然还不够深入，还需不断充实和完善，但我相信此书的出版可为有志于考试研究的人们提供一个参考和借鉴。

福建省教育厅副厅长　薛卫民
2008 年 7 月 18 日

目　　录

第一篇　概述篇 1
第一章　考试科学研究概述 2
　第一节　科学与科学研究 2
　　一、什么是科学 2
　　二、科学的分类 3
　　三、科学研究 4
　　四、科学研究的特点 5
　第二节　考试科学研究的界说 6
　　一、考试科学 6
　　二、考试科学研究 7
　　三、考试科学研究方法 8
　第三节　考试科学研究的任务和意义 9
　　一、考试科学研究的任务 9
　　二、考试科学研究课题分类 11
　　三、考试科学研究的意义 13
　第四节　考试科学研究的原则 15
　　一、现代考试科学研究的方法论基础——马克思主义哲学 15
　　二、提高研究方法的科学性：定性研究与定量研究结合 17

第二篇　考试研究步骤篇 19
第二章　选定考试研究课题 20
　第一节　选定考试研究课题的意义 20
　　一、课题 20
　　二、选定研究课题的意义 20
　第二节　选定考试研究课题的途径 22
　　一、从考试实际工作迫切需要解决的问题中选择课题 23
　　二、从考试文献中选择课题 23

三、从热门话题或人们普遍关注的焦点问题中选择课题 25
第三节　选定考试研究课题的原则 25
　　一、创新性原则 26
　　二、科学性原则 27
　　三、需要性原则 28
　　四、可行性原则 28
第四节　选定考试研究课题的方法 30
　　一、选定研究课题的逻辑过程 30
　　二、选定考试研究课题的方法 30
　　三、课题评价方法 33

第三章　检索文献资料 34
第一节　文献资料种类 34
　　一、文献 34
　　二、文献资料种类 34
第二节　考试文献的分布和特点 37
　　一、考试文献的分布 37
　　二、考试文献的特点 41
第三节　检索考试文献的意义 42
第四节　检索考试文献资料途径和方法 45
　　一、文献检索的途径 45
　　二、考试文献检索方法 47
第五节　检索考试文献资料步骤 50
　　一、分析检索课题，明确检索目的 51
　　二、选择检索系统，确定检索标志 51
　　三、确定检索途径和检索方法 51
　　四、查找文献线索 52
　　五、查找和获取原始文献 52

第四章　制订课题研究计划 53
第一节　考试研究计划的作用和要求 53
　　一、制订考试研究计划的作用 53
　　二、考试科研计划的具体要求 54

第二节　考试研究计划的结构和内容 55
　　　　一、课题名称 55
　　　　二、课题研究的背景和意义 57
　　　　三、国内外研究现状、水平和发展趋势 58
　　　　四、研究的理论依据和指导思想 58
　　　　五、研究对象与范围 58
　　　　六、研究的内容 59
　　　　七、研究的方法 60
　　　　八、研究的步骤 61
　　　　九、研究的预期成果形式 61
　　　　十、课题组成员及其分工 62
　　　　十一、经费预算与设备条件要求 62
　　　第三节　考试研究策略及注意事项 63
　　　　一、课题研究策略 63
　　　　二、制订研究计划的应注意问题 64
第五章　搜集和整理分析资料 66
　　第一节　资料的属性和类型 66
　　　　一、资料的属性 66
　　　　二、资料的类型 67
　　第二节　资料的搜集 68
　　　　一、资料搜集的重要性 69
　　　　二、搜集资料的步骤 69
　　　　三、资料搜集的渠道 70
　　　　四、资料搜集的原则 72
　　　　五、资料的搜集方法 73
　　第三节　资料的整理和分析 75
　　　　一、资料的整理 76
　　　　二、资料的分析 78
　　　　三、资料分析整理应注意的问题 81
第六章　撰写考试科学研究文稿的心理准备与文稿生成过程 83
　　第一节　考试科学研究文稿撰写的心理特征 83

一、正确估量自己的优势与不足 ……………………………… 83
　　　二、要有必胜的信念和百折不挠的毅力 ……………………… 85
　　第二节　文稿的写作过程 …………………………………………… 86
　　　一、制订计划 …………………………………………………… 87
　　　二、确定题目 …………………………………………………… 88
　　　三、拟定提纲 …………………………………………………… 90
　　　四、初稿，文稿写作的基础工程 ……………………………… 92
　　　五、文稿写作的共性问题 ……………………………………… 93
　　　六、提倡使用电脑写作 ………………………………………… 94
　　第三节　文稿的修改过程 …………………………………………… 95
　　　一、修改——高质量文稿的必要手段 ………………………… 96
　　　二、修改的范围 ………………………………………………… 96
　　　三、修改的方法 ………………………………………………… 97
　　　四、文稿修改的符号与定稿 …………………………………… 98
第七章　撰写考试科学研究文稿的概述与组织结构 ………………… 100
　　第一节　撰写考试科学研究文稿概述 …………………………… 100
　　　一、什么是考试科学研究文稿 ………………………………… 100
　　　二、为什么要撰写考试科学研究文稿 ………………………… 100
　　　三、考试科研论文的特点 ……………………………………… 101
　　　四、考试科研论文的类型 ……………………………………… 104
　　第二节　考试科学研究文稿的体例和结构 ……………………… 109
　　　一、考试科研论文的体例 ……………………………………… 109
　　　二、考试科研论文的基本结构 ………………………………… 110
　　　三、考试科研论文的主要类型 ………………………………… 113

第三篇　考试研究方法篇 ……………………………………………… 116
第八章　考试科学历史研究法 ………………………………………… 117
　　第一节　考试科学历史研究法概述 ……………………………… 117
　　　一、什么是考试科学的历史研究法 …………………………… 117
　　　二、历史研究法的基本特点 …………………………………… 118
　　　三、历史研究法在考试科学研究中的适用范围 ……………… 120
　　第二节　考试研究中历史法的运用 ……………………………… 122

一、历史研究法的一般程序及结构体系 122
　　二、运用历史研究法中应注意的几个问题 126
第九章　考试调查研究方法 130
　第一节　考试调查研究的含义及特点 130
　　一、考试调查研究的含义 130
　　二、考试调查研究与其他研究方法相比有以下几个特点 130
　第二节　考试调查研究的分类 132
　　一、根据调查对象的范围来划分，
　　　　可以分为全面调查和非全面调查 132
　　二、根据调查是否重复来划分，
　　　　可以分为一次性调查和经常性调查 132
　　三、根据调查的目的来划分，可分为常模调查和比较调查 .. 132
　　四、根据调查内容的复杂程度来划分，
　　　　可分为综合调查和专题调查 132
　　五、根据调查目的来划分，
　　　　可分为描述性调查、解释性调查、预测性调查 133
　　六、根据调查的性质来划分，可分为定性调查、定量调查 .. 133
　　七、根据调查结果来划分，可分为理论性调查和建议性调查 133
　　八、根据调查的内容来划分，可分为情况调查、
　　　　经验调查、问题调查、研究性调查 133
　　九、根据调查的手段来划分，可分为问卷调查、访谈调查、
　　　　测量调查、网络调查、电话调查、调查表法等 134
　第三节　考试调查研究的步骤与方法 135
　　一、调查目的的确定 135
　　二、确定调查内容指标和调查对象 135
　　三、选择调查方法 135
　　四、制订考试调查研究实施计划 135
　　五、调查的实施 136
　　六、调查资料的整理、分析，撰写调研报告 136
　第四节　主要的考试调查方法 136
　　一、问卷调查法 136

二、访谈调查法 144
第十章　考试的理论研究 150
　第一节　考试理论研究概述 150
　　一、考试理论研究及任务 150
　　二、考试理论研究的特点 151
　　三、考试理论研究的功能 152
　　四、考试理论研究的过程 152
　第二节　考试理论研究的基本方法 154
　　一、基本的逻辑思维方法 154
　　二、系统科学方法 160
第十一章　考试比较研究法 168
　第一节　考试比较研究的基本原则 168
　　一、联系性原则 168
　　二、发展性原则 169
　　三、本体性原则 170
　　四、实践性原则 171
　第二节　考试比较的基本研究方法 171
　　一、调查法 172
　　二、文献法 173
　　三、比较法 174
　　四、分析法 175
第十二章　考试经验总结法 177
　第一节　经验总结法概述 177
　　一、什么是经验总结法 177
　　二、经验总结法的特点 177
　　三、经验总结法在考试科学研究中的作用 178
　第二节　经验总结法的实施 179
　　一、考试科学研究经验总结的实施步骤 179
　　二、选题中应注意的问题 180
　　三、考试科学经验材料的搜集、整理与分析 181
　　四、经验的提炼、筛选与验证 183

第三节 经验总结报告的撰写 183
　一、经验总结报告撰写的内容及要求 183
　二、对经验总结报告的整体要求 184
　三、经验总结报告撰写的格式 184
　四、撰写经验总结报告必须注意的问题 185
　五、经验的推广运用 186

第十三章 考试统计分析法 188
第一节 考试统计分析的意义和方法 189
　一、试卷统计分析的意义 189
　二、考试统计分析的基本方法 190
第二节 整理考试数据 192
　一、抽样 193
　二、记录并整理样本有关资料 194
第三节 试卷统计分析主要内容 196
　一、考试统计描述 196
　二、样本特征数计算 199
　三、考试成绩分布的统计估计 200
　四、其他分析 202
　五、得出结论 202
　六、试卷统计分析报告的内容结构及要求 204
第四节 考试质量分析 206
　一、考试信度 206
　二、考试效度 212
　三、试题难度 218
　四、试题区分度 223

第四篇 考试研究评价篇 227
第十四章 考试科学研究成果评价 228
第一节 考试科学研究成果的认定 228
　一、考试科学研究成果的界定 228
　二、考试科学研究成果的特点 229
　三、考试科学研究成果的主要表现形式 229

第二节　考试科学研究成果的评价标准 ……………………………………… 231
一、考试研究成果评价标准 ………………………………………………… 231
二、不同评价目的的标准差异 ……………………………………………… 232
第三节　考试科学研究成果评价的基本原则 ……………………………… 233
一、坚持创新的原则 ………………………………………………………… 234
二、坚持社会效益原则 ……………………………………………………… 234
三、坚持定性评价与定量评价相结合原则 ………………………………… 234
四、坚持基础理论研究标准与应用研究标准相区别原则 ………………… 235
五、坚持科研管理部门评价与专家评价相结合原则 ……………………… 235
六、形式评价与内容评价相结合原则 ……………………………………… 236
第四节　考试科学研究成果的评价指标体系 ……………………………… 236
一、成果属性 ………………………………………………………………… 236
二、成果背景 ………………………………………………………………… 237
三、创新力度 ………………………………………………………………… 238
四、影响广度 ………………………………………………………………… 238
五、系统性 …………………………………………………………………… 239
六、可靠性 …………………………………………………………………… 239
七、引证规范性 ……………………………………………………………… 239
八、研究难度 ………………………………………………………………… 239
九、学术价值 ………………………………………………………………… 240
十、实用价值 ………………………………………………………………… 240
第五节　考试科学研究成果的评价方法 …………………………………… 240
一、定性和定量相结合，以定性为主进行综合评价 ……………………… 241
二、分类评价和综合评价相结合评审 ……………………………………… 243
三、以匿名投票的方式确定评审结果 ……………………………………… 243
四、评价方式的多元化 ……………………………………………………… 243
第六节　考试科学研究成果的评价过程 …………………………………… 244
一、确定总目标 ……………………………………………………………… 244
二、判定评价的指标体系 …………………………………………………… 244
三、选择或制作评价工具 …………………………………………………… 244
四、实施评价 ………………………………………………………………… 244

  五、收集评价的信息 245
  六、分析处理信息资料并得出结论 245
参考文献 246
后记 250

第一篇 概述篇

第一章 考试科学研究概述

第一节 科学与科学研究

要了解什么是科学研究，必须先对什么是科学，以及它的分类、发展规律、当前的发展特点等，有一个明确的认识。

一、什么是科学

科学一词来源于拉丁文"scientia"（英文为 science），原意为"学问"的意思。在我国古代有"格物致知"的典故，出自春秋战国时代的古籍《礼记·大学》，其原文是"致知在格物，格物而后知玉"。"格物"的意思是接触事物，"致知"则可以理解为获得知识。二者合在一起，就是"通过接触事物而获得知识"之意。后来的有关著作把它缩写为"格致"。故十六世纪以后，science 这词传入我国时，曾经译为"格致"；当时日本则译为"科学"（意思是"分科的学问"，目前还包括各个学术领域综合的整体）。大约在 1895 年，康有为在介绍日本的书目时，把日本的译法介绍到我国。1896 年前后，严复在翻译《天演论》等书时，也把 science 译为科学，遂沿用至今（王军主编，科学学概论，第 21 页，情报科学出版社，1981 年）

什么是科学?各个学者所下的定义颇为不同。例如英国《新百科全书》（16 卷，5992 页）中说："科学是按照在自然界的次序对事物进行分类和对它的意义的认识"。苏联《大百科全书》（29 卷，241 页）中则说："科学是对现实世界规律的不断深入认识的过程"。

《自然辩证法词典》（陈文林等，江苏教育出版社，1988 年）中把科学称为"人类实践经验的理论概括。它通过概念的形式反映世界各种现象的本质及其规律，是关于自然、社会、思维的知识体系。"书中还指出："科学是实践活动（主要有观察、实验）和理论活动，它的根本目的在于正确或近乎正确地揭示各种现象的客观规律和解释各种现象。"

列宁阐明："科学的宗旨就是提供宇宙真正的写真"（洛静泰尔，简哲学词典，中译本第 82 页，新中国书局，1949 年）。结合我国古代所说"格物致知"的道理，也有学者认为："科学是通过观察、实验、思维所得到的、如实了解世界的知识"。详细地说，就是"人类排除一切迷信和臆测，按照实际了解包括自己身体和思维在内的客观存在的各种事物的性质、特点，以及它们的运动、变化和发展规律与原因的知识体系。"

目前，人们对"科学"这一概念的认识尚未统一。不过，从科学的社会功能来考察，我们可以得到这样一种认识：科学不仅是人类在社会实践的基础上历史地形成和不断发展着的关于自然界、社会和思维及其发展规律的知识体系，而且是一种获得这种知识体系的人类社会活动的特殊形式。凭借这种社会活动的特殊形式，使得这种知识体系由于实际应用而转化为社会直接的实践力量。人们对科学的准确定义，虽然尚存在着一定的分歧，但在"科学是人类社会现存各类知识体系的总称，涵盖了人类认识进步的一切成果"这一点上，却有着高度的共识。

二、科学的分类

由于了解对象的不同，科学可以分为多个不同的门类。科学研究工作对于不同门类的科学来说，既有其共性，又有其具体的差别。关于科学的分类，在不同时代其分类有所不同，在不同学者所提出的分类方案中，也有所差异。从哲学的高度看来，物质世界的辩证运动，可以分为自然、社会两大领域。此外，在物质世界的辩证运动的基础上，产生了思维活动，反映物质世界，并构成了与物质世界相对立的精神世界。就其研究对象来说，科学通常可相应的分为三大类。

第一，自然科学——以自然界为对象，即研究自然发展规律的科学。

第二，社会科学——以人类社会为对象，即研究社会发展规律的科学。

第三，思维科学——以人类的思维为对象，即研究思维发展规律的科学。

我国学者钱学森则把科学作了较细的划分，共分为九个门类，即：自然科学、社会科学、数学科学、系统科学、思维科学、人体科学、军事科学、文艺理论和行为科学。

此外，从 20 世纪 70 年代起，由于经济发展的需要，发展起了一门软科学

(soft science)。软科学是运用现代科学技术、理论、方法和手段,把自然科学同社会科学结合起来的综合科学,也称为"社会软件"。例如研究管理、规划、方案、决策、咨询、协调、系统分析、预测等方面的学问均属于软科学的范畴。已建立起的软科学主要有:管理科学、改革科学、科学学、未来学等。与之相对应的自然科学和社会科学等,则为"硬科学"(hard science)。

三、科学研究

严格地说,科学研究是一种创造性的活动,是在前人研究成就的基础上,经过深入钻研,解决前人没有解决的问题,揭示事物规律性的东西。凡是自觉探索自然界人类社会和思维发展变化规律的过程,都是科学研究。科学研究的目的在于探索人类的未知和创造人类新的知识。仅仅搜集一些资料,没有从这些资料中得出新的结论,提出新的观点,新的发现和进行新的创造是不能算作科学研究的。至于抄袭、拼凑、重复旧的东西,当然也就更不能说是科学研究。无论从事什么科学研究,都必须占有丰富的原始材料。这些原始材料就好像山中的矿藏,研究人员从事的工作就是挖掘这些矿藏,再熔炼出金属来。对于科学研究来说,就是分析许多原始材料,得出正确的科学结论的过程。

总之,科学研究是一种创造性的精神活动,是为了探索迄今为止人们尚未掌握的知识和规律。科学研究工作的内容,是通过运用各种科学研究方法对客观的事实和材料,进行加工整理和分析,从感性认识上升到理性认识,并经过验证以找出客观事物与过程的发展变化规律,创造出新的科学知识。

科学研究是人们探索自然界、社会和人类思维发生、发展及变化规律,创造新知识、新技术的一种特殊的社会实践活动,其过程可分为两个阶段。第一个阶段是掌握反映研究对象的丰富的、真实的材料。第二个阶段是对所积累的丰富材料,进行理性的加工,寻求事物的本质的、内部规律性的东西,亦即达到理性的认识。

科学研究的过程,一般的说是包括以下几个环节:

(1)提出研究的问题;

(2)了解前人对于有关问题的研究,所取得的成绩,不足之处以及经验和教训,并且在前人研究的基础上,再进一步研究;

(3)经过观察、调查、实验等方法,系统地搜集能够反映所研究问题的充分材料；

（4）认真地整理和分析搜集到的材料；

（5）从搜集的材料中，概括出科学的结论。

科学研究是创造性的活动，它解决的是前人没有解决的问题，是一项艰巨的工作。马克思曾说过："在科学上没有平坦的大道，只有不畏劳苦沿着陡峭山路攀登的人，才有希望达到光辉的顶点"（马克思《资本论》第一卷，第19页，人民出版社，1957年版）。

当然，我们也不要把科学研究看成是高不可攀的事情，正如我们所讲的，科学研究的过程，是一个寻求真理的认识过程，只要我们老老实实地、实事求是地遵循认识过程的客观规律，最终是会得到科学结论的。

四、科学研究的特点

（一）科学研究的意识性

科学研究是以研究课题为中心而展开的有目的、有计划、有程序的认识活动。一般的认识活动不能说没有目的、没有计划或没有程序，但不如科学研究那样集中、明确和严格。只有当人们在一般的实践和认识基础上有意识地选定某一对象作为自己的研究课题，有组织地运用科学的研究方法开展科研实践时，才算实际上进入了一个科学研究过程。

（二）科学研究的继承性和创造性

由于已有科学知识和理论宝库既是整个人类长期积累的结果，又是后继科学研究的起点，所以科学研究离不开对这种结果的自觉继承。这种继承性通常以"接力"的方式表现出来。继承古往今来前辈科学家的优秀成果，这是纵接力；从当代国内外同行那里吸取经验教训，这是横接力；移植其他科学领域的理论和方法来解决本学科领域的问题，这是旁接力。研究者只有使自己的研究活动以人类已经达到的认识水平为基础，才能经过科学研究过程真正实现有所发现和有所创造的目的。

（三）科学研究的逻辑性

科学研究在许多论点上沿用逻辑的系统。研究人员在符合内部效度要求的实验中，使用逻辑检查的程序即能核对研究结论的效度。逻辑在有效的研究中，是制订决策的宝贵工具，比对资料使用直觉观察法或"即席"观察法要优越百倍。

（四）科学研究的实验性

科学研究有一个现实对象。许多推论可位于使用之前，但资料是研究程序的最终结果。正是资料的搜集确定科学研究是一个实验性的过程。要决定实验的结果在研究进行的现场之外，能概括到什么范围，研究者必须依据外部效度的要求，评价这个特殊研究的现实对象。了解世界或在其中制订决策所用的其他方法，在研究的逻辑性上可能与实验法相同，但在它的实验性质上就不相称了。

（五）科学研究的可复制性和可传播性

由于科学研究的成果是可记载的，概括化的和可复制的，因此，非研究者也可以运用该项科研的成果，而且一个研究者可在另一个研究者的成果的基础上进行发挥。此外，研究方法和程序本身是可传播的，这使得他人可以复制它们并估计它们的效度。科学研究的这种可传播性对于扩展知识和制订决策两项任务都是非常重要的。

（六）科学研究的艰巨性

由于科学研究要认识的是未知领域，要攻克的是必然王国，要寻觅的是人类尚未掌握的客观规律，因而科学研究的突出特点是探索未知，在理论和实践上有所创新或发明。然而，由于世界万事万物错综复杂，具有不确定性，个体的有限和客观的无限，制约着人类的每项研究都难以尽善尽美，甚至会失败，有的研究需要长期艰苦探索，乃至几代人终生不渝的孜孜追求，因此科学研究具有艰巨性。

第二节 考试科学研究的界说

一、考试科学

考试科学是整个人类科学体系的组成部分，是研究考试现象和揭示考试规律的知识体系，它是一门研究考试现象及其规律的社会科学。它的研究对象是测度人的知识和能力个体差异的社会活动，即考试活动；它的任务是揭示考试活动的客观规律，阐述适应社会政治、经济、文化发展需要、符合考试规律的考试理论，以指导考试实践。

考试科学是一门既年轻又古老，在形成独立体系后又表现出极强的专门的科学。说考试科学年轻，是因为它形成独立的体系只有几十年的时间；说考试科学古老，是因为它是以许多古老而经典的学科为基础而形成的。

随着科学技术的发展及其广泛应用，社会各行各业对人的知识和能力素质要求越来越高，考试的运用也越加广泛。众所周知，学业成绩考试是学校教育工作的重要环节，职业资格考试是劳动人事制度的重要组成部分。但是，考试作为评价人的知识和能力水平的手段，其应用绝不限在教育领域和人事部门；在当代，凡是需要育人和选才的部门和组织团体，几乎都离不开考试。考试科学所研究的不是某个领域如何科学地应用考试，去实现特定的考试目的，而是整个人类社会的考试现象，是各类考试的共有规律，为考试的具体应用提供一般的理论基础。

二、考试科学研究

考试作为一种测试活动，有其内部规律。考试作为一种社会现象，又与一定社会的政治、经济、文化有密切的关系。考试科学不仅要研究考试活动的内部规律，探索科学、准确地考查人的知识和能力水平的办法，还要研究考试活动的外部规律，探索如何适应社会的需要建立和完善考试制度，制订考试政策，确定考试内容和方法，以便更好地发挥考试的功能。

作为人类科学研究工作一个领域的考试科学研究工作，其实质是为了探索迄今为止人类对考试科学体系中尚未掌握的知识和规律，也是对现今考试实践所依据的学说和原理进行检验的一种思维活动。考试科学研究的基本内容是通过各种科学研究方法对客观存在的各种考试现象的事实和确凿的材料进行加工整理，从感性认识上升到理性认识，以找出考试现象及其发展过程的本质与变化的对立统一规律，创造出新的考试科学知识和考试科学技术，进一步完善或充实考试科学体系。

那么，什么是考试科学研究？笔者认为，考试科学研究是指运用一定的科学方法，遵循一定的科学研究程序，通过对考试现象的解释、预测和控制，探索考试规律的一种认识活动。考试科学研究，与所有科学研究一样，由三个基本要素组成。

（1）现象与客观事实。现象是客观事物本质的外在表现，既包括直观的感性经验知识，也包括逻辑的理性经验知识。客观事实是考试现象与过程、考试事件本身。考试科学研究的对象是考试事实，是客观存在的考试要素、结构、性质、功能及其变化过程的现象，具有客观实在性和自在性。

（2）科学理论。理论是对考试本质的理性的认识成果，由一系列概念和原理构成的抽象体系。只有以严密的理论体系的方式再现和阐释一定的考试现象及过程，才能使考试的本质和规律得以更深刻的揭示和合理的说明。

（3）方法和技术。三者中，现象与客观事实提供形成科学理论的基础，而形成科学理论又是考试研究的核心问题。科学的方法和技术则是实现考试科学研究目的的手段。考试科学研究，同样执行着解释、预测和控制的功能，只不过是研究对象和特点不同。

三、考试科学研究方法

"方法"（Method）一词源于希腊文 mecaodos，其中 meca 意指"沿着"，odos 意指"道路"，"方法"表示沿着某一道路前进。我国中文大辞典中注解为行事之条理和判定方式之标准。方法是指为了获得科学知识应该遵循的程序以及依据的手段、工具和方式，也就是说，方法是作为一般的思维方式和行为方式、研究问题的一般程序和准则。它不仅是一种技巧技术，也是一门艺术，其实质在于规律的运用，遵循规律就成了方法。而方法论，是关于认识世界和改造世界的方法的理论，是方法的体系。

考试科学研究方法中的"研究"，指的是创造知识和整理修改知识，以及开拓知识新用途的探索性活动。研究包括两种含义：一是创造知识，是探索未知的问题，目的在于创新、发展；二是整理知识，是对已有知识进行分析、整理、鉴别，是知识的规范化、系统化，是考试知识的继承。

考试科学研究具有一般研究方法的特点。

1. 研究的目的在于探索考试规律，解决重要的考试理论和实际问题，考试科学研究区别于一般日常生活的认识活动，无论是以探索或发展一定的原理、原则、方法和理论为目的的探索性研究，还是以寻求解决现实问题答案的对策性研究，都是为了发展和认识考试现象的本质和客观规律，而不是对已知情况和结论的简单描述。

2. 要有研究假设和对研究问题具体明确的陈述。考试研究作为一种科学的认识活动，要求做出理性的说明和进行逻辑的论证，具体明确地界定研究的问题，并有相应的研究目标和可供检查的指标。

3．研究方法要科学合理。研究要有科学的设计，准确系统的观察记录和分析，并收集可靠的资料数据，研究结果力求客观、合乎逻辑，并回到实践中接受检验。

4．研究的创新性。考试研究的本质特征是创新。创新主要表现在对未知的探索，对原有理论体系，思维方式及研究方法有所突破。无论是对未知事物的全新认识，或者是对已有知识的研究和完善，运用一定理论解决实际问题，都是在前人与他人的科学研究基础上进一步揭示事物发展的本质和规律，从而表现出考试科学研究的创新特点。

考试科学研究还有它区别于自然科学、思维科学的独特特点。主要表现在：
（1）由研究对象所决定，考试研究带有很强的综合性和整体性；
（2）研究的周期较长，影响因素复杂；
（3）考试科学研究工作者与实践工作者的积极参与，考试涉及千家万户，有一定的群众基础。

在理解考试科学研究概念的基础上，我们可以对考试科学研究方法的含义加以概括，这就是：人们发现和认识考试活动的客观规律，并把这种认识构建成一个学科体系的方法。它是按照某种途径，有目的、有计划地、系统地进行考试研究和构建考试理论的方式。考试科学研究方法的运用，是以考试现象为对象，以科学方法为手段，遵循一定的研究程序，以获得考试科学规律性知识为目标的一整套系统研究过程。它同样是一个认识过程，其结果是解释、发现或发展一定的考试原理、原则和理论。它既是一种知识的体系（思维方式），又是一种行为规则（行为方式）。

第三节 考试科学研究的任务和意义

一、考试科学研究的任务

考试科学研究是人类科学研究活动的组成部分，是人们研究考试现象和揭示考试规律的一种创造性的实践活动。这种实践活动的基本范围包括：第一，探索考试领域中尚未掌握的知识和规律；第二，对现今考试实践所依据的已有学说和理论进行检验；第三，探索如何将已有的考试知识和规律应用于考试实践。其中，探索考试领域中尚未掌握的知识和规律是考试科学研究工作的主要任务和内容。

考试科学研究的根本任务，是发现和研究有关考试的理论与方法问题，探索解决问题的途径和方法，揭示考试领域中各种现象和关系的本质与规律，为提高考试实践活动的科学性服务。一般来说，考试科学研究的任务通常包括以下几个方面。

（1）解决考试实践所面临的新问题，探索考试的本质及其发展规律，创造新的理论与方法，为进一步丰富和完善考试科学体系服务。

（2）从宏观上研究考试产生和发展的过程和规律，以及考试与社会协调发展的关系和规律，为考试的管理机构提供决策依据。

（3）研究考试功能及其机制，为提高考试科学性提供理论依据和实用方法。

（4）研究提高考试能力的途径和方法，为充分认识和控制考试过程，提高考试过程的科学化水平服务。

（5）进行考试职能方面的研究。在适应社会主义市场经济体制的大趋势下，如何加强考试社会化、产业化、职业化的研究，以开拓考试市场。

上述几个方面既可以说是考试科学研究工作的任务，也可以说是考试科学研究的几个基本领域。而在每一个领域中，都包含着许多具体而明确的研究任务和研究方向。

具体来说，主考者、考试对象即被考者、供考生解答的问题即试题（在笔试中表现为试卷），是考试必须具备的三个基本要素。考试的过程就是试卷的编制、解答和评阅的过程，就是主考者通过试卷作用于被考者，从而获得被考者的知识和能力信息的过程。为使获得的信息准确可靠，编制的试题对要考核的内容应有足够的代表性，对被考者的特点应有足够的针对性，并尽量减少试题解答和评阅中无关因素的干扰。而这，单靠主考者的经验是不够的，还必须研究、掌握试题取样（使对考试内容有足够的代表性）和编制（使对被考者有足够的针对性）的科学方法，必须研究、掌握试题解答（使被考者正常发挥水平）和评阅（使之客观、公正）过程的科学控制方法。我们说古代考试是经验考试，主要是因为古代考试完全凭主考者的经验编制试卷和评阅试卷，获得的信息带有较多的主考人的主观色彩。研究试题取样和考试实施的科学方法，变经验考试为科学考试，是考试科学研究的首要任务。

随着社会的发展，信息的作用和价值越来越大，考试作为获取信息的手段，其应用也越来越广泛。它不仅用作教育评价，还常用作职业能力鉴定、智力测评和能力发展预测。虽然不同目的的考试，组织实施过程大体相同，都要求获得准确可靠的信息，但它们所要获取的信息内容和对于信息的使用方法却是不同的，因而在实施过程中也有一些不同的要求和特点。这是古代考试不曾出现的。研究不同考试的不同特点和处理信息的不同方法，是考试科学研究的重要任务。

现代考试，特别是面向社会的考试，其规模是古代考试所无法比拟的。科举考试的科试、乡试，虽然也是在各地同时举行的面向社会的考试，但各地的考试是分别出题、分别组织的，实际是许多个小规模考试的组合。现代的全国或地区规模的考试，是一项十分繁杂的组织工作。研究大规模考试的科学管理办法，也是考试科学研究的重要任务。

某些部门和单位，要定期举行有确定目的、考核内容和方法稳定的考试。为此，常常事先编制出考试计划，制订考试政策的有关规定，甚至成立专门的考试机构负责考试的组织实施。这就形成了某种考试制度。为了减少重复劳动，提高考试的质量，保持各次考试标准的一致性，常常需要将考试某些环节甚至各个环节的工作标准化。如何建立和完善考试制度，怎样组织标准化考试，也是考试科学研究的任务。

二、考试科学研究课题分类

（一）按不同考试种类的研究课题分类

将考试科学研究的内容按按不同考试种类的研究课题研究方向来划分，目前大体可以划分为以下几方面：高等教育自学考试研究，高等学校入学考试研究，职业资格考试研究，高中毕业会考研究，人才测评研究，国家公务员录用考试研究，职业技能鉴定研究，现代教育测评研究，学科考试研究，考试心理等。

这种分类方法的优点是研究方向明确，并在一定程度上反映了课题的考试种类归属，也便于研究成果的交流、推广和相互借鉴。其不足之处仍是研究课题的性质不明确，不易把握其研究成果的价值。

（二）按研究课题的性质分类

这是一种进行科研工作时较为通用的分类方法，其优点是便于通过明确研究课题的性质来把握其研究成果的价值，同时也可根据研究课题题目的表述来明确其研究方向和学科归属。按研究课题的性质，通常将其划分为基础研究、应用研究和发展（开发）研究三种类型。

1. 基础研究

基础研究是指着重从理论上探讨自然界、社会有关领域中的某些现象、矛盾和关系，旨在揭示其中存在的某些客观规律与法则，验证或创立新的科学理论、定律的研究活动。或者说基础研究是一种无目标或有一定目标的认识世界的活动。这类研究课题的特点是，并不实际解决考试实践中所面临的实际问题，而是通过对考试现象的本质和普遍规律的认识和揭示，从而发现和阐述对整个考试活动有着积极影响的新的基础理论和知识。因此，基础研究有着鲜明的超前性、创造性和理论性的特点。

基础研究又可根据有无一定的研究目标划分为自由基础研究和定向基础研究。

无明确研究目标的认识世界的活动属于自由基础研究（亦称纯粹基础研究、基础理论研究）；有一定研究目标的认识世界的活动属于定向基础研究（亦称应用基础研究）。通过对考试工作的普遍规律的探索，去发现考试科学的新理论、新知识的研究课题，就属于自由基础研究课题。

通过基础研究可以验证和提出新的理论性研究成果，不断丰富考试学科的知识和理论，并为应用研究和发展（开发）研究提供理论依据。基础研究的研究周期较长，其研究成果属于潜在的生产力，一般不能立即应用到实践中去。但是，基础研究一旦有所突破，将对整个考试科学技术的发展产生重大和深远的影响。

2．应用研究

应用研究是一种有明确目标的认识世界的研究活动。在解决考试实践方面的一些具体问题时，所涉及的一些理论与方法问题的研究，属于应用研究。或者说，应用研究是运用基础研究的成果去探索解决实际问题的新途径、新方法的研究活动。

应用研究又可根据其研究内容的不同分为应用理论研究和应用技术研究两种。

在考试科研领域中，运用基础研究的成果或已有的考试科学理论去解决考试实践中某一具体项目的应用或解决某一实际问题时，涉及一些具体的理论问题的研究，此类研究就属于应用理论研究。这一类研究与定向基础研究的显著区别，在于有十分具体的研究范围或特别明确的研究目标。

应用技术研究的主要任务是在基础研究和应用理论研究的基础上,直接解决考试实践中的方法问题。

3. 发展（开发）研究

有明确目标的改造世界的研究活动属于发展（开发）研究。考试科研领域的发展（开发）研究主要是为了解决命制试题、组织考试、考试技术、考试结果解释和运用等方面的一些十分具体的问题而开展的一种研究课题。这一类研究内容大多以基础研究和应用研究成果的具体应用和推广研究。

综上所述,基础研究、应用研究和发展（开发）研究是相互联系、相互促进、相互制约的,它们共同组成了一个类别齐全、结构完整、理论与实践相互交融的考试科学研究的内容体系。其中应用研究是联系基础研究和发展（开发）研究的纽带和桥梁。

三、考试科学研究的意义

把考试作为一门科学来进行系统研究,始于 20 世纪初期,探讨考试科学的理论体系则是 20 世纪六七十年代的事。现代科学技术的迅速发展给考试带来了日新月异的变化。我们进行考试科学研究,就是为了探索、认识、掌握考试的规律,用以指导考试工作,使考试在育人、选人和用人工作中更科学地发挥作用。

（一）解决我国考试上迫切需要解决的问题,必须加强考试科学研究

我国是有几千年考试历史的国家,但由于长期不重视考试科学研究,致使在许多国家已经步入考试标准化、考试手段现代化的今天,我们仍然固守传统的经验考试的办法,处于落后的状态。在现实生活中,一方面考试应用得如此广泛,发挥着如此重大的作用,以至于几乎每个成年人都在考场上身经百战过,许多次的升留取舍都和考试的成败有关,另一方面人们却难以了解这些考试的可靠性、有效性程度;一方面我们如此重视考试的分数,几分甚至一分之差就可能改变一个人接受教育的机会和工作去向,另一方面对几分之差所能反映出的真实差异却很少研究;一方面我们建立了包括高等学校招生考试、高等教育自学考试这样重要的考试制度,每年要多次组织有数百万人参加的大规模的考试,另一方面研究和采用现代化考试手段还难以适应社会发展的需要。我们对考试的科学研究还落后于考试实践,还不能适应实际考试工作的需要,解决我

国考试上的问题的正确途径是进行考试科学研究。

（二）加强考试科学研究，才能做到遵循考试规律办考试

考试是一种十分复杂的社会现象，它存在着各种不同范围、不同层次的规律。有总的宏观规律，也有各级各类考试的特殊规律。要正确认识和掌握这些规律，必须通过考试科学研究。因此，要为考试行政管理部门制订考试政策提供依据，以利于探索考试规律和遵循考试规律办考试，必须重视开展考试科学研究。

（三）进行考试改革，必须开展考试科学研究

改革是一种较高级思维活动的实践和创造性劳动。从这个意义上理解考试改革，就应该把它看成是一种十分复杂的、创新性的考试实践活动。因此，考试改革实践应当具有理论的氛围和以理论为指导的态势。否则，非但不能使改革收到理想的效果，而且也不可能自觉地和科学地把改革推向纵深。过去和当今的事实都告诫我们：考试改革需要较系统的考试科学理论的指导，考试科研则又是考试科学的源泉。因此，在考试实践、尤其是考试改革实践中，必须高度重视和发挥考试科研"揭示考试规律，指导考试实践"的功能。

考试科学研究在当前要有重点地、系统地总结我国考试的历史经验，尤其是对改革开放以来的考试经验，更要重视和加强总结及研究，使之上升为理论，用来指导现在的考试改革。

（四）发展完善考试科学理论，必须从事考试科学研究

科学的考试理论对于考试的改革和发展具有先导作用，考试理论又来源于考试实践。而考试科学研究是使大量丰富的考试实践——包括考试经验总结和考试科学实验——上升为考试科学理论的必由之路。从一定意义上说，没有考试科学研究就没有考试科学理论的发展。

考试科学理论的产生，正是经历了这样一个基本过程：首先提出一组的理论构思，通过观察、调查和实验研究，对考试实践经验进行分析和组合，抽象和概括，类比和推理，从而发现规律，得出结论。科学研究，促使人类的认识从具体到抽象，再到思维的具体，达到对事物本质的把握。因此，要建立具有中国特色的考试科学理论体系，必须相应的建立一套科学考试研究方法体系。

近年来，考试科学研究在理论开拓与学科建设方面同样发挥了重要作用。在深入调查研究的基础上，全方位地进行历史的回顾和理论的反思，通过对考试理论和实践基本问题的深入研究，在考试领域各门学科的理论基础、研究方向、理论格局以及研究方法论几个方面，促进了考试科学学科建设的突破性发

展。也正是通过考试科学研究，构建了新的研究体系。考试科学研究促进了考试科学学科的多维化，从而加强了理论的解释力以及对考试实践的有效指导。事实证明，如果新的学科方向是建立在长期进行考试科学研究的基础上，那么，这一学科方向就有比较坚实的基础和自己的特色，就有较强的生命力。

同时，通过考试科学研究工作，不断提高考试专业工作人员的业务水平和从事考试科学研究工作的能力，促进考试专业人才的成长。积极从事考试科学研究工作，也是考试专业人才培养的一条重要途径。与其他学科相比，考试科学毕竟还是一门新兴的科学，它还很不完善，还远远不能适应考试实践的要求。显然，现代社会和考试的发展亟待建立完备的考试科学体系。因此，大力开展考试科学研究工作非常重要，它对于促进人才培养和选拔，也有着极其重要的现实意义和深远的历史意义。

在世界范围内兴起的新的技术革命，对于人才的培养和选拔工作提出了新的更高的要求，也给考试的研究工作提出了新的课题。首先，它要求我们改革考试制度、考试内容和考试方法，由注重对知识掌握的考试转变为结合知识对能力的考试。考试作为一种手段，在人才培养、选拔和使用中发挥着重大作用。总之，考试科学研究，对于发展考试科学，对于提高考试科学研究工作者的科学研究水平，对于改革考试工作，对于解决考试事业中所遇到的困难问题都起着十分重大的作用。

第四节 考试科学研究的原则

考试科学研究的步骤大体可分为：选定研究课题、检索文献资料、制订研究计划、搜集和分析资料、撰写考试科学研究文稿。在实施考试研究过程中必须遵循考试科学研究原则。

原则作为一种基本规范，能帮助人们采取科学的方法和态度，按预定的计划实现预期目标。考试科学研究，应遵循以下方法论基本原则。

一、现代考试科学研究的方法论基础——马克思主义哲学

考试研究要培养和提高理论思维能力，要善于通过现象抓住事物的本质，

就必须认真学习马克思主义哲学。马克思主义哲学作为科学的世界观和方法论，在考试科学研究进程中是作为最一般的理论工具发挥着方法论指导作用的。马克思主义方法论对考试科学研究的指导作用主要体现在：为考试研究提供科学的思维方法。

列宁早就指出："马克思主义的整个世界观不是教条，而是方法。它提供的不是现成的教条，而是进一步研究的出发点和提供这种研究使用的方法。"（《列宁全集》第39卷，第406页）

科学的思维方法，不仅为我们在考试领域中判别各种理论观点，建立考试科学的理论体系提供最一般的依据和准则，而且帮助我们从和纷繁复杂的科学探索中看准方向，抓住前沿阵地的本质课题，进行科学论证和有效的研究。

在考试科学研究中，坚持科学的唯物辩证法，就要做到：

（1）坚持客观性原则。即必须尊重客观事实，反映客观事实，一切从客观实际出发，一切以客观事实为依据，事实是什么，就是什么。在考试科学研究工作中，只有如实地反映客观事实，才能正确认识客观事物中的因果关系和必然联系，才能够得出科学的结论。

（2）坚持全面性原则。即为了研究某一个问题，必须搜集和研究与这一问题有关的各个方面的材料。所搜集的材料越广泛、越丰富，越能反映问题的各个侧面，就越有代表性，也就越能反映所研究问题的本质。唐朝人魏征曾说："兼听则明，偏信则暗"也是强调全面性，防止片面性的意思。

（3）坚持验证性原则。即科学知识一定是可以验证的，而且是可以反复验证的。所以我们进行的考试科学研究所得的结论，一定也要能够验证，并在进行研究的过程中反复验证。

（4）坚持系统性原则。即某一门科学反映出的事物体系，就是科学知识系统性的表现。也就是说，某一门科学在它的知识结构中，各个组成部分是紧密联系的，形成一定的概念、判断和原理的体系。在考试科学研究上，所求得的知识也要注意它们之间的系统性。

（5）坚持准确性原则。即包括可靠性。在考试科学研究工作中，要保证高度的准确性和可靠性，才能正确地认识客观事物，揭示客观事物的规律。在社会科学的研究工作中，这个原则容易被忽视，所以应特别注意。在考试工作中，有的错误措施要经过长时间才能够发现。如果考试科学研究的结论是不准确的却被运用到实际考试工作中去，就会造成严重的失误。所以在考试科学研究工作中，保证最大限度的准确性和可靠性，是十分重要的。

二、提高研究方法的科学性：定性研究与定量研究结合

定性研究（Qualitative），是根据研究者的认识和经验确定研究对象是否具有某种性质或某一现象变化过程和变化原因，是侧重于研究对象的质的方面的分析评价。定性研究能有效地从总体上把握研究对象质的特征。定量研究（Quantitative），是对事物进行数量上的分析，从而判定事物的性质和变化。与定性研究不同，定量研究一般是把被研究对象目标分解为多项因素，并将其数量化，采用一定的数学方法，通过变换来判断诸因素的关联，最后用数值来表示分析研究的结果。

要提高考试科学研究的水平，就必须采用定性研究与定量研究结合的方法。为此，要把握定性研究与定量研究的不同特点。

定性研究和定量研究反映客观事物质与量的辩证关系。"质"和"量"都是由事物内在特殊矛盾决定的，把握事物的质与量是人们认识和实践活动的最基本条件。

在考试科学研究中，数量有很重要的意义，数量界限往往对于评价一个问题具有决定性作用。在客观现实中，质量和数量是不能分开的，事物的数量和质量是有内在联系的。没有数量的质量和没有质量的数量都是不存在的。所以，要认识一个事物，必须从数量和质量的统一上去掌握它。在考试科学研究中，我们一方面应当把握研究对象的数量，另一方面也要把握研究对象的特质。

定性研究的特点是：（1）注重整体的发展的分析。定性研究关注事物发展过程及相互关系，强调整体地、发展地、综合地把握研究对象质的特性；（2）定性研究的对象是质的描述性资料，是在自然环境下，现场情境中进行；（3）定性研究强调理性分析，从假设推导出结论；（4）定性研究强调从哲学、心理学、伦理学、历史学、社会学、经济学、政治学、人类学、语言学等层次进行跨文化的思考。

定量研究的特点是：（1）赋予研究对象一种纯形式化的符号以反映事物的特征；（2）分析的对象是具有数量关系的资料，采用数学分析的方法对数据资料进行算术或逻辑运算，抽取并推导出对某些特定问题具有价值的数据，经过解释赋予一定意义；（3）定量研究强调具体严格的研究程序和分析的方法，强

调结论的客观性。

定性研究与定量研究的关系：社会现象同自然现象一样，具有质与量两个方面的规定性，在社会科学研究中二者缺一不可。因而在考试科学研究中，定性方法与定量方法也是经常配合使用的。在进行定量研究之前，研究者须借助定性方法确定研究对象的性质，在进行定性研究过程中，研究者又须借助定量研究确定现象发生质变的数量界限和引起质变的原因。二者的不同点主要表现在以下几个方面。

1. 着重点不同。定性研究着重事物质的方面；定量研究着重事物量的方面。
2. 依据不同。定量研究主要依据调查得到的现实资料数据，定性研究依据的是大量历史事实和生活经验资料。
3. 手段不同。定量研究主要运用经验测量、统计分析和建立模型等方法；定性研究主要运用逻辑推理、历史比较法等方法。
4. 学科基础不同。定量研究是以概率论、统计学为基础，而定性分析则以逻辑学、历史学、教育学、心理学、人才学为基础。
5. 在研究中所处的层次不同。定量研究是为了更准确地定性。
6. 结论表述形式不同。定量研究主要以数据、模型、图形等来表述，定性研究结论多以文字描述为主。定性方法是定量方法的基础，是它的指南，但只有同时运用定量方法，才能在精确定量的根据下准确定性。这是二者的辩证关系。定性研究与定量研究的有机结合是考试科学研究的正确方向。定性研究与定量研究是相辅相成的，往往用于研究的不同阶段。总之，考试科学研究的基本任务是通过研究事物的现象，揭示事物的本质规律。

当然，在现代考试科学的研究中，新的观察、分析比较和控制的方法、手段、工具正在大量涌现。例如信息论、控制论、系统论、协同论、突变论、耗散结构论，以及微电子技术的发展应用，使考试科学的理论和方法有了巨大的进步。特别是电子计算机的广泛使用，使考试管理中原来无法处理的庞大繁杂的原始数据能够得到处理和贮存，并可以随时调用。在考试研究中，应当注意学习、吸收和应用当代科学中出现的一系列新方法，从而提高考试研究成果的精确性、可靠性和可行性。

第二篇 考试研究步骤篇

第二章 选定考试研究课题

考试科学研究碰到的第一个问题是如何选定考试研究课题，从何处选题，选择什么内容的课题，这是考试科学研究必要掌握的一项基本功。

第一节 选定考试研究课题的意义

一、课题

什么是课题？从一般意义上来说，所谓课题就是尚未解决的问题。就考试科学研究活动而言，就是考试领域内未被认识的问题。从一般哲学方法论来看，问题就是矛盾。假若从已知与未知的矛盾来理解，那么由已知向未知方向发展是问题的提出；而从未知向已知的转化，是问题的解决。

选定研究考试课题，顾名思义，指经过选择来确定所要研究的有关考试问题，包括提出问题和确定问题。从广义上讲，选题包括两方面的含义：一是确定考试科学研究的方向，二是确定要研究的具体问题。

二、选定研究课题的意义

选择和确定研究课题是进行考试研究的起始环节，并且是关键性的一步。它不仅决定研究者现在和今后科学研究发展的方向、目标与内容，而且在一定程度上规定了科学研究应采取的方法与途径。选定研究课题是科学研究的起点，善于从科学发展中呈现出来的已知和未知的矛盾来揭示和提出有创见性的问题，从各种问题中选择和形成有价值的研究课题，是每一个科学研究工作者走向成功的开始。从世界科学发展史中，可以看到许多优秀的科学家，对于研究课题的选择都给予了高度的重视。爱因斯坦曾指出："提出一个问题往往比解决一个问题更重要，因为解决问题，也许是一个数学上或实验上的技能而已。而提出新的问题，新的可能性，以及从新的角度看旧的问题，却需要创造性的想象力，而且标志着科学的真正进步。"（爱因斯坦·英费尔德，物理学的进化，第 66 页，上海科技出版社，1962年版，）英国科学家J.D.贝尔纳在论述选择和形成课题的重要性时，曾指出："课题的形成和选择，无论是作为外部的经济技术要求，抑或作为科学本身的要求，都是研究工作最复杂的一个阶段，一般来说，提出课题比解决课题更困难。"（J.D.贝尔纳，科学研究的战略，第28页，载《科学学译文集》，科学出版社1980年版）我国著名地质学家李四光指出："作科学工作最使人感兴趣的，与其说是问题的解决，恐怕不如说是问题的形成。任何一个问题很少是单纯的，总是要对于构成一个问题的各项事物，实际上就是代表事物的那些词句上的意义和那个问题展开的步骤，有了正确的认识，方才可以形成一个问题。做到这一步，问题可算已解决了一半。"（李四光，地质力学的基础与方法，第1页，中华书局1945年版）在科学研究过程中，课题选择之所以具有重要的地位，为科学研究工作者高度重视，原因如下。

（一）选定研究课题指明了研究工作的方向

尽管考试理论与实践中的问题纷纭多样，但某个问题一经确定为研究课题，它将作为贯穿整个科研过程的中心和主线，既规定着科研工作者在一个较长时期内进行探索的主攻方向和长远目标，也决定着他在主攻方向和长远目标下所选定的近期目标和突破口。所以，选题对科研工作的展开起着定向作用。课题选择不仅确定了研究工作的主攻方向和突破口，而且选题制约着后续环节运行的深度和广度，在一定程度上规定了解决问题的行动方案、步骤和方法，决定了科学研究工作的效率。

（二）选定研究课题体现了研究者科学的综合素养

课题的提出与选择不仅需要研究工作者广泛、深入地掌握这一研究领域的知识和发展趋势，而且需要具有敏锐的分析问题的能力和创造性的想象力。可以说课题的提出与选择是一个科学研究工作者良好素质的综合体现。选题反映着一个人对科学问题的思维能力，又对整个科研进程起着决定性的作用，因而能否正确选题又是判断一个人能否独立从事科研工作和区别科研能力高低的最主要标志之一。

（三）选定研究课题蕴涵着科学上的新突破

在科研过程中发现、提出一个值得探讨的问题，本身就是一项了不起的研究成果。课题的提出与选择，需要研究工作者敢于摆脱陈旧理论和传统观念的束缚。束缚人们思想的往往不是事实本身，而是曲解事实的旧观念。因而，没有勇气打破旧观念就不可能提出新的、有价值的研究课题。

课题的提出与选择往往可能酝酿着科学上新的突破和革命,从而成为科学进步的起始点,科学新分支的生长点。可以说科学发展的重大突破都发端于一些重大课题的提出。

(四)选定研究课题决定了研究工作成败

有人说,"科学论文的题目选得适当,等于完成论文的一半工作",研究课题是在社会的经济、技术要求和科学本身的内在发展要求两方面相互作用的交汇点上产生和形成的。因而,与单纯着眼于科学自身发展态势或纯粹从好奇、兴趣出发提出问题相比较,选择研究课题要复杂得多。

由于一个研究课题的研究工作往往受到若干条件的制约,既使已经形成的大量的、有科学研究意义的课题,往往也难以全部实施。这就需要研究工作者按照一定的要求,把众多的课题区分为重点与非重点、迫切与非迫切等不同类型,从中挑出合适的课题来进行研究。考试科学研究题目若选择得好,选题恰当,会使研究工作较为顺利地完成,可以起到事半功倍的作用,也能够取得较好的成果。若是考试科学研究题目选择得不好,若选题不当的话,常常使研究工作即使开展起来,也容易受到阻碍,半途而废。如果是个人的选题,就造成个人的精力和时间的浪费,甚至造成对考试科学研究工作信心的动摇。如果是集体的选题,还会造成人力、物力、财力上的浪费等。

(五)重大研究课题的选择会影响研究者终生的研究方向

重大研究课题的选择对于一个科学研究工作者来说,不仅是对这一个研究项目或一段时期的研究工作产生影响,而且,往往影响到他(她)终生研究的方向。

选定研究的题目,是考试科学研究工作的开始,它关系到整个考试科学研究工作的顺利进行,也关系到研究工作的结果。所以考试科学研究题目选择得好与不好,是关系到考试科学研究论文的结果成功与失败的关键性的问题之一。因此,要完成好的考试科学研究,必须特别注意考试科学研究题目的选择。选题在教育科研中具有不可低估的重要性,每个科研工作者也必须不断培养和提高正确选题的能力。

第二节 选定考试研究课题的途径

一般的说,考试科研课题来自考试实践,考试实践是考试科研课题取之不尽,用之不竭的源泉。然而就一个个具体的课题而言，其来源又具有广泛多样性。

一、从考试实际工作迫切需要解决的问题中选择课题

社会实践是人们永恒的科研源泉，只要我们注意观察周围的事物，做一个事业上的有心人，时时都有可能发现科研题目。一个人要想在研究方面取得成果，在课题研究方面获得成功，主要在于作者本人认识问题的深度，只要他对于某一领域的问题经常进行深入思考、敢于质疑、不断探索，就有可能完成他的科研任务。

人类社会始终向前发展，考试这一社会现象，也必然随着人类社会的发展而发展。发展是新事物对旧事物的突破与否定，这种突破与否定就意味着新的研究课题的产生。特别是当社会发生重大变革时，会产生大量的软科学研究课题。我们所选择的课题，应该是对考试科学建设与发展中需要解决的问题以及对社会上考试实际有益处的问题。选择研究考试方面的课题，要从考试实际出发，解决考试上的实际存在的问题，尤其是在考试改革中反映出来的种种困惑和矛盾，才有实际的意义，离开我国考试的实际需要的考试研究，是没有任何意义的。我国各级各类学校的考试实践，高等学校入学考试的实践，高等教育自学考试及其他考试的实践，既为考试研究提出了许多课题，又为考试研究提供了丰富的感性材料。几年来，许多从事考试工作和考试研究工作的同志，从我国考试的实际出发，在考试制度、考试内容、考试方法等方面，进行了卓有成效的研究工作，并陆续发表了一批有影响的研究性文章，为创建中国的考试科学打下了坚实的基础。还要从日常观察发现问题中和从当前国内外考试信息的分析总结中提出问题，还可以从国家有关考试机构制定的课题指南或规划中选。现阶段考试科学研究的选题，要紧密地结合我国体制改革和社会发展的实际情况，如考试法规建设、考试标准问题、考试资源整合问题、考试质量管理问题、考试功能问题、如何更准确命题、考试组织、防范舞弊问题等，因此，凡是以紧密结合我国考试发展和体制改革实际的问题，来选定作为考试科学论文研究课题的，一定可以写出一篇有理论、有根据、有实际意义的考试科学研究论文。

二、从考试文献中选择课题

考试文献是用文字、图形、符号、声像等技术手段，记录考试科学研究成

果的物质载体,是考试科研课题的重要来源之一。首先,考试科学文献是考试科学知识的结晶,广泛、及时地阅读考试科学文献能提高科研工作者搜寻研究课题的能力;其次,及时阅读考试科学文献能使考试科学研究工作者掌握本学科的发展趋势,立足于学科发展的前沿,向未知领域探索,发现有研究价值的研究课题;第三,考试科学文献记载了他人已取得的研究成果,及时阅读科学文献可避免重复选题情况的出现。在阅读和研究大量的文献资料的基础上,可以很好地继承和发展前人的成果,丰富自身的考试科学知识,并对此进行积极的思考,这不但可以从中获得启迪,发现问题并找到我们所需要的课题,还可以在深刻理解资料中问题的基础上,发现并选取尚未解决的前沿课题。在考试理论上还没有人研究过的问题;或是有人研究过,但还是争论中的问题;或有人研究过,并已做出结论,但是自己还有不同的看法,都可以选择作为考试研究的题目,如考试本质问题、考试功能问题、考试史问题等。

我国古代考试的丰富经验,为我们考试科学研究提供了重要资料。我国在两千多年以前就建立了学校考试度,一千三百多年以前又建立了对国家政治生活有重大影响的科举考试制度。我国古代考试,特别是科举考试,积累了丰富的有巨大研究价值的考试资料,这是我们祖先留给我们的一笔宝贵遗产。遗憾的是,我们对这笔遗产发掘、利用得很不够,虽然评价科举之得失的文章在报刊上偶有所见,但至今未能出现一部系统整理、研究古代考试资料的书籍。现代考试是古代考试的发展,如何进一步发掘、整理和批判地研究古代考试的丰富资料,也是考试科学研究重要课题。

同时,外国的考试经验和考试研究成果,对于我们考试科学研究也具有重要的借鉴意义。本世纪二、三十年代以来,西方许多国家在考试工作和考试研究方面,都有很大的发展。客观性考试、标准化考试、智力测验的小册子遍及各地,教育测量已经发展成一门独立的学科,某些国家还设立了研究和组织考试的专门机构。因此,进行系统研究、虚心学习外国考试工作的先进经验和考试研究的积极成果,从我国的实际情况出发,吸收其科学的合理的成分,开展我国考试科学研究提供了借鉴和评介机遇。

从中外考试科学文献中寻找课题,注意重点应放在以下几个方面:

第一,对某一问题的研究已经取得的进展程度;

第二,不同学者对同一问题的不同观点和分歧的焦点;

第三,研究方法是否恰当,此方法能否用于其他研究课题;

第四，作者由于条件所限未能深入研究的问题；
第五，研究结果与结论不相一致的问题；
第六，阅读时能引起你好奇心和联想的问题；
第七，只有观察结果没有加以分析的问题；
第八，作者在研究中存在的不足或错误的问题；
第九，对作者的观点和结论产生怀疑或有不同见解的问题。

从中外考试科学文献中寻找研究课题，要求科研工作者具有良好的搜集、阅读考试科学文献的习惯，并且要善于利用现代科技信息服务手段和充分运用分类、比较、归纳、演绎、推理等逻辑思维方法。

三、从热门话题或人们普遍关注的焦点问题中选择课题

这类问题的研究和解决具有很大的现实意义，往往具有一定的社会效益或经济效益。选取此类课题的有利因素有三：一是普遍被众人所关注，作者本人亦容易激发出兴趣；二是热门问题容易在新闻媒介上获取文字、数据和音像资料；三是作者可在实地调查中取得第一手的资料。但是，此类课题要避免在研究报告中罗列现象空泛之谈，要注意运用理性的分析，探索问题深层次的原因，并从中做出带有前瞻性的结论。

另外，还可从冷门中或处女地上选择课题。在考试科学研究工作中，由于客观事物发展本身以及人们对其认识的局限性，或是由于某种原因产生研究力量投入的不平衡性，出现了研究的冷门或空白区域，这些地方非常需要研究人员去开垦和耕耘。在这些空白区和薄弱环节，如何进行"大胆假设，小心求证"，有时往往需要异想天开的猜测。

第三节 选定考试研究课题的原则

选定课题是确定研究方向的重要突破口，它标志着具体的科学研究过程的开始。为了避免走弯路，选题必须充分考虑各方面的综合因素。进行科学研究就是找问题，探索现有的理论没有表述、无法解释的现象。有的课题前人没有涉及过，有较大的难度，这属于开辟新领域的探索性研究；有的前人已经做过，某些结论欠妥，或者有进一步探讨的余地，这属于发展性研究；有的课题许多

人探讨过,但是众说纷纭,如有突破性的新解,这属于争鸣性研究。无论是哪种研究,都必须遵循创新性原则、科学性原则、需要性原则和可行性原则。

一、创新性原则

创新性原则反映了科学研究活动的本质特征,是选择科研课题的根本原则。重复原有的理论、复制原有的技术,不属于科学研究的范畴。1996年4月4日江泽民同志在《高技术研究发展计划纲要》实施十周年工作会议上的讲话指出:"创新是一个民族进步的灵魂,是国家兴旺发达的不竭动力。"创新同样适用于考试科学研究,作为研究课题,首先必须具有重要的理论和实践价值,不仅具有好学术效益、理论价值,而且有高的社会效益、应用价值。要使研究的问题有创新,就要做到从大处着眼。一个创新的课题,不仅具有好的内部价值,即对考试实践的指导作用和理论上的突破,而且有好的外部价值。表现在该课题研究不仅能引导一系列有内在联系的、逐渐深化发展的考试研究课题,而且它对临近的心理学、教育学、人才学、测量学等学科的研究也有重要影响。当然在所选定的考试问题研究时应是前人未曾解决或尚未完全解决的问题,通过研究应有所创新,具有新意和体现时代感。选题的新颖,必须把问题选择放在总结和发展过去有关领域研究的实践成果和理论思想的主要遗产上。没有这个基础,任何新发展、新突破都是不可能的。应该看到,考试科学上的任何重大成果,几乎都是考试科学工作者在前人、别人工作成就基础上一步步取得的,即便是被人认为非常新的、第一次开辟的领域,也仍然是由以往的或同时代的人的工作提供了条件。因此,要通过广泛深入地查阅考试文献资料和调查,搞清所要研究课题在当前国内外考试界已达到的研究水平和已取得的成果,要了解是否有人已经或正在或者将要研究类似的问题。如果要选择同一问题作为研究课题,那就要对已有研究进行认真审视,从理论本身的完备性,从研究方法的科学性高度进行批判性分析,在此基础上,重新确定自己研究的着眼点。只有在原有研究成果基础上的突破和创新,才具有研究的意义。

在选定课题过程中坚持创新性原则。

1. 任何研究课题的选择,始终是在人类现有认识的基础上提出的。如果从简单的推理而言,知之越少,问题越少,且这些问题往往是天真幼稚的问题,很少是科学研究意义上的问题。反之,知之越多,问题也越多,且这些问题是站在学科的前沿提出的问题,因而往往具有创见性和科学研究的价值。所以,不断地扩大自身的知识面,了解现代科学与本门学科的发展现状,才有可能提出富有创见性的问题。

2. 任何研究课题的提出,都意味着对传统偏见的突破,对旧的理论体系的否定。这些传统的偏见与旧的理论体系,一般来说都具有一定权威性。也就是说,在一定意义上来讲,创新就是对权威的挑战,它需要有足够的勇气和智慧。

3. 课题的创新性从最一般意义来说就是避免重复性研究。它要求科学研究的管理部门对本系统、本专业的科学研究工作做出全面的规划,从课题的管理上避免重复性研究。另外,作为研究人员也应对本学科的研究现状、已经取得的成果和正在研究的课题,有足够的了解。

4. 任何科学研究,都是在前人或他人研究成果的基础上展开的,因此,应很好地处理创新与继承的关系。从这个意义上讲,创新可以是重大的发明创造,也可以是在他人研究的基础上有点滴的创意或更新。特别是对于初次涉足考试科学研究领域的人来说,只要在研究对象、研究方法、研究范围上有一定的创新,就不失为一个具有创新性的研究课题。

二、科学性原则

选定的研究课题要有科学性。选题的科学性首先表现在问题要以考试科学基本原理为基础,考试科学理论将对选定的研究课题起到定向、规范、选择和解释作用。没有一定的科学理论依据,选定的课题必然起点低,盲目性大。选题的科学性还表现在要有一定的客观事实作为实践基础,研究课题是从考试实践中产生的,具有较强的时代感和针对性;而考试实践经验同时又为课题的形成提供深入研究的依据。应该看到,选题的理论基础和实践基础制约着选题的全过程,影响着选题的方向和水平。科学性强的研究课题指导思想及研究目的明确,立论根据充分、合理。

在选定课题过程中坚持科学性原则。

1. 坚持唯物主义世界观,充分尊重客观存在的事实,不以道听途说的传闻为根据。善于透过现象看本质,不被事物的假象所迷惑。

2. 把选题的科学性和创新性很好地统一起来,而不要把这两方面对立或割裂开来。选择研究课题需要大胆的想象,摆脱传统的偏见,在已有的事实和理论上有所突破和发展，否则就难以寻找到富有创新性的课题。但是，所有这些都必须在尊重前人的科学研究成果，以科学理论为依据的基础上进行。

3．某些课题、由于受事物本身发展和本学科或相关学科理论与方法的限制，难以对其科学性做出准确的评定，可以先搁置起来等条件成熟时再进行评定，也可以先做小范围的预备性研究以证实课题的科学性。

三、需要性原则

需要性原则是选择研究课题的重要原则，是评价科研课题有无价值和价值大小的基本准则。社会的需要是科学发展的动力，也是开展考试研究工作的根本目的。考试科学研究课题所要探索和解决的问题，必须是在考试实践中所遇到的实际问题或考试科学自身发展所需要解决的问题。因此，选择研究课题一定要面向考试实践发展和理论发展的需要。这种需要的程度越高，所选择的研究课题的价值就越大。

在选定课题过程中坚持需要性原则。

1．作为科研工作者应具有高度的使命感和责任感，不能单纯从个人的功利出发去选择科研课题。因为单纯从个人功利出发，在选题时就可能变得目光短浅、急功近利，特别是当研究课题本身的价值与研究者个人利益发生冲突时，就可能会重视后者而轻视前者，从而放弃那些具有较大价值的研究课题。

2．要深入到考试实践中去，注意调查研究，从中发现问题，同时要对现代考试理论的发展趋势具有一定的预见性，使研究课题能推动考试实践的发展，而不仅仅是一种滞后性的经验总结和归纳。

3．要随时注意现代科学的发展趋势，了解相关学科的最新信息，掌握考试科学的学术动态，特别是掌握本学科的最新研究结果与现状。只有这样，才有可能找到科学上的空白点和突破口，适应考试科学发展的需要。

4．作为考试科学研究的机构，在制订考试科学研究的规划时，应处理好当前需要与长远需要，实际应用需要与基础理论发展需要之间的关系，使之得到协调的发展。

四、可行性原则

所谓可行性，指的是所选定的研究课题是能被研究的，存在现实可性。

可行性包含以下三方面的条件。第一是客观条件。除必要的资料、设备、时间、经费、技术、人力、理论准备外，还有科学上的可能性。这就是恩格斯所指出的："我们只能在我们时代的条件下进行认识，而且这些条件达到什么程度，我们便认识到什么程度。"（恩格斯.自然辩证法，第219页，1977年版）有的选题，看起来似乎是从考试发展的需要出发，但由于不符合现实生活实际，违背了基本的科学原理，也就没有实现的可能。第二是主观条件。指研究者本人原有知识、能力、基础、经验和专长，研究者所掌握的有关这个研究课题的信息资料以及对此课题的兴趣。研究者要权衡自身条件寻找结合点，选择能发挥自己优势特长的具有重要价值的课题。特别是在考试第一线从事实践工作的考试工作者，选题最好小而实，紧密结合考试实际。自己提出的研究问题，更容易激发信心和责任感，更容易发挥创新性。总之，知自己之短长，扬长避短，才能尽快出成果。第三是时机问题。选题必须抓住关键性时机，什么时候提出该研究课题，要看有关理论、研究工具及条件的发展成熟程度。提出过早，问题难以攻下来。提出过晚，只能是跟在别人后面亦步亦趋，毫无新意，失去了研究的价值。在考试科学研究中经常出现以下选题不当的情况：一是范围太大，无从下手；二是主攻目标不明确；三是问题太小，范围太窄，意义不大；四是在现有条件下课题太难，资料缺乏；五是经验感想之谈，不是科研课题。

在选定课题过程中坚持可行性原则。

1. 选定的研究问题一定要具体适度，研究范围要明确界定，宜小不宜大，所含的研究问题要明晰，不能太笼统。那种大而空、笼统含糊、针对性不强的课题往往科学性差。只有对问题有清晰透彻的了解，才能为建构指导研究方向的参照系提供最重要的依据。因此，不宜把课题选得太宽、太大、太复杂。

2. 正确选题并非一蹴而就，它要求研究者不仅要有科学的理论指导，还要坚持唯物主义观点，从实际出发，通过对事实材料的分析比较，善于发现和抓住主要问题；不仅要把握该领域理论研究的全局，而且要对该考试实际有深入的了解；不仅要考虑自己实际、兴趣以及经济条件，而且要考虑自己的研究所需的时间；不仅要有问题意识，而且要了解和掌握选题的有关知识和方法，从而不断提高自己的选题能力和创新、判断、评价等综合能力。

第四节　选定考试研究课题的方法

一、选定研究课题的逻辑过程

要选好课题，必须遵循科学选题的逻辑过程。一个研究课题的选定，往往是在阅读研究有关的文献过程中，或者在考试实践过程中逐渐形成的。选题过程的基本思路是：开始是由于受到某一点启发，产生一个大致的设想，带着这个粗略的想法，通过广泛阅读有关资料，了解前人或他人在这方面的研究成果、研究方法以及对这个问题探讨所具有的理论意义及其对考试实际工作的针对性（现实性）。在此基础上，从三个方面对原来初步形成的设想进行反思：一是这个问题研究的范围，要解决当前考试理论与实际中的什么问题，这个问题是不是有关领域的热点和重点问题；二是这个课题所包含的要研究解决哪些问题，在哪方面对原有研究有所突破和创新；三是衡量自己有没有实力来完成这一问题的研究。正是随着思考的深入，使原来朦胧模糊的想法变得清晰、集中，同时对如何探讨这个问题也形成了一个初步想法。

情报信息→初步思考→系统分析→综合判断→选定课题

二、选定考试研究课题的方法

掌握选择课题的方法、技巧，对于研究工作者寻找和形成研究课题具有重要作用。从广义上讲，选题的方法包括选择研究课题的全部理论，它贯穿于选题的全过程。这里所讲的方法仅是发现问题、形成课题的具体方法与技巧。发现问题、形成研究课题是一种创造性的活动，因而凡是有利于激发创造性思维和科学预测的方法，都可以作为发现和形成研究课题的方法。

（一）要善于对问题进行分解

问题的分解指的是要把一个大的问题按照内在逻辑联系分解成相互联系的许多问题，使这些问题展开形成一定层次结构的问题网络，从而使研究问题具体化。正确地对问题进行分解，实际上也是预期课题将会以什么样的方式和步骤获得解决，从而为进行课题论证提供依据。一个成熟的研究工作者，常常在这方面表现出深刻的洞察力和远见卓识。

（二）要善于转换对问题的提法

转换对问题的提法指的是从一个新的高度提出问题，从多角度探讨剖析同一问题。如对考试舞弊行为的研究，可以从考生心理、考场规定、监考等多维探讨。因此，研究工作者不仅要能够善于提出问题，而且也要善于从新的角度提出问题，不墨守成规，不固守现有理论，按照现代社会现代考试的要求，不断寻求研究问题的新的生长点，使研究步步深入。

（三）要善于运用创造性思维提出假想和形成构想

选定研究课题是一种创造性思维活动。研究者在选题中如果能够很好地运用各种创造性思维方式，引发头脑中已积累的经验和知识，常常可以发现和形成新的课题。创造性思维具有突发性、直觉性、跳跃性、潜意识性、不确定性等特点，主要有以下几种形式。

1. 发散思维，发散思维是针对所给信息而产生的问题，大胆提出各式各样的可能解的一种思维形式。

2. 收敛思维，收敛思维是针对所给信息而产生的问题，求该问题的一个正确解或满意解的过程。即事先有一个大体的目标，让自己思维紧紧围绕这个目标展开想象，把头脑中有关信息重新进行排列组合，从而形成达到目标的新课题。在多数情况下人们先从发散思维提出多种可能解，再用收敛思维得出最优解。

3. 反向思维，它的公式化表述是："如果不是这样，从它的反面出发，应该得出什么结果？"反向思维有助于摆脱传统观念的束缚，开拓思路，发现新课题。

4. 联想，联想是由一种事物想到另一事物的心理过程。客观事物是相互联系着的，具有各种联系的事物反映在人的头脑中，便形成各种联想。联想又分为类似联想、对比联想、因果联想、推测联想等等，它是提高人们创造能力的重要手段。

5. 灵感，也叫顿悟，它是这样一种认识形式和思维方法：当人们对某个问题经过长期的思虑，却百思不得其解的时候，突然受某种启发而打通了思路，获得了对问题的回答和领悟。这种领悟有时甚至可能在梦中获得。

6. 想象，想象就是人们对头脑中已有的观念和表象进行重新加工和改组，以建立新观念和新表象的认识和思维方法。想象使思维具有独创性，它是一切科学文化发展的实在因素和必要条件，想象能开拓思维的新路子、新领域，在知识与生活素材大体一致的情况下，是否能取得新的认识成果，就与想象力的强弱有极大关系，同时想象能够激励和强化人们的感情，会进一步促进思维的发展，最后想象能够增强思维的形象性，使抽象的思想形象化。

人们随机顿悟的"问题"是多种多样的，其认识也极其粗浅、模糊和有限，因而还不是"课题",还须依据选题的基本要求对这些问题加以综合分析。如果某个问题确有研究价值和亟待解决,则可根据现代考试科学的基本理论和实践,根据对这一问题的已有研究,以及根据自己的鉴识判断、分析思考,进而提出假说——有待验证的结论。从狭义来说,课题就是一个待验证的科学假说的概括。提出假说,而且自己也有可能验证它,则可进一步思考应从哪些角度入手,需要哪些资料和如何获取以及运用什么研究方法、手段去验证"假说",即形成解决问题的初步"构想"。选题也就是通过提出问题,再经一系列自觉的思维和操作活动而确定课题的过程。应该指出的是,选题过程是一个积极的思维过程,不仅创造性思维具有重要作用,而且分析、比较、演绎、推理等逻辑性思维,对于发现和形成课题也具有不可忽视的作用,特别是课题的最后形成更需要严密的逻辑思维。

(四)要进行课题论证以避免选题的盲目性

课题论证即选题的可行性研究。为了提高选题的科学性,减少失误的可能性,对于经过初步研究所确定的科研方向和具体的选题,都必须经过充分的论证和全面的评价,以辨识和确认课题的价值,就最佳课题方案做出决策。

课题论证不仅要全面地考虑选题的四项原则,还必须遵循合理的程序,采用一定的科学方法。课题论证可分为两个阶段。

其一,分析论证阶段。这一阶段一般又可分为三个步骤。

1．对立题依据的分析论证。它一般涉及课题的来源、理论依据是否合理、充分,课题研究的需要性与迫切性等。

2．对实施条件的分析论证。它主要就课题方案实施的主客观条件的可行性进行分析论证,如物质条件、研究能力是否与课题研究相适应等。

3．对预期效果的论证。它主要对课题研究结果的意义、成果的完善程度、所存在的问题以及后续措施等做出说明与论证。

以上三项论证依照前后顺序进行,如果前一项论证被否定,后面的项目就没有必要继续论证,该课题方案即被淘汰。

其二,综合论证阶段。在分析论证的基础上综合各个项目的评定情况,判定课题方案的整体状况,为课题的最后决策提供参考意见。

对于课题备选的不同方案,必须经过综合、比较和多次反馈,才能选出最佳或较好的方案。

对于重大的课题,或省部级立项的项目,还必须写出开题报告,并经过同行专家的审议。开题报告内容一般包括：（1）课题名称；（2）本课题研究的目的、意义（即研究本项目的实际意义和理论意义）；（3）研究的主要内容；（4）本课题国内外研究的现状，预计有哪些突破；（5）完成本课题的条件分析，包括人员结构、资料准备和科研手段等。

三、课题评价方法

课题评价方法，目前一般都采用同行专家评议与管理部门决策相结合的方法。同行专家评议通常采用评分法。评分法是按评分标准依次对各课题的评价内容打分，根据课题得分多少确定优劣的评价方法。评分法主要有加和评分、连乘评分、加权累计评分等几种方法。

1. 加和评分法：这种方法是先将每项评价内容按照实现程度分为若干等级，分别给予不同的分数标准。然后根据课题方案的每个项目的情况按此标准打分，最后累计课题方案的得分总数。

2. 连乘评分法：这种方法同加和评分法相类似。所不同的是评分标准比较简单，课题的总分计算不是相加求和，而是连乘求积。

3. 加权累计评分法：这种方法是假定课题的评价项目为 n，每个项目的评分可分为若干等级，其标度为 m，根据每一项目在该课题中的重要地位或不同类型的差异程度，确定每一项目分数的加权系数 k_i（$i=1, 2, \cdots, n$），由同行评议确定每一项目在标度 m 的得分 $F_i(m)$，即可求得该课题的得分总值：

$$F = \sum_{i=1}^{n} K_i F_i(m)$$

同行评议中，在不同专家对某一项目的看法产生重大分歧的一情况下，可采用概率统计评分法。对于复杂的科研课题，应采用系统工程方法，如：树式目标法、相互作用矩阵等，来进行统一的课题评价和管理。

同行专家的评议最后为管理和研究部门对课题决策提供依据。

第三章　检索文献资料

查阅文献是考试科学研究工作中一个重要的步骤，通过查阅文献而搜集考试研究情报资料，其目的在于通过纵向和横向的调研，掌握所研究课题的历史和现状，为科学研究找到正确的起点。文献检索既是考试科学研究中的一个重要环节，也是一种相对独立的考试研究方法。

第一节　文献资料种类

一、文献

文献，指记录有知识的一切载体（《文献著录总则》），即以载体形式传递知识。文献是记载人类知识的最重要手段，是传递交流研究成果的重要渠道和形式。文献作为一种主要情报源和信息源，是进行考试科学研究的重要部分。

"文献"一词，最早见于《论语·八佾》，朱熹注："文，典籍也；献，贤也。"古人以"文"为典籍记录，献就是贤者及其学识。文献是把人类的知识用文字、图形符号、音像等手段记录下来的有价值的典籍，包括各种手稿、书籍、期刊、报刊、学术会议论文、文物、影片、录音录像、磁带、幻灯片、缩微胶片、信息自动化系统等。检索文献则是从文献中迅速准确地查找出所需情报的一种方法和程序。考试科学文献是记载有关考试科学的情报信息和知识的载体。文献是进行科学研究的基础，从选题、初步调查以及论证课题，制订计划，搜集整理和分析研究资料到形成研究报告，都离不开有关课题文献的检索和利用。而考试科学文献的数量和质量，也正是判断该考试学科发展水平的重要标志。

二、文献资料种类

在实际使用的时候，根据不同的要求，按照不同的标准可以作许多不同的分类。例如按照不同的载体形式和记录技术，可分为印刷型、缩微型、机读型和视听型等；按照对文献内容加工程度的不同，可分为一次文献、二次文献和三次文献；按公开程度可分为国内外公开文献、国内公开文献和内部文献；按编辑出版的不同形式可分为书籍、期刊等。一般比较熟悉的是最后这种形式。

（一）按文献的载体形式可划分为以下四类

1．印刷型文献是以纸张为载体的出版物，即纸质文献，包括采用铅印、油印、胶印等手段制作的知识载体。它是传统的记录知识、信息的方式。其优点是便于阅读，可广泛流传，缺点是体积大、占用空间多，特别是大型图书机构要花费较多的人力物力来完成整理与收藏工作，携带不便，易受虫蛀、水蚀。

2．缩微型文献又称缩微复制品。它是以感光材料为载体，用摄影的方法将文献影像缩小并记录在胶卷或胶片上。包括缩微胶卷、缩微胶片、激光胶卷或激光视盘等。优点是体积小巧，节省库房，价格低廉，只有印刷品价格的1/15～1/20，可以与电子计算机联用，在温度恒定的条件下，保存期可达500年以上，并便于复制和转移。因此，目前在文献中所占比例不断增大。但是，由于阅读时要借助于阅读器，不如印刷品那样方便。

3．机读型文献是指利用计算机阅读的文献。它主要通过编码和程序设计，把文献变成数学语言与机器语言，输入到计算机中去，存储在磁带或磁盘上，阅读时，再由计算机将它输出。它能存储大量信息，按照任何体系组织这些信息，并以很快的速度从中取出所需的信息，这是最大优点。目前国外有些检索工具刊物，是以计算机阅读型的磁带与印刷型、缩微型同时发行的。计算机阅读型必须借助电子计算机才能使用，因此价格昂贵。

4．视听型主要是视听资料，如唱片、录音带、录像带、科技电影，幻灯片等。特点是直接记录声音和图像，可以闻其声，见其形，给人以直接感觉，因此也叫直感资料。直感资料在帮助人们观察考场考试现象和应用于考试手段方面具有独特的作用，同时也是快速传播信息的有力工具。

（二）按文献的工作层次，即加工的深度和性质、内容可划分为以下三类

1．一次文献即要查阅在考试实践中形成，以文字、图片形式出现并流通的各种原始文献。原始文献，也就是人们对已创造的知识第一次加工成为可以传递的文献。凡是文献著者在考试科学研究、考试实践中根据科研成果、发明创造所撰写的文献，称为一次文献。一次文献是文献的主体，是最基本的情报源，

是文献检索的对象。一般期刊论文、研究报告、专利说明书、会议论文都是一次文献，译文亦属一次文献。一次文献是以作者本人的考试实践为依据而创作的原始文献，是直接纪录考试实践经过、研究成果、新知识、新技术的文献，具有创造性，有很高的直接参考和借鉴使用价值，但它储存分散，不够系统。由于一次文献具有信息新颖的特点，因而比较有利用价值。

2. 二次文献是将分散、无序的一次文献，按照一定的原则进行加工、整理、简化、组织，如著录（即记录）文献的外部特征，摘录内容要点，使之成为便于贮存、检索的系统，如目录、题录、文摘、索引等检索工具，专供查找一次文献的线索。二次文献的重要形式是文摘报刊，它是对一次文献再加工的产品，是对原始文献加工整理，使之系统、条理化的检索性文献，一般包括题录、书目、索引、题要和文摘等。二次文献具有报告性、汇编性和简明性，是对一次文献的认识，是检索工具的主要组成部分。文摘报刊较为全面地汇集了某一领域公开发表的文献，并用选择的手段对原始文献进行间接的评价，保持了学科的统一性和系列性，极大地节省了人们获取信息的时间，人们可在最短的时间获取尽可能多的信息。如文摘及复印资料，这是一种资料性及情报索引刊物。如人民出版社主办《新华文摘》、中国人民大学的报刊复印资料，经过专门人员精心选编成册定期出版，有一定时期内主要文章及篇目索引，可帮助研究人员及时掌握某一特定课题的文献概况。此外，还可以注意另一种称作"综述性文献"的资料，它是一定时间内，对某一问题或某些问题，就选定的原始文献或其他情报来源中摘取要点进行综述，其特点就是将散见于各处的有价值的材料加以分类、评价，因而包含着大量的信息。

3. 三次文献是在利用一、二次文献的基础上，经过分析、研究、综合而形成的文献，是高度浓缩的信息，具有较强的综合性、评述性和预测性，是对某一范围内的一次文献进行广泛深入的分析研究之后综合浓缩而成的参考性文献，包括动态综述、专题评述、进展报告、数据手册、年度百科大全以及专题研究报告等，这类综述性文献全面、浓缩度高、覆盖面宽、信息量大、内容新颖，具有综合性、浓缩性和参考性特点。一般来说系统性好，综合性强，内容比较成熟，常常附有大量的参考文献，有时可作为查阅文献的起点。三次文献的重要作用在于，着手某个专题研究之前，可以通过三次文献了解到学科研究的历史和当今的现状，并可以通过它进而深入到一、二次文献中。

第二节　考试文献的分布和特点

一、考试文献的分布

由于创造、记录与传播的方式不同，考试文献资料的分布极为广泛且形式多样。

（一）书籍

书籍蕴含着人类智慧的结晶，是作者阐述各种系统的观点，传播信息的一种载体。书籍包括考试专著、教科书、资料性工具书（如考试辞典）及有关考试科普通俗读物。它是考试科学文献中品种最多、数量最大、历史最长的一种情报源。

这些书籍大多是对已发表的考试成果、考试技术、知识和经验，经过著者的选择、鉴别、核对、组织而成的，论述比较系统、全面可靠，查阅方便（有目次表、索引），从内容上看比较成熟、定型、独立完整，水平较高。考试专著（包括论文集）是就考试领域某一专门问题进行系统全面深入的论述，大多是作者多年研究成果的结晶。如由教育部考试中心组织编写的《中国考试史文献集成》、《中国考试通史》是全国教育科学规划项目、教育部重点课题的研究成果，由权威单位的知名专家、学者编纂和编写，杨学为主编。

高等教育出版社2003年出版的《中国考试史文献集成》汇集了自原始社会后期至公元20世纪90年代中国考试发生、发展、演变的重要历史资料和考试的文物、遗址图片。全书九卷，内容翔实可靠，其中有的资料和图片是首次公之于众，是国内第一部中国考试史的资料集成，具有较高的研究价值和收藏价值。如沈阳出版社2003年出版的《中国考试通史》是《中国考试史文献集成》的姊妹篇，该书论述了古今中国考试的历史，是新中国成立以来第一部考试通史专著，对了解和研究考试有重要的参考作用。

专著还就某个问题发展历史和现状，研究方法和成果，不同学派的观点和争论，以及存在的问题和发展趋势加以论述，并附有大量的参考文献。专著中阐明了作者自己的独到见解，反映学术研究的最新发展，论述较系统，形式较规范。如最近十多年来在考试界比较有影响的专著有：于信凤著《考试学引论》（辽宁人民出版社1987年版）；廖平胜、何雄智、梁其健著《考试学》，华中师范大学出版社（1988年版）；于信凤著《考试理论研究》（辽宁人民出版社1989

年版);肖鸣政著《试卷编制的方法与技巧》(江西教育出版社1989年出版);王秀卿编著《高等学校招生考试理论研究》(航空工业出版社1994年出版);杨成鉴、金淘声著《中国考试学》(书目文献出版社1995年出版);刘海峰著《科举考试的教育视角》(湖北教育出版社1996年出版);如康乃美、葛为民等著《中国自学考试学分制研究》(高等教育出版社1999年出版);宋奇成、龙健主编《现代人员测评理论与实务》(四川大学出版社2002年出版)等。

论文集往往是汇集了许多学者的学术论文,问题集中,论点鲜明,情报容量大,学术价值高。如湖北人民出版社2003年出版的教育部高等教育自学考试办公室编《高等教育自学考试命题工作的理论与实践》、辽宁师范大学出版社1997年出版的国家教育委员会考试中心编《第三届全国标准化考试改革创新奖获奖项目文集》等。

从以上一些专著来看,它都是对考试科学或其中某一专题进行的研究和总结,版本不大,容易通读,不必花费不太多的时间便可获得较全面的知识。因此,如果要对范围较广的问题获得一般的知识,或对陌生的领域获得初步的了解,参考这些书籍是有效的办法。考试书籍一般属三次文献,但有的专著往往包含著者的新观点,或使用新的方法,具有一次文献的意义。

教科书是专业性书籍,具有科学性、系统性和逻辑性。内容一般包括考试科学的基本理论、基础知识、学科领域内的科研成果以及讨论的问题。要求学术的稳定性,名词术语规范,结构系统严谨,叙述概括,文字通俗,可读性强。高校教育类考试专业,有一批专著性的教科书,作为高年级或研究生使用的教材。

工具类图书一般叫工具书,包括字典和辞典、百科全书、手册等等。工具书是提供给人们为某一特定目的,如学习、写作、科研或设计工作使用的。内容形式多样,可以是表格、图解、数据、公式,也可以是对原理的论述。它按一定的顺序编排,并附有索引,便于查找。国外规定,凡是49页以上的印刷品均称为"图书",49页以下的称为小册子。

手册,往往汇集了经常需要参考的文献资料,手册具有类例分明、资料具体、叙述简练、小型实用、查阅方便等特色。有综合性的手册,如教育部高等教育自学考试办公室编《全国高等教育自学考试统计资料汇编》. 北京:高等教育出版社.2001年,全国高等教育自学考试指导委员会、教育部考试中心编《自学考试必备手册》中国言实出版社2003年版,都汇集了各方面的系统资料(包括重要文献、概括介绍、统计数字等),是很实用的工具书。

考试辞书和百科全书都属于资料性工具书。考试辞书主要是提供考试科学名词术语的资料，规范、准确，以条目形式出现。辞书，有一定格式，第一句是破题，然后是基本论点。百科全书则是对人类一切门类或某一门类知识的完备概述。在一般文献学书籍中将百科全书特点概括为以下几点：一是汇编性，用已有的大量资料作为基础，比较全面；二是概述性，从大量文献中提炼出材料加以概括；三是分类性，以知识的科学分类体系作为编撰的基础；四是检索性，有完善的检索系统；五是可读性，可供系统阅读或浏览。百科全书既能提供最新的学术信息和研究成果，又能提供系统知识，其内容注重全、精、新，文字规范、严密、简洁，由众多专家学者撰稿，具有较强的权威性。是否有一部优秀的百科全书，已成为衡量一个国家科学文化发展的尺度之一。目前全世界已有56个国家编写出版了综合性的百科全书，数量达两千多种。《中国大百科全书．教育》于1985年出版，是我第一部教育百科全书，收录词目800多条，反映了教育科学全貌及研究成果。如由教育部考试中心组织编写的《中国考试大词典》是全国教育科学规划项目、教育部重点课题的研究成果，由权威单位的知名专家、学者编纂和编写，杨学为主编。上海辞书出版社2003年出版的《中国考试大词典》是一部涵盖古今有关考试制度、典籍、称谓、人物、测量、文化等词汇的工具书，内容全面、准确，为考试研究人员和考试工作者以及关心考试的广大读者提供了极大的方便。

年鉴是系统汇集一年内重要事件、学科进展与各项统计资料的工具书。它以记事为主，内容通常包括专论和综述，统计资料和附录。其中专题论述是年鉴的主体。由于年鉴内容完备，项目齐全，记载翔实，查找方便，所以它是了解新情况，研究新问题，积累资料，撰写历史的信息密集型工具书。年鉴按年编辑出版积累起来就是一部编年体的历史，具有重要的参考价值，如全国自考办各年度编写的《高等教育自学考试年鉴》。

至于考试科普读物，则是面向广大群众的以普及考试科学知识或应对考试、帮助学习为宗旨的通俗读物，有初、中、高级之分，文字浅显，但新信息含量较低。

（二）考试期刊

期刊一般是指具有固定题名，定期或不定期出版的连续出版物。期刊具有较强的专业性指向，有周刊、月刊、双月刊、季刊等。期刊可分为学术理论性期刊，情报性期刊，技术、事业性期刊和普及性期刊。考试科学范围内的期刊主要有二类：一类是杂志。杂志刊载有关考试科学论文、研究报告、文摘、综述、评述与动态，兼容性强。一类是汇报、集刊、丛刊及主办考试机构的刊物。如权威期刊有《中国考试》、《考试研究》，报纸有《中国教育报》等等，只要选定数种，持之以恒地查阅，就不难发现所需要的信息。期刊拥有庞大的写作队伍和读者群，出版周期短，内容新颖，论述深入，发行量大，常反映有关学科领域的最新动态和最高水平，是考试科研工作者查阅文献最有效便捷的主要来源。

期刊的特点是品种多，数量大，有实际应用价值；学科广阔，内容丰富，流通影响面广；文种多，内容杂，形式多样化；出版周期短、报道文献速度快，内容新颖，发行及影响面广，能及时反映考试科学新成果、新水平、新动向。期刊发表的论文大多数是原始文献，许多新成果、新观点、新方法往往首先在期刊上刊登。考试研究人员应熟悉本专业有关的期刊。经常阅读期刊可以了解动态，掌握进展，开阔思路，吸收新的成果。据估计，从期刊上得到的考试情报约占情报来源的65%以上。期刊论文是考试文献的主要类型。在国外，近些年来在文献搜集工作上不盲目主张广泛，而强调经济实用，讲求质量，重视选择核心期刊，特别是一些专业研究单位，努力选择对本专业来说信息量最全的期刊作为自己搜集资料的重点。如教育部考试中心主办《中国考试》半月刊，天津市教育招生考试院《考试研究》丛刊。

报纸是刊登新闻和评论为主的定期连续出版物，如《教师报》、《中国教育报》，还有《光明日报》等大报的考试专版。报纸的内容覆盖面大，发行广泛，传递信息迅速，适应社会各行业部门的需要；但材料分散不系统，且不易保存。在报刊上搜集信息，要注意报纸的权威性。

（三）政府出版物

政府出版物是政府部门及其所属的专门机构发表、出版的文件。其内容广泛，就文献的性质来看，大多为行政性文件如政府法令、法规、方针政策、调查统计资料等通过这类文献可了解一个国家的科学技术、经济政策、法令、规章制度等。与考试有关的信息都可查获，多查阅此类出版物无疑是获取信息的捷径。

（四）会议文献

会议文献是指国际学术会议和各国国内重要学术会议上发表的论文和报告。此类文献一般包括报告、纪要、提交会议的论文（多数是未公开发表），往往反映一个学科领域的研究动向和研究成果，代表了国内外教育研究发展水平，是考试研究的一个重要资料来源。据统计，每年全世界召开的学术会议达四千次以上，国内同样也有相当可观的资料。

学位论文是硕士和博士学位研究生进行专题研究后为取得某种学位而撰写的考试科学论文，是带有一定独创性的一次文献。一般选题论证充分，文献综述较全面，探讨问题较专深。如张宝昆著《大规模教育考试的社会控制功能研究》（昆明：云南大学出版社1999年版）。

（五）档案资料

档案资料是人类在各种社会实践活动中直接形成的，并且具有保存价值的原始文献材料。对于一些较为清晰的研究目标，查阅文书档案或考试档案，是了解问题来龙去脉的十分可靠的途径之一。但是，由于档案的信息比较分散和繁杂，在一般情况下，人们不愿花太多的时间从中寻找信息。考试档案类包括考试年鉴、考试统计数据、考试调查报告、考试规章制度、名录、试卷、墓志、碑刻以及与考试活动有关的实物等，是全面了解我国考试状况和制度沿革及发展演变的有用资料。

另外，还可向专家询问和利用现代信息技术。

专家询问是通过个人交往接触的非正式渠道搜集资料，研究者通过通信、面谈等方式，就研究课题的有关问题向颇有造诣的考试或相邻专业的研究人员、学者请教，并交流讨论学术问题。专家访谈具有高度选择性和针对性，从专家询问渠道获得的考试情报信息具有极高的价值，从观点到方法上的启迪将有助于课题研究的深入。

现代信息技术主要包括缩微与复制技术、视听技术、计算机应用技术、数据库、信息网络技术及信息自动化系统等。尤其是计算机辅助文献检索，由于它的大容量、高速度及广泛性，已成为重要的信息源。

考试资料分布是极其广泛的，搜集的渠道也是多种多样的。要会找资料、会储存资料、会用资料，自己还要有丰富的藏书供研究之用。查阅时应主要搜集一级文献，特别是有较高的学术价值，在考试科学领域中有一定的权威性，信息量大，使用率高，被公认为必备的或常用的书籍。

二、考试文献的特点

在科学技术高速发展的推动下，随着人们对考试研究工作的不断深入，文献资料也显示出了许多新的特点。

首先，数量庞大。从目前情况看，考试文献的最大特点就是内容广泛、数量众多，学科复杂，系统性、积累性和继承性强。如有关考试科学研究的书籍大量出版、专业杂志日益增多、研究领域不断扩大、研究报告和论文数量急剧增加等。

其次，各种文献的内容交叉重复、互相渗透，这实际上也反映了当代科学技术发展的潮流。但从另一个方面看，考试文献内容的交叉重复和互相渗透，也同时增加了文献重复发表的数量。

第三，文献知识的老化加快，寿命缩短，出版滞后。一方面由于考试期刊数量的增加，使得用稿量不断增多；另一方面考试期刊自身的质量却又不可能都同步提高或得以保持，因而造成所发表的论文质量有下降的趋势。随着科学技术的飞速发展，新发现、新发明创造不断涌现，随之而来的是知识老化加快，文献的自然淘汰加速。文献的有效使用时间称为文献寿命。科学技术发展越快，文献寿命越短。

第四，交流传播速度加快。由于现代信息传播技术、通讯工具的发展，世界上发生的重大事件瞬息之间即可耳闻目睹。这给文献的传播交流提供了非常方便的条件，也使科技成果的迅速推广利用成为可能。

第五，考试文献分布异常分散。主要体现在收藏储存的分散、内容的分散。属于同一学科、同一专业的文章，往往分散在许多其他学科的杂志上；而属于某一学科、专业的杂志有时又刊登许多其他学科的文章。

此外，翻译文献增多，语言障碍增加、术语不统一、文章发表滞后、文献来源情况复杂、记录手段和载体多样化等，也是当代文献的重要特点。

近年来，随着科学技术的发展，特别是电子计算机和现代通讯等先进技术的涌入，使得考试学情报工作不断得到创新和改善，使情报交流更有效地进行。目前考试学文献出版数量日益增加，出版类型越来越复杂，出版形式多样化等特点，必然会给考试学文献的管理和利用带来一系列新问题。为解决这些问题，考试文献也向缩微化、储存与检索磁性化和电子化方向发展，这将成为今后现代考试学文献发展的总趋势。

第三节　检索考试文献的意义

考试科学研究应以科学发展的现有水平为基点，在科研中，选择课题严格说只是对"问题"的研究方向和解决方法有了基本的"轮廓"或"构想"。要使这种认识渐趋具体和深化——在选题基础上进一步探明解决"问题"的"基点",离不开检索考试文献资料。

文献检索是以科学的方法,利用专门的工具迅速、准确、完整地查找所需文献的过程,它是科研工作的重要组成部分,是考试研究人员在进行科研时应掌握的基本功之一。检索考试文献就是借助一定的设备与工具,采用一系列方法与策略从考试文献中查获所需的考试科学研究信息的过程。从文献本身看,文献是人们获取知识的重要途径。它一方面大大开阔了人们的视野,使人们超越了时间和空间的限制,去认识古代的和国外的有关考试方面信息。另一方面,文献又使得人类知识的储存、积累和传播不再受到个体生命的限制,从而大大促进了考试科学的进步。因此,文献既是人类认识世界的重要途径,又是人类积累知识的重要宝库。

目前,由于研究人员对本学科图书资料、文献体系、检索工具等知识的贫乏,致使在进行科学研究的过程中因重复选题,浪费了大量的时间和精力,这在国内外是不乏其例的。这不仅浪费了人力物力,而且将导致科学研究长期处于低水平状态。现代社会、现代科学的发展,人们已越来越认识到文献情报检索的重要,把文献检索工作看做是科学研究不可缺少的一部分,看作科学研究能力的重要组成部分。据美国科学基金委员会、美国凯斯工学院研究基金会调查统计,一个科学研究人员在一项科学研究项目中用于研究图书情报资料的时间,占全部科学研究时间的 1/3 至 1/2。

表 3-1 社会科学和理工科各项研究活动的时间比例

选定课题	情报搜集与信息加工	科学思维	科学实验	学术观点的形成（论文）
社会科学	7.7%	50.9%	32.1%	9.3%
理工科	7.7%	30.2%	52.8%	9.3%

检索考试文献在考试科学研究中具有十分重要的现实意义和作用。

1. 有助于研究人员全面正确地掌握所要研究考试问题的情况,为选定考试研究课题和确定研究方向提供科学的依据。通过查阅有关文献、搜集相关信息,有助于考试研究者对所研究领域的情况,有一个系统的认识和了解,对所要研究的问题做出系统的评判性分析。从研究的角度看,系统地查阅文献,有助于从整体上把握所研究领域的发展历史与现状、主要研究成果、研究水平、研究的重点、研究的方法、经验和问题、研究的最新动向、争论的焦点、人们忽视的问题以及其他研究者提出的建议等。

2. 有助于考试研究人员掌握科学的论证依据和研究方法。文献资料是跟踪和吸收国内外考试研究学术思想和最新成就，了解考试科学研究前沿动向并获得新情报信息的有效途径。进行考试研究，必须了解国内外最新的理论、手段和研究方法。通过查阅文献资料，从过去和现在的考试研究成果中受到启发，不仅可以找到获得课题科学回答的线索，吸取他人在方法学上的长处，充分了解他人对该问题的研究所达到的程度，使研究范围内的概念、理论具体化，而且为科学地论证自己的观点提供有说服力的、丰富的事实和数据资料，使考试研究结论建立在可靠的材料基础上。

3. 有助于考试研究者选择研究课题，避免重复劳动，提高考试科学研究的效益。在选题时，通过查阅大量文献，了解有关考试研究情况，一方面可以帮助研究者发现和提出问题、形成假说，另一方面，也有助于研究者在众多可能选择的课题中，通过比较、分析，确定出更有价值、更适合自己条件的研究课题。在确定研究课题时，充分查阅已有文献资料，可以帮助研究者减少选题上的重复，避免重提前人已经解决的问题，甚至重犯前人已经犯过的错误，从而避免人力、时间和资金的浪费。

4. 科研结束做成果鉴定时，也需要进行检索，判定成果的先进性、科学性和实用性。因此，对于科研人员来说，文献检索贯穿于科研工作的始终，是科研工作的重要组成部分。

总之，检索考试文献资料方法主要是了解对于同样的、类似的或有关联的课题，别人已经做了哪些工作，现在正在做什么工作；哪些问题解决了，是怎样解决的；哪些问题还没有解决，为什么没有解决，其关键何在；那些认为已经解决了的问题，是否真正解决了，其结论是否可靠，在那些没有解决的问题中，哪些可能是现象性的或者是由于实验方法不合理、设备不精确造成的，哪些是由事物的本质决定的；已有的实验揭示出的事实和现象与原有理论有无矛盾，对矛盾是如何解释的，解释得是否合理等。经过这样的调查，并认真地思索，就可以吸取前人的经验和教训，找到问题的关键，初步形成研究方案。

第四节 检索考试文献资料途径和方法

考试科研工作者只有掌握了检索考试文献资料途径和方法，才能对课题的历史现状及国内外的研究状况，前人研究的得失及原因，研究对象的基本情况或问题底细，以及相邻学科的发展为该课题的探新提供了什么新的有利条件等方面，获得比较全面的了解。同时，也只有以此为基础，才能进一步摸清行情，开阔眼界，使自己的研究从一开始就有一个可靠的参照系或比较点，以便能从多个角度去全方位地探讨问题；才能明人之长，学习前人正确的科研思路利方法，使自己的科研承前启后，有所创新；才能辨别真伪，不致人云亦云，使自己的研究切合实际，有扎实的根基。

一、文献检索的途径

文献检索工具，是按一定学科、一定主题进行收集、整理相关文献，并给文献以检索标志，及时报道的二次文献，具有存储、检索和报道信息的功能。它是把大量的文献进行分析后按照一定的特征编排组织而成的文献集合体。而检索文献是将文献根据其外表特征（即标题、著者、来源、卷期、页次、文种等）或内容特征（即文献论述的主题），按照一定的方式编排并储存在一定的载体上，利用相应的方法、途径或手段从中找出符合读者特定需要的文献的全过程。因此检索途径是和文献的特征密切相关的。根据文献的外表特征和内容特征，可将文献检索途径分为两个方面。

（一）以文献的外表特征进行检索

1. 作者途径。即根据作者姓名来查找文献。由于科学交流广泛，考试科学的一些著名研究者往往为该学科科技人员所熟知，因此，几乎所有检索工具都附有作者索引，按姓名字顺排列，易于编辑，也易于采用机械化设备加工，出版过程短。作者索引包括个人作者索引和团体作者索引两种。但由于世界各国姓名的复杂多样，一般在编写著者索引系统时，制订了许多规则，以便标引者和检索者有所遵循，求得统一。检索时如不加注意，很可能造成误检和漏检。使用国外的检索工具的著者途径查找文献时，应注意以下几点：（1）姓名的次序，国外著者署名一般名在前，姓在后。但在检索工具的著者索引中，是姓在前，名在后，姓用全称，名用缩写，姓名之间用逗号或空格隔开，分别按姓名的字母顺序排列。如 RobertSRS.。另外，若姓前有前缀和冠词等，均一并计入，按姓字顺排列；（2）机关团体的名称均按原名著录，并加国别以示区分，与个人著者一样按名称字顺排列；（3）合著者为2人时，按原著者次序著录；若为3人或以上者，只著录第一著者姓名，其余不标出，以"等"表示；（4）著者姓名的拼写与发音因各国文字不同而有别。一般检索工具常将各种文字的著者姓名加以翻译，并有各自的音译办法。西文检索工具中，中国的姓名，均按汉语拼音著录，其他的非本国文字的著者姓名按音译法著录。

2. 书名、刊名、篇名途径。这是根据书名、期刊的刊名、文章的篇名特征编制的索引。排列的方法也是机械的字顺排列，但由于书名、篇名都比较冗长，不易作为标志进行检索，加之文字结构等较复杂，近年来很少用。

3. 文献类型的途径。文献检索工具收选的文献类型是多种多样的，如期刊、图书、报告、专利文献、政府出版物、技术标准、会议文录等。因此，文献检索工具附有按文献类型的检索途径，如报告号索引、专利号索引、会议索引等。

（二）以文献的内容特征进行检索

1. 分类途径。是以文献的内容在学科分类体系中的位置作为查找文献的途径。它的检索标志是所需文献的分类号。因此，使用这种途径的前提是确定检索课题所属的学科类目，依据分类法，从中找出该类目的分类号。

2. 主题途径。是通过文献内容学科性质的主题进行检索文献的途径。以经过规范化的名词或词组作为代表文献资料内容实质的主题词，这种主题不一定就是图书或论文的书名或篇名中出现的词语，而是对文献经过主题分析从中抽取出来的主题概念的词，把这些主题词按字顺排列起来构成主题索引。检索时像查字典一样直接按主题词字顺就可找到某一特定课题的文献。每个主题词是相互独立的，彼此间的顺序只是形式上的而非逻辑上的顺序，它可以将分散在各个学科中的有关文献都集中于同一个主题词下。该途径既便于确定某个主题在检索系统中的位置，又便于对所查文献的分析、比较和选择。在各学科间交叉渗透日益严重的今天，主题途径正受到更多地采用和重视。但在系统性、稳定性上，不如分类途径。两种途径各有所长。

3. 分类主题途径。是以上两种途径的结合，取二者的优点并尽量避免其不足而设置的一种检索途径。它比分类体系要细致具体，但它又不像主题体系那样难于熟悉和掌握，并且保留了主题体系按字顺排列以便于准确地掌握和查找的特点。

4. 关键词途径。这种途径是通过关键词索引查找（Keyword Index）文献，在19世纪60年代以后流行于美国。它是根据文献篇名或内容中具有实质意义、能表达文献主要内容、起关键作用的词或词组抽取出来作为反映文献内容的关键词，并按字顺编排而成的一种检索系统。它与主题途径相近，但由于其选词没有进行规范化，不同作者对同一事物的概念不同，造词也不尽相同，因此同一内容的文献可能会分散在不同的关键词下。所以检索时必须把不同词形的同义词、近义词等都查遍，否则很可能漏检。关键词途径的缺点是：第一，选择关键词时无词表的约束，因此一篇文献往往在过多的关键词下出现，不易辨认主次关系，易造成文献泛滥，针对性差。第二，往往以题目字面选择关键词，这样，实质内容便无法反映出来。第三，没有规范化的词表作为依据，同义词和字尾结构的变化等会造成性质相同的文献不能集中。但这种途径使用起来很方便，易于采用新技术设备，编制过程短，能缩短一次文献和二次文献间的时差。为此，又产生了以下两种索引。

（1）上下文关键词索引，选择关键词时保留前后的字。关键词前面为一段、关键词开始为一段、两段相加以60个字符为限，还可以关键词排列索引。查用人根据关键词及其前后字意决定选取文献。但这种做法仍克服不了上述缺点，且耗费时间大。

（2）题外关键词索引，这是根据文献的内容提要或选取题目以外的关键词编入索引，以克服限于题目选取关键词的缺点。因为所选关键词已超出题目所能提供之外，所以，又叫题外关键词索引。

5. 其他途径。根据学科不同性质和不同特点的需要，各学科的文献检索工具还具备其独特的检索途径。

二、考试文献检索方法

考试文献既是考试科学发展的历史记录，又是考试科研工作者必不可少的信息来源、了解实际的重要途径和展望未来的窗口。因此，掌握查阅印刷型考试文献的方法是考试研究工作者的必备技能。检索工具查找法就是利用已有检索工具查找文献资料的方法。这里文献检索方法是指用以积累和查找文献线索的方法。一般它可以分为两大类，即手工检索方法和计算机检索方法。我国目前的图书情报工作仍以手工检索方法为主。但是，随着计算机和电子技术的飞速发展，计算机检索方法越来越多地在图书情报领域替代了手工检索方法。因为，计算机检索实质上是将人工翻阅检索书刊的过程计算机化了，因此，它要比手工检索服务的内容更丰富、快捷、及时、灵活、方便和更加具有针对性。

（一）手工检索方法

手工检索方法按其著录形式，可分为目录卡片、目录索引和文摘等。

1. 常用法

常用法即利用检索工具检索文献的方法。常用法可分为顺查法、倒查法和抽查法。

顺查法，以课题提出的年代为起点，由远及近，逐年查找，直到最近。用这种方法，查得的文献比较完整，能反映课题研究发展的全过程，查全率高，但工作量大。

倒查法，由近及远，按时间逆序查找。这种方法的重点放在近期文献。近期文献不仅反映最新水平，而且一般都引用、概括了早期文献，这种方法省时灵活、效率较高，但会产生漏检。

抽查法，即针对学科或课题研究发展的特点，就其发展较快、文献较多的年代中，抽出一段时期进行查找。对课题研究进展最快、发表文献最多的若干年的文献，逐年查找。这种方法省时、效率高。

2. 追溯法

利用最新发表的文献（最好是切合课题的综述性文章）后面所附的参考文献或引文注释为线索，由近及远追溯查找。它的优点是可不借助检索工具查阅有关文献，也可从了解到的著者姓名利用检索工具查找。这种方法是不少研究人员常用的方法，方便实用，但会产生漏检。

3. 循环法

循环法是常用法和追溯法结合的方法。先利用检索工具查出一批有关文献，再利用这些文献所附的参考文献和原文中涉及的线索追溯查找。这样分段交替进行，直到取得满意的效果。对一个重大、复杂的课题，运用综合法有利于尽快查到所需全部文献，但通常是先用常用法，后用追溯法。

（二）计算机检索方法

信息时代的到来，文献已不再是传统的纸张书本式。电子信息资源是指以电子数据的形式把文字、图像、声音、动画等多种形式的信息存放在光、磁等纸质非印刷的载体中，并通过网络通信、计算机或终端等方式再现出来的信息源。目前，电子信息资源的种类繁多，形式各异，但基本上可以分为联机存取和单独发行两大类。前者以网络数据库为基础，以计算机硬盘和光盘为存储介质，通过联机方式向用户提供服务；后者则以可读磁带、软磁盘、只读光盘、交互式光盘和集成电路卡（ICD）等为载体，以单个发行的方式向用户提供服务。大量的电子出版物纷纷问世，并以越来越快的速度发展。尤其是各类文献检索工具，采用电子出版物的形式，更能显示出出版快，检索方便的特点，因而以文献检索数据库为基础的计算机情报检索系统从 20 世纪 70 年代起得到迅猛的发展。目前常用的计算机检索工具主要是：图书馆综合管理系统中的目录检索子系统、学术期刊光盘检索系统以及因特网上的文献检索。

1. 图书馆目录检索子系统。这类系统一般都是根据读者希望自行检索图书目录的要求而开发的，因而，目录检索部分尽可能采用简单的会话形式来操作，一般不需要查询者记住这些使用规则。在检索的过程中，可以按照计算机的提示查阅到所需要的书目。具体的查找方式是多种多样的。如通过书名查阅，或通过作者名查阅等等。总之，只要有一定的关于所查书目的信息就可以进行查询。

2. 学术期刊光盘检索系统。目前，我国使用的学术期刊光盘检索系统是清华大学研制的中国学术期刊（光盘版）全文检索管理系统。光盘出版物有：清华大学出版的《中国学术期刊光盘版》和中国人民大学书报资料中心出版的复印报刊系列数据光盘，如《专题目录索引光盘》、《复印报刊资料全文数据光盘》和《中文报刊资料摘要光盘》等。其中《复印报刊资料全文数据光盘》的 BC—96005 是有关文化、教育内容的，可以查阅到考试方面的论文和文章。

光盘检索除了具有传统数据库检索的优点外，还可以从多个角度进行检索。因而可以使检索者灵活地选择检索学科的范围，提高检索效率和查全、查准率。如《中国学术期刊光盘版》可以全刊检索、分类检索、篇名检索、关键词检索、作者检索、机构检索、中文摘要检索、英文摘要检索、引文检索、基金检索、全文检索、蕴含检索（输入一个词，可检索出所有在任一处出现该词或属于该词含义范畴词的文章。）和关联检索（输入一个词，可检索出所有在任一处出现该词或该词同义词的文章）。

3. 因特网（Internet）上的文献检索。因特网是目前世界上最大的供人们进行资源共享的，由网络互联所形成的全球性电子信息世界。如 www（World Wide Web）等。我国是 1994 年进入因特网的，现已建成了一定数量的与国际因特网互联的全国性计算机网络。如中国教育科研网（CRE.net）等。从目前因特网的使用情况看，其用途可以归纳为两个方面：一类为信息交流，如E-mail等，这是最常见的；另一类为信息查询，如文献检索等。

因特网不仅为人们提供各种各样简单、快速的通信与信息检索手段，更重要的是为人们提供了巨大的信息资源。人们可以在网络上的任何一端使用这种资源，参加信息交流和科技竞争。但是因特网由于信息的来源非常广泛，加上许多信息又在定期或不定期的更新，信息的准确性和完整性很难得到有效的保证。因此，要求检索人员首先必须能够判断、鉴别信息的真伪和时效。在具体检索某一数据库之前，最好研究一下它的来源，或利用因特网信息搜索工具，系统地浏览所要检索的目标。经过多次选择以确定自己所需要的信息源。由于目前因特网上比较拥挤，检索人员必须掌握一定的检索技巧，灵活运用各种检索策略，正确地选择主题词，才能提高查准、查全率。因此，要学会、用好网络信息搜索工具，使其发挥最大的效能。

总之，在运用这些文献检索的方法时应注意：第一，查找范围要先查国内，后查国外的有关文献；第二，查阅文献时应先查阅综述性文章，后查阅单篇专论；第三，查阅内容要先专题后广泛。

文献方法本质上是学习和继承的方法，学习和继承又是为了创新。文献方法主要包括查阅、鉴别、组织、运用等各个环节。每个考试研究工作者都应该从专业文献的实际情况出发，熟练地掌握查阅文献的方法，迅速地找到有价值的文献，然后根据文献资料的不同类别采取精读和略读相结合的方法，要有选择地去精读那些与自己研究课题密切相关，有重要参考价值的文章，掌握其精神实质，在研究中进行构思。最后做读书笔记、制文摘卡片，建立一套自己使用的索引，并进行分类整理，使之系统化、条理化、以便日后使用。

第五节 检索考试文献资料步骤

由于每个研究人员的文献需求不同，所选择的检索方法、途径也就不同。为了达到检索目标，应制订相应的检索计划或方案，指导整个检索过程，即应具有一定的检索策略，应根据研究课题的要求，选择检索系统，确定检索标志，按照一定的检索途径和方法，查找特定文献的过程。文献检索，一般可分为五个步骤。

一、分析检索课题，明确检索目的

接受课题以后，首先要对检索课题进行认真细致的分析，明确检索内容和检索目的，确定检索的学科范围、文献类型、回溯年限等，由于每一检索者常是为解决某一具体问题或选定一个研究课题而进行检索，所以检索者一定要经过仔细分析，弄清检索提问的真正含义，然后选择最合适的检索工具和检索方法。

1．掌握与课题有关的基本知识、名词术语以及课题所属的学科范围或技术领域。

2．分析课题的研究目的，明确检索要求。

3．分析课题直接或间接提供的已知条件。

二、选择检索系统，确定检索标志

1．根据课题的学科性质、所需的文献类型选择合适的检索系统。

2．根据所具备的条件选择手工检索工具或计算机检索数据库，也可采用二者结合的方法。

3．选择报道及时、收录文献全面、索引系统完备的检索系统。

4．既要选择使用综合性的检索工具，也应注意选择使用专业性以及单一文献类型的检索工具。

选择检索系统后，根据不同检索系统的要求，利用主题词表、分类表、索引指南等标引和核对检索标志。一般检索工具都有分类目次、著者、主题词等检索标志，必要时还可以借助其他辅助工具作为检索的途径，如专利索引、登记号索引等。检索时必须根据自己所掌握的检索标志，选择和确定一条便捷的途径进行检索。

三、确定检索途径和检索方法

检索工具的选择则要看课题的要求和文种的情况，理论研究课题应选用综合性检索工具书，技术性课题应注意专利文献检索工具书的使用。在选好检索工具后，结合工具书来考虑检索途径和检索标志。

检索途径的选择要从检索要求、已知条件和文献检索工具的结构等几个方面综合考虑。题名途径、号码途径一般用来查找某篇特指的文献，著者途径用来查找某著者（或某学术团体）一定时期内的工作动态。但要系统检索某一课题的文献，主要从分类途径和主题途径入手。由于大部分检索系统不编制分类索引（专利索引除外），仅是文摘部分按分类编排，且类目较粗，只适用于最新文献的浏览。因此主题途径是最重要、应用最为普遍的途径。它既适用于回溯性检索，也适用于检索最新文献。

各种检索工具均有各自的特点，应根据检索课题的要求、检索工具的特点以及检索者的外语水平选择合适的检索工具。关于检索方法，一般来说，在检索工具比较齐全的情况下，采用常用法比较合适；在检索工具比较短缺时，可采用分段法；如果没有或严重缺乏检索工具时，只能采用追溯法。如检索课题要求全面普查，可使用顺查法或交替法；若检索课题的时间紧迫，要求查准甚至查全，则应采用倒查法，也可采用抽查法。

四、查找文献线索

按照确定的检索标志和检索途径，利用检索工具的索引查找文摘号，根据文摘号查找文摘或题录。根据检索的标志，如作者姓名、分类号、主题词等，通过有关索引进行文献检索。一般检索工具正文的前面都设置目次表（或分类表），它是正文部分文献条目的类目安排表，可以分类途径查阅文献。正文后附各种辅助索引，亦可作为参考工具。在查找的过程中，要根据查找的具体情况不断分析，调整检索标志、检索途径和方法，直至达到满意的效果。

五、查找和获取原始文献

对检索到的文献线索进行研究和筛选，这是整个检索过程的最后一步。为了节省篇幅，检索工具中的文献出处项中的出版物经常采取缩写，因此，首先要将出版物名称缩写（或代号）对照检索工具所附的"来源索引"、"收录出版物一览表"等查出刊名的全称。除本馆馆藏外，还可通过地区或全国馆藏联合目录进行馆际互借，或向原文著者索取原文。

第四章 制订课题研究计划

第一节 考试研究计划的作用和要求

考试科研课题研究计划,是从事考试研究工作者在研究设计的基础上对研究活动各方面的工作和研究活动的过程所作的全面的规划,是指导和规范研究活动的纲领性文件。考试科研课题研究计划初步规定了课题研究各方面的具体内容和步骤,是开始进行课题研究的工作框架。有了课题研究方案,课题研究如何进行,就有了基本思路。研究计划对整个研究工作的顺利开展起着关键的作用,尤其是对于科研经验较少的人来说,一个好的研究计划,可以使我们避免在课题立项后,开展研究时,无从下手的现象,保证整个研究工作有条不紊地进行,可以说,研究计划制订水平的高低,是一个课题质量与研究者科研水平的重要反映。这是科研管理部门是否批准课题立项的关键,也是科研管理部门进行课题中期检查和结题鉴定的重要依据。

一、制订考试研究计划的作用

(一)制订课题研究计划是保证课题研究顺利进行的必要措施

在完成对研究活动各个方面的周密思考和严谨设计之后,考试研究者就应该对整个研究活动和完整的研究过程进行系统的筹划和安排,制订出课题的研究计划,课题研究就有了明确、清晰、可行的思路。课题研究计划明确规定了研究范围和目标,具体规划出整个研究步骤,研究者就能有方案、有系统地进行研究,以保证研究活动能按计划、有步骤地开展。如果没有研究方案,是绝对不可能获得科学的研究成果,课题研究也不可能顺利进行。

(二)制订课题研究计划是使研究课题具体化的中心环节

制订课题研究计划,是使课题具体化、操作化的中心环节和必要步骤。在制订研究计划过程中,一方面研究者可以通过对各方面设计工作的反思进一步明确研究设计的内容和思路,另一方面还通过统筹安排各方面的活动来认识和处理不同研究因素之间的关系。研究计划必须完整地、系统地对研究活动各方面的设计工作进行反映。在具体的研究计划基础上，才能实施具体研究。

（三）制订课题研究计划是课题研究成果质量的重要保证

如果说，设计蓝图、制订工程方案决定着一项工程的质量，那么一份课题研究计划也直接关系到一项课题研究的质量、研究价值乃至成败。制订出具体、可行的课题研究方案，就等于完成了课题研究的一半。课题研究方案的质量是评价课题成果的重要依据。

（四）制订课题研究方案有利于检查和自我检查

有了课题研究方案，研究者在研究过程中可以对照方案检查自己的研究工作的进展情况，是否按方案进行？是否按期取得阶段性成果？

（五）制订课题研究方案，也有利于协作研究。

考试科学研究活动的复杂性使研究者在研究工作的不同阶段或不同时间要开展不同性质的工作，各种性质的工作只有紧紧围绕研究目的运行才能达到预期效果。在较大的课题研究活动中还需要有各方面的人共同参与，所有的参与者只有在研究活动中做到认识上乃至行动上的统一，才能保证研究工作高质量地进行，而制订研究计划的过程是通过对研究过程系统的思考和设计来协调各种性质的工作，也通过对各方面工作人员的活动的指导和规范来达到研究参与者思想想上和操作行为上的一致，使之符合研究的要求。课题研究计划是保证明确研究人员职责范围、内部协调、工作同步的必要条件。

综上所述，在确定研究课题之后，制订课题研究方案是非常必要的。不可把制订课题研究方案看成一种形式。"磨刀不误砍柴工"，制订好课题研究方案，可以使教育科研奠定在目标明确、任务明确的基础上，使课题研究收到事半功倍的效果。

二、考试科研计划的具体要求

制订一份好的研究方案，要查阅尽可能多的资料，了解别人在这一领域研究的基本情况，我们才不会在别人已经研究很多、很成熟的情况下，重复别人走过的路，而是站在别人研究基础上，从事更新、更高、更有价值的问题的研究。同时，我们要掌握与课题相关的基础理论知识。只有理论基础比较扎实，研究工作才能有一个坚实的基础，否则，没有理论基础，就很难深入地研究，很难有真正的创造。其次，在制订研究方案时，应让课题组的所有成员都参与考虑、讨论，就研究方案的各个方面充分发表意见。这一方面可以使方案更为周详，另一方面可以使课题组成员在这一过程中更为明确研究的设想和各人的任务，从而为研究的开展打下良好的基础。课题研究计划是对研究工作所做的整体安排。良好的研究计划是确保教育科研顺利进行并取得成功的重要保证。

一般的讲，研究计划必须满足以下要求：

1. 研究计划必须遵循相应的科学方法的要求。也就是说，假如你搞教育实验就按照教育实验的要求去计划，搞教育调查就按照教育调查的规律去安排。

2. 课题研究计划要合乎客观实际情况，具有可行性。

3. 课题研究计划的操作性要强。所谓操作性是指不仅有大胆的理论猜想和假设，而且有验证这些猜想与假设的办法和步骤，不仅有抽象的理论观点，而且有将这些理论观念转化为实际行动的操作程序。操作性强的研究计划，课题组成员一看就可以按照计划中的要求去做。

4. 课题研究计划要具有系统性。这里所说的系统性主要包括两个方面的含义：一是指课题计划的各项措施与安排前后呼应，相互支持，共同构成一个有机的系统，以确保研究目标的实现。二是指计划内容的完整性。研究计划从人到仪器设备、从实践安排到对象的确定、从研究步骤到材料的搜集与分析方法的选择等等，必须都要安排计划好。

第二节 考试研究计划的结构和内容

考试科研课题的种类多种多样，其研究方法也各不相同，研究计划也有不同的种类，但究其结构，则大同小异。它基本上包含了以下几个方面。

一、课题名称

课题的名称是对课题研究实质的高度的概括。它就犹如文章的题目，起着画龙点睛的作用。常用的写作方法是：在题目里对研究的领域、方法和内容有所说明，或是用简洁的文字概括其课题研究的核心内容及目标等（但这样的题目一般还都要加一个副标题，以进一步说明该研究课题的性质及主要内容）。这看起来是个小问题，但实际上很多人写课题名称时，往往写得不准确、不恰当，从而影响了整个课题的形象和质量。

课题名称的写法至少有两类写法：一是表达观点，用简短的字句清晰地表明计划的主要观点或立场，如自学考试是中国高等教育大众化的重要途径；二是指明研究范围，如福州市自学考试基本情况综析，如果是第二种写法，则一定要有一个明确的结论。但无论哪一种写法，都不能很长，必须简明扼要。一个好的课题名，要符合准确、规范、简洁、醒目的要求。准确就是课题名称要把课题研究的问题（研究内容）是什么，研究的对象是什么交代清楚。课题名称的表述是否清晰、是否能涵盖所要研究的内容和方法，在一定意义上说，也是检验与衡量研究者认识程度和思路的标志。如"考试试题质量控制措施的研究"，研究对象就是考试试题质量，研究的问题就是质量控制措施问题。有时，还要把研究方法写出来，如"福建省自学考试考生职业结构状况的调查"，研究的对象是福建省自学考试考生，研究的问题是考生职业结构分布状况，研究的主要方法是调查研究。这就说得很清楚，使人一看就知道这个课题研究什么。而有些课题名起得不准确，在确定课题名称上主要存在以下几个问题：一是大而空。即用夸大的字眼命题，比如，某课题的名称为《素质教育与考试内容的研究》，而其课题研究的内容却是某学科的考试内容和考试方式改革的研究。二是小而繁。有些研究课题的名称，不像是研究课题的名称，活像是一段文字叙述，没有中心，繁琐冗长。三是不贴切有些课题的名称太笼统，不能贴切地反映出课题研究的性质。一个好的课题的名称，应该用简明扼要的语句来表达，反映出本项研究的领域（研究的问题）、对象和研究的方法这三个要素，使别人看后能很快地从课题的名称中理解课题研究的实质。总之，课题的名称一定要和研究的内容相一致，不能太大，有一个适宜的切口，能准确地把研究的对象、问题概括出来。

一个好的课题名称，既要符合准确的要求，也要符合规范、简洁、醒目的要求。规范就是所用的词语、句型规范、科学，所以是而非的词不能用，口号方式、结论式的句型不能用。因为课题就是我们要解决的问题，这个问题正在探讨，正准备进行研究，不能有结论性的口气。此外，在确定课题名称时，还应慎用疑问句。因为，疑问句表述的是一个问题，而不是一个论点或假设。课题应以陈述式句型表述。比如，"考场环境对考生考试心理有何影响"就是一个问题，一般不宜用作课题名称。如果要作为课题来研究则应改为"考场环境对考生考试心理影响的研究"或"考场环境与考生考试心理系的研究"。 简洁，就是名称不能太长，能不要的字尽量不要，一般不要超过 20 个字。 醒目，就是课题研究的切口适宜、新颖，使人一看就对课题留下深刻的印象。

二、课题研究的背景和意义

作为课题方案，首先应对课题研究的背景和要达到的研究目的进行阐述。一项考试科研课题，实际上是一个有待解决、验证或回答的考试科学问题。因此，研究计划的开篇就应说明本课题研究的学术思想、立论依据、主攻方向以及课题研究的理论和实践价值。通俗地讲，就是要说明为什么对这一课题进行研究。在研究计划中，表述这部分内容时，要做到文字精练，叙述准确。重点放在阐明本课题在理论或实践上有何依据，有何必要性和重要性。特别是对当前或今后一个阶段对你所研究的领域的工作有何影响或推动作用。如果在这方面前人已有过研究，则应简要说明前人所作的研究已经达到了什么水平，还有哪些问题没有解决等。

在课题研究计划中，关于这部分内容的表述，没有固定的格式。可以分而述之，也可以概而论之，在方案中，课题研究的背景通常以"课题的提出"或"课题的背景"作提示进行阐述的，主要是介绍所研究课题研究的目的、意义，也就是为什么要研究、研究它有什么价值。这一般可以先从现实需要方面去论述，指出现实当中存在这个问题，需要去研究，去解决，本课题的研究有什么实际作用，然后，再写课题的理论和学术价值。这些都要写得具体一点，有针对性一点，不能漫无边际地空喊口号。对意义的表述不论是理论还是实践的意义都不应是抽象的、笼统的，不仅表述要求具体明确，还应有很强的针对性，即针对研究者在确立课题时所发现的现有的理论或实践上的局限。

课题研究的目的往往随着课题的性质和要探讨的问题不同而各不相同，研究者应研究计划中作具体的说明。课题研究活动的最终目的应是具体探明某种考试现象的本质、揭示考试活动中某些因素之间的必然联系，寻求科学的考试的方式方法等等，也有些课题研究活动在上述目的之外，还附带有提高研究参与者的专业素质方面的目的。课题研究的意义往往是和研究目的相联系的，具体表现为预期的研究结果在考试理论发展和实践变革中所应有的，或可以发挥的作用和功能。在理论其研究结论可以发展考试科学中哪一个方面的理论，或是澄清或修正一种理论观点，或是填补某方面理论的空白，或是形成某种理论体系，在实践方面是改变人们的某种不合理的认识，还是提供一种行之有效的操作方法，还是纠正实践中哪种不科学的做法等等。

三、国内外研究现状、水平和发展趋势

要陈述课题范围内有没有人研究，哪些方面已有人作过研究？取得了哪些成果？这些成果所表达出来的观点是否一致？如有分歧，那么他们的分歧是什么？存在什么不足以及正在向什么方向发展等。这些内容的分析一方面可以论证本课题研究的地位和价值，另一方面也说明课题研究人员对本课题研究是否有较好的把握，是否具有一定的研究基础。因为我们对某一问题进行科学研究，必须对该问题的研究现状有清醒的了解。

四、研究的理论依据和指导思想

考试课题科学研究，基本上是应用研究和发展研究，这就要求我们的研究必须有一些基本的理论依据来保证研究的科学性。比如，我们要进行题库建设研究，就必须以教育测量学理论、经典测验理论、项目反应理论等作为研究的理论依据。还有的专门阐明该课题研究的指导思想（多数的研究计划都把这部分内容单独列出），以更突出研究者对该课题研究的总体思路和构想。指导思想就是在宏观上应坚持什么方向，符合什么要求等，这个方向或要求可以是哲学理论，也可以是政府的发展规划，还可以有关研究问题的指导性意见，对于范围比较大、时间又很长的课题来讲，大在家的总的方面有了一个比较明确的指导思想，就可以避免出现理论研究中的一些方向性错误。

五、研究对象与范围

考试科学研究总是指向一定的对象。这些对象往往是人、由人组成的群体、组织及他们的行为和特质。由于人及其行为和特质的极其复杂性，在制订研究计划时，为了使研究对象更加明确，往往要对其加以界说，对不常用的容易误解的术语进行定义，对研究中的变量进行假设和限制。所谓界说，实际上就是对要研究的问题进行定义。而假设，就是研究者根据对研究对象的了解从已知推未知，在进行研究之前推出的各种可能性的结论，以避免不同人从不同的视

角来理解而带来的混乱。

（一）对研究对象的模糊概念进行界定

有一些研究对象带有模糊性，我们可根据某一标准（有权威性的标准最好）来做出划定。

（二）对研究对象总体的范围进行界定

总体是统计学概念，是指研究对象的全体。研究对象的范围大小，得根据研究目标考虑。其范围有来源范围和特征范围。来源范围有地域等；特征范围有性别、年龄、心理特质等。例如对学生考试心理健康状况的调查，学生的范围是某一地区还是某一学校，在什么类别的学校，在什么年级或年龄段，这些都要进行明确的界定。范围不同，最后得出的研究结果会很不同。

（三）对一些关键概念进行界定

在考试科学研究中，以有许多名词术语往往会出现"仁者见仁，智者见智"的现象。为了避免由于一些关键性名词概念上的歧义，造成科研管理者和研究者在评审、研究过程中产生认识上、观念上的不统一，避免由于这些歧义造成他人对研究成果在理解和接受上的分歧，有必要在制订研究方案时，对研究所涉及的重要概念、名词下一个比较明确的定义。一般来讲，如果研究课题所依据的是对某一概念的与众不同的见解，则必须要有理论的阐述；如果研究采用某一学派或代表人物对某一概念的表述，则应扼要重复这一表述并说明来源；如果研究中概念没有特殊要求，则应采用大多数人已经接受的含义。

六、研究的内容

研究范围限定以后，就要着手考虑具体的研究内容。研究课题要通过研究内容来体现。研究内容是研究方案的主体，回答研究什么问题，问题的哪些方面。一项科研课题，如果提不出具体的研究内容，就无从研究。研究内容的多少与课题的大小有直接关系。如果研究课题很大，那么研究的内容必定很多；如果研究课题较小，那么研究的内容也就比较少。研究内容必须准确体现具体研究课题。

它把课题所提出的研究问题进一步细化为若干小问题。研究内容的多少与课题的大小有关，课题越大内容就越多。但许多人在确定研究内容的时候，往往考虑的不是很具体，写出来的研究内容特别笼统、模糊，把研究的目的、意义当作研究内容，这对整个课题研究十分不利。因此，我们要学会把课题进行分解细化，一点一点地去做。

七、研究的方法

所谓研究方法，是指在课题研究过程中，研究者所必须遵循或者使用的程序、手段、技术、途径、操作与规则之总称，它回答如何研究的问题。在制订课题研究计划时，研究者应该根据课题研究的具体目标、研究内容和研究对象的性质来考虑选择哪些具体的研究方法，以及在研究中如何科学安排，通过对它们的合理运用来达到研究目的。考试研究的方法多种多样，主要有文献研究法、调查研究法、实验研究法、比较研究法、行动研究法、经验总结法等，但我们可以分为两大类。一类是收集研究数据资料的方法，如调查法、观察法、测量法、文献法等。这些方法旨在获得对象的客观资料，而不给予对象任何影响。另一类方法是旨在改变和影响变量的方法，如实验法、行动研究法。这些方法是要通过施加某些干预而获得某些期望的结果。由于研究的对象往往是丰富多彩、复杂多变的教育事实，因此，选择研究方法不能是单一的、孤立的、程式化的，而应该是多样化的、综合的，特别是一些比较复杂的重大研究课题，常常需要综合地、交叉地运用多种研究方法。有一些研究可能采用单一的研究方法，有的研究则可能采用多种方法。例如采用实验法或行动研究法，也必然要采用第一类的数据资料收集方法，以了解实验的最终结果如何。

任何科学研究除了要应用哲学方法和一般科学方法之外，都还要有具体的研究方法、技术手段。考试科研也不例外。例如对自考生的学历现状进行研究，必然离不开调查法；研究试题如何体现培养目标的要求，一般总要用到经验总结法；探讨一种新的考试形式是否优于原有的考试形式，则宜采用实验法。在考试科研中，仅用单一的方法进行研究不大容易得出科学研究结果。每一种方法都有其优点与局限性，采用单一方法，往往只能获取部分信息，遗漏许多其他有用信息，难以做出全面准确的结论。因此提倡使用综合的方法，或几种方法并用，或以一种方法为主，其他方法为辅。例如我们进行实践性环节考核研究时，当然主要采用实验法，但也要使用测量法对实验效果进行比较，也可以用调查法对实验效果进行比较。再如进行某项调查研究，主要采用问卷调查，可以得到大量数据，但也要辅之以访谈调查，以使用结论更加可靠，材料更加丰富。

"研究方法"这部分，主要反映一项研究课题的研究要"怎样做"。除了要叙述清楚使用什么方法进行研究之外，还要尽可能写得细致一些。如用调查法，可写明调查方式问卷还是访谈。如果用问卷调查，最好能将设计好的问卷附上。如果是访谈调查，尽可能附上访谈提纲。若采用实验法，最好将实验方案附上。如果采用经验总结法，可以把预计总结经验的内容项目、实验方案及用何方式积累材料、预计积累哪些资料写出。

在考试科研的研究方法中，主要表现出这几个问题：（1）大多数使用的仅仅是工作经验总结，并非严格意义上的经验总结法研究。（2）对调查法的重视不够。（3）定性分析多，定量分析少。有的虽然用了定量分析，但由于对统计方法不熟悉、不了解，因此分析方法不当，所得结论不科学。

八、研究的步骤

课题研究的步骤，也就是课题研究在时间和顺序上的安排。在课题研究计划中，还要表明课题研究的进度、步骤和起止时间。最好有一个时间表。要科学地安排时间，各阶段在时间安排上也要留有余地，以免不能按时完成任务而影响整个课题研究的进程。

研究的步骤要充分考虑研究内容的相互关系和难易程度，一般情况下，都是从基础问题开始，分阶段进行，每个阶段要达到什么要求，用多少时间，从什么时间开始，至什么时间结束都要有规定。它使得研究者一开始就心中有数，在实施研究中一环接一环、有条不紊地开展各项工作，从而保证研究能按预定要求如期完成。

九、研究的预期成果形式

成果形式指最后的研究结果以什么形式出现。考试研究成果可以有研究论文和报告，专著和教材等，也可以是计算机软件（如题库软件）、应用模型等。研究周期较长的课题，还应该分别有阶段成果和最终成果。阶段成果可以按学期列出。研究人员通常根据研究的层次和类型，确定研究成果的表现形式。通常不同研究层次的考试科学研究，其研究成果有不同的表现形式。基础理论研究和应用理论研究两个层次的研究成果，通常表现为专著和论文、研究报告。应用研究层次上的研究成果表现形式，除了专著、论文、研究报告外，还可以表现为调查报告、实验报告、计算机软件和具有一定可操作性的方法、规范及制度、法规、条例等形式。根据你所研究的课题的类型和层次，在课题研究计划的制订过程中，一定要写清楚课题研究成果的具体表现形式。课题不同，研究成果的内容、形式也不一样，但不管形式是什么，课题研究必须有成果，否则，就是这个课题就没有完成。

在研究方案中，还要设计好研究成果的形式，即最后的研究结论、研究成果用什么形式来表现。研究报告和论文是考试科研成果最主要的两种表现形式，还可以将研究成果写成专著、教材、手册等。比较小的课题写成最终成果形式即可；比较大的课题，除了要有最终成果形式，还应该有阶段成果形式。最后将阶段成果综合并发展成最终成果。或者将比较大的课题分解为若干子课题，分别有各子课题的成果形式和总课题的成果形式。

在研究方案中设计出成果形式，从研究者角度来说，可以明确将来用什么表现研究成果，从开始就可以着手向这方面努力，积累材料，构思框架，进行分工，以利于研究成果的顺利问世。从课题研究的管理者角度来说，可以据此进行检查验收

十、课题组成员及其分工

课题组成员要根据课题研究的需要而确定。课题组成员并不是越多越好。课题组的成员必须都承担课题研究的某一方面任务。不应有光挂名不干事者。课题组各成员承担的任务的性质应与承担者的学识、能力相适合。计划中要把课题组负责人、成员的名单、分工写出。必要时，还应把各人的专业、能力特长，曾有的研究经历和成果列出，以便课题管理者对课题组的研究力量有所了解。

十一、经费预算与设备条件要求

经费与设备是开展教育科研的物质条件。不同的研究所要求的条件是不同的。经费的支出主要包括：（1）资料费：购买、检索或复印文献资料；（2）印刷费：印刷问卷调查材料、成果材料；（3）差旅费：外出调查；（4）会议费：组织或参加研讨会、课题论证会；（5）设备费：购置研究所需的设备、器材，如数码相机等。

作为小课题一般可以不写这部分内容，因为所需经费不多，但确需添加设

备的课题和某些大课题的研究。在方案中要把开支的项目、用途和金额一一列出、所列的项目应是研究所必需的，要本着少花钱办大事的原则，实事求是地谋划。

以上几个方面对考试研究的一般情况来分析的，针对考试不同性质课题的研究，在计划的具体内容上都各有不同侧重，不可千篇一律。但在实际课题研究过程中，课题研究方案并不是一成不变的，在实施方案中，如果出现一些预料不到的特殊情况而影响课题研究的正常开展，就必须及时地对方案进行必要的调整，但不管是原订的方案还是调整后的方案，研究人员都必须坚定不移地执行。

第三节 考试研究策略及注意事项

进行考试科研课题方案的制订首先面临的就是课题的选取和研究策略，在制订时可以借鉴一些成功的作法。

一、课题研究策略

（一）总体设计，多端切入

各课题由课题组组长牵头，进行总体设计，提出研究目标和主要内容等。制订具体可行的课题研究总体方案。把中心课题分解为多个子课题，每个子课题分几个方面去研究，把每个子课题分到具体的人或子课题组。再依据每个人的实际制订出个人的课题研究方案和每个阶段的研究计划，从而做到多端切入课题研究的工作。也就是达到分头出击目的。

（二）统一要求，分题研究

作为重点研究课题，需要在研究目标、主要内容、研究进程以及管理上要有统一的要求。各课题研究的人员要按照统一要求进行各处的子课题的研究与实验，又要在各自的课题研究中发挥自己的优势，以务实求真的态度，搞好个人课题的研究。

（三）课题做小、研究求深

综合性课题研究，要对研究工作做必要的分解。对专题研究来说，课题不求其大而求其深、求其新。要从实际出发，量力而行，选题要小，又要尽力而为，研究要深入。一句话，"大处着眼，小处着手"。

（四）多题合作，优势互补

多课题的研究，在某个角度上讲，可能出现冲突现象。这就要求课题研究教师的做好不同课题的整合问题，做到相互渗透、相互支撑，相互作用。

（五）多方合作，协同攻关

考试课题研究涉及多学科，多层面，综合性强，难度也很大，各子课题研究的人员要保持经常的联系进行经常性的课题研究，同时各课题组也要积极主动地向有关领导汇报情况，争取支持。

二、制订研究计划的应注意问题

考试科研课题研究计划是如何开展课题研究的具体设想，它初步规定了课题研究各方面的具体内容和步骤。要使编制的研究计划能有效地引导和规范研究活动，保证计划和顺利实施，在编订计划时必须注意以下几个方面的问题。

（一）研究计划应反应科研活动的基本规范

动作为人类探索未知领域的认识活动，在各个环节上都必须遵循认识活动的规律，这种规律就体现在科学研究方法所阐明的研究活动各个环节的操作规范上。研究计划要对研究活动进科科学的规划，有效地引导不同的研究者在研究活动中的行为，使研究活动达到目的，就必须使计划充分地反映研究活动的规范。如在确立研究目的和各阶段工作的目标，选取研究对象，选择研究方式方法，收集、整理和分析资料等环节，都应充分考虑研究活动本身的需求，力求严格而准确，同时还应充分地协调各环节工作之间的关系，使之相互衔接、互为条件，更整个研究过程形成一个有机的整体或一个流畅的过程。

（二）研究计划应考虑具体的研究环境和条件

科研活动总是在一定环境中进行的，特定的环境中存在的各种因素有些能为科研活动提供不可缺少的资源，有些可能干扰研究活动的正常进行。研究者在制订研究计划时必须对研究环境中的各种因素作系统的分析，分清环境中能被研究充分利用的因素和干扰研究活动的因素，使各种具体的研究活动能有针对性地利用环境可能提供的有利条件（如良好的行政支持），同时尽可能地回避和消除环境可能造成的不利影响。另外，对考试科研活动来说，科学研究活动与日常的考试管理在一定条件下可能相互冲突，制订计划也必须充分考虑两者之间的矛盾与冲突，通过合理的设计来解决有关矛盾，保证科研活动的顺利开展。

（三）研究计划应做到严肃性与灵活性的统一

制订计划的目的就是严格地执行计划，避免研究活动出现随意性和盲目性，从而损害科研活动的严肃性和客观性。因此，研究者在制订研究计划时，就应充分地考虑到各方面的因素，将可能出现的各种情况纳入计划思考的范围，对各个环节、各个方面的活动进行细致的安排，使计划尽可能周密，以确保其顺利执行。但环境中诸多因素的变化发展是客观的，不以人的意志为转移的，有些变化我们能预料，有些变化是我们难以预料的，因此，研究计划对研究活动的设与安排，也应不损害研究的质量的前提下留下一定的可以修改的余地，以适应环境条件可能发生的变化，而不至于由于环境条件的变化而导致研究工作陷入困境。

第五章 搜集和整理分析资料

第一节 资料的属性和类型

所谓资料,一般是指具有一定理性认识价值和学科特定内容的信息形式,广义的资料包括文字、数字、图表、符号、录音带、录像带、计算机磁盘等,狭义的资料一般仅指文字或印刷品内容。只有当信息具有下列属性时,才被视为资料,作为搜集与整理的对象。

一、资料的属性

(一)资料具有一定的理性认识价值

资料工作在整个科学研究的操作序列之中,是一个准备性的基础步骤,它往往自始至终地贯穿于科学研究的全过程。没有一定数量和一定质量的资料作为基础,科研从选题这一步就无法进行,即使勉强进行,也只能是一种沙丘上的建筑,有了"成果",也会倒塌。

资料应该蕴含前人或他人的实践与认识,研究者以其为对象和依据,进行新的研究与思考,推导出新的结论。任何人的研究工作,都不是从零开始,必须也只能从前人和他人的实践与认识的基础上,继续做出新的努力。作为资料,正是前人与他人的实践与认识的记录。资料的搜集和整理,是一种自觉的理性认识活动。因此,资料必须具有一定的深刻性,客观上蕴含有理性认识的价值。

对于资料的价值判断,又是一种主观的认识活动。资料价值观是因人而异的。即使是同一资料,在不同研究者的眼中,价值也不尽相同,甚至截然相反。这取决于研究者的需求程度与认识水平。研究者如果缺乏需求和眼力,即使再重要再珍贵的资料,也会变成不是资料,当然也就无所谓搜集和整理了。

(二)资料具有一定的学科特定内容

学科特定内容是指在某一专题领域内进行了自觉的实践与认识,具有一定的深刻性,同时,它的内容又具有明确的类别特征,能够列入现有的分类规范,或者表述新特征，创建新规范。只有这样，资料才能进入相应的途径及领域，进行交流，为科学研究服务。否则，没有起码的深刻性，没有分类意义的特征。例如一些泛谈杂叙，则不能列入资料内容。如此界定并强调资料的信息特征，是为了给资料的搜集和整理提供理论前提的依据，以防止资料概念外延的泛化，避免大量的非资料信息溢流而至，造成混乱。成功的课题研究离不开资料搜集工作，如果把整个研究工作比作建造"大厦"的话，搜集和分析资料就是为建造"大厦"做准备，搜集资料和分析资料是紧密相连的。

二、资料的类型

考试科研资料在考试科学研究中起着非常重要的作用。它能使研究者了解有关研究领域的已有成果、发展历史、当前研究动态，可以帮助选择和确定研究课题，还可为论证课题提供理论依据和事实依据，能启发研究者的思维、激发灵感。

总之，从考试科学研究的起始一直到终结都离不开考试科研资料。在某种意义说，科学研究过程就是对科研资料的搜集、使用和再创造的过程。由于考试研究成果的记载和传播方式多种多样，因此科研资料的类型也就多种多样。概括地说，主要有以下几种类型。

（一）书籍

这里所说的书籍，是指与研究课题有关的教科书、论著、资料性与参考性工具书、科普性著作和通俗著作。在考试科学研究中所参考的书籍以前三种为主。教科书是根据教学大纲编写的教材。一般性论著是对考试的某一领域进行广泛讨论的著作。二者大体上相似，都比较全面地介绍了某一学科的基础知识较好地概括了这门学科领域内的科研成果。但由于学术的稳定性和出版周期长、更新速度慢等原因，一般说教材和一般性论著的内容偏向于反映学术界普遍同意或较为流行的见解，因而往往不能反映学术研究的最新进展。而专著则不同，它是针对考试科学中某个专题进行系统、深入讨论的著作，大都是作者多年研究的心血，其中有自己独到的见解和新颖的材料，因此其参考价值大于教科书和一般性论著。

（二）报纸

报纸是以刊登新闻报道和评论为主的定期连续出版物，一般是每天出版。由于出版迅速，所以情报报导及时。对于研究者来说是重要的科研资料来源。

目前我国出版发行的有关考试方面的专业性报纸有几十种。如：考试报、北京教育报、招生考试报等，许多教育方面的专业性报纸都定期刊登考试专栏，如中国教育报、上海教育报、教育时报、教育导报、天津教育报等。这些报纸荟萃了国内外各类考试信息，反映了当前考试改革和考试科研动态，对考试科学研究具有重要参考价值。

（三）期刊

期刊是定期出版的刊物，如周刊、月刊、季刊等。由于期刊出版周期短、内容新颖、论述深入、发行量大、影响面广，反映了学术界当前最新研究成果。所以，它是科学研究的主要参考资料。在我国，有关考试研究的期刊大约有几十种。如《中国考试》、《湖北招生考试》、《浙江自学考试》、《教育与考试》等考试研究专业期刊。还有各省市教育行政部门的教育杂志中都会涉及考试科学的最新研究成果，如《高等教育研究》、《上海教育》、《江苏教育》、《四川教育》和各师范院校学报、人民大学复印资料等，都是我们进行考试科学研究的重要参考资料。

（四）学术会议文献

学术会议是当代学术界进行学术交流的重要形式之一。在学术会议过程中和会前、会后散发的有关论文、会议报告、纪要等，就是会议文献。学术会议文献往往反映了一门学科某一领域的研究动向和研究成果，代表了国内外的最新学术发展水平。目前，我国考试科学研究正处在一个比较活跃时期，中国教育学会、中国高等教育学会以及下设的考试分会，几乎每年都定期召开有关学术研讨会、年会等。这些教育学术会议提供的文献是考试科研资料的一个重要来源。

以上是考试科研资料的主要类型。此外，某些研究者未发表的文稿，硕士生或博士生的学位论文，正在进行中的考试科研项目情报等，也是在搜集考试科研资料时不能忽视的。

第二节　资料的搜集

为了进行考试科学研究，对于有研究参考价值的考试资料，应该尽量地搜集与整理，对于无价值的信息，应该尽量防止与排除。在资料工作的全过程中，应致力于资料源的纯净化，从而保证资料工作的科学性，保证在有限的人力物力条件下所搜集到的资料，能在考试科研中发挥其应用价值，以提高资料库的利用效率。所谓"搜集资料"就是总结、分析、解释、研究与课题相关的理论、经验及前人的研究成果，同时也是科学研究工作操作程序的开始，是一种对于有价值信息的自觉选择与认识。搜集资料的阶段实际上从课题小组成立后就开始进行了，并贯穿整个研究的过程。

一般而言，搜集资料是研究过程的前期工作之一，但随着研究工作的展开，还需要补充一些更新的、有助于研究工作的相关资料。因此对于考试研究者来讲，并不是搜集完资料就把它们搁置一旁，而应当把这项工作看做是不间断的、贯穿全过程的工作。搜集资料并不是盲目地简单综合，或一揽子拿过来，而是要对资料进行分析、提炼，从中提取出对研究有用的信息和情报。

一、资料搜集的重要性

任何研究工作都必须进行资料搜集。科学技术的发展、人类文明的进步是具有连续性和继承性的。许多发明创造都是在前人实践的基础上再进行新的探索的结果，这正如牛顿所言："如果我能比笛卡尔看得远些，那是因为我站在巨人的肩上的缘故。"具体地讲，资料搜集有以下几方面的重要性。

1. 课题不是天上掉下来的"苹果"，确定课题也不能仅凭想象。通过搜集、查阅资料，可以从中得到启发，开阔视野，引发灵感，或者发现其中的问题与不足，从而产生研究课题的萌芽。

2. 通过搜集资料，可以了解目前国内外关于这个问题的研究现状，有哪些研究成就，还存在哪些问题与不足，对研究课题有一个全面的了解，从而使自己的课题能够站在一个比较高的起点上进行研究。

3. 通过资料搜集，可以了解到本课题研究的一些基本事实和思想，以及其他研究者在本问题上的研究思路和研究方法，或者是借鉴另外的方法，或者是从别人的研究思路和研究方法中获得启示，发展、形成自己新的研究思路和方法。

综上所述，资料搜集对于考试课题科学研究来说是一项重要的基础性工作。

二、搜集资料的步骤

（一）由近及远

首先搜集和本内容直接有关的专题内容，从横的方向上建立资料网络。

（二）由今及昔

首先搜集和本内容直接有关的历史内容，从纵的方向上建立资料序列。

（三）由资料及作者

任何资料都是以其特殊形式进入研究者的资料视野。这种资料的特殊性，是作者主观条件特殊性的反映。我们应在这种资料与作者的同一性中，去寻求对于资料的全面而深刻的认识。

上述步骤，是一种理想操作模式。在现实的研究工作中，限于客观或主观条件，不可能依此按部就班地进行，势必表现出不同程度的交叉，这是自然的。所谓的自觉性，反映在研究者在搜集资料的过程中，是指应尽量使目的明确，步骤清楚，向理想的操作模式靠拢。

三、资料搜集的渠道

如何获得资料呢？搜集资料是按照考试科研的任务和研究对象的性质、特点，通过不同的方法和手段，所搜集的反映有关问题和情况的材料也这是一项涉及面很广的复杂工作，必须有目的、有重点、有计划地进。首先可以请教考试研究专家及有关人士，对于不大有经验的考试研究人员来讲，请教自己研究领域内的专家或教师，请他们介绍从哪里才能获得资料是最重要的途径。因为考试领域的专家或教师比较了解本研究领域的发展情况，包括研究成果、重要的会议、重要的研究人员，以及获得这些资料的地点等，可以帮助你在短时间内对某个问题有初步的认识，这样做可以节省查找资料的时间，提高研究工作的效率。

资料搜集的主要渠道一般是借助图书馆、档案馆、情报所、资料室的图书目录、学术专著、报纸、期刊，各种学术会议的论文、报告以及党和政府的有关政策法规等。值得指出的是，随着计算机的普及和网络技术的发展，网上资料也逐渐成为一种重要的资料来源。

（一）通过图书馆搜集资料

图书馆是汇集百科知识的宝库，是搜集各种文献与情报资料最主要、最重要的渠道之一。为了更好地利用图书馆的资料，研究者应该熟悉图书馆中的检索工具。检索工具是进行资料检索工作的必要条件，包括传统的检索工具和数字化的检索工具。传统的检索工具主要是书目、索引、文摘、快报、手册、词典、名录、指南、百科全书等，主要用于纸质传统图书馆的检索；数字化的检索工具包括利用计算机技术进行存贮和检索的光盘数据库、全文数据库等检索工具，主要用于计算机化管理的图书馆。根据具体课题的需要和资料的物理形态，利用各种检索工具，查找出与课题有关的文献资料。随着网络技术的发展，新形态图书馆（电子图书馆、数字图书馆、虚拟图书馆）的逐渐形成和完善，图书馆的服务方式和信息载体发生重大变化，资料的检索通过计算机虚拟链接和远程存取，可以不受时间和所处地理位置的限制，更加方便查询和保存与课题有关的资料信息。

（二）通过个别交流来搜集

在考试科学研究活动中，有意识地同考试学科的学者、专家、同行进行个别交流很重要。因为在个人接触过程中，我们不但可以自然而然地获得有关研究的情报，而且思想能受到启发，学到别人思考问题的方法。例如研究者在与同行学者进行个人交往和信件联系中，能较快地获得文献资料中难以得到的情报，而且比查找散见于成千上万种报刊的论文容易得多，并具有高度的选择性和针对性。特别是同行之间的对话、交谈、辩论，能使原来模糊的问题得到澄清，错误的思想等到及时修正。因此，教育科研工作者一定要加强与同行的广泛联系。

（三）通过参加学术会议来搜集

参加专业学术会议是搜集教育科研资料的一条重要渠道。在学术会议上学者们可以面对面地交流教育科研的新成果、新进展或新课题，因而可以使人们获得在报刊文献中得不到的新信息。特别是在学术会议上同本专业的学者交流和倾听他们的讨论发言，不但可以使我们了解到他们正在研究什么，如何研究，而且还可以发现自己的缺陷，从而使自己得到启发。这不仅能使人们获得大量有价值的信息，还能提高我们的科学研究能力和业务素质。同时学术会议也为我们提供了与国内外同行专家学者进行接触的机会。

（四）通过网上检索来搜集

随着网络技术和信息科学技术的发展，以往依靠传统工具书的单一检索方式也发生了改变，电子工具书、网络检索工具纷纷出现，以更新的面貌、更多样的检索方式，成为人们查询信息的新选择。网络工具书的优势可以概括为以下四点：（1）互动性，网络环境下，人们可以根据自己的需要选择特定的阅读内容，阅读是非线性的。（2）便捷性，例如现在大量的网络搜索引擎，用户只需进入搜索界面，键入搜索条件，就能方便迅速地得到所要检索内容的链接。（3）易操作性，使用传统工具书一般需要掌握一定的检索方法；而网络工具书则基本上采用相同的关键词检索模式，一般不会产生不适应感。（4）信息更新迅速，网络工具书则可以随时增加新的内容，光盘型的电子工具书也可以通过升级版来实现检索内容的及时更新。

四、资料搜集的原则

当代社会是信息化社会，如何才能不迷失于浩瀚的信息大潮，排除那些相对而言价值较小的资料，尽快查找到对自己最有用的资料？这就要求掌握一定的原则。

迅速地获得准确、完整、充分的情报是搜集文献资料的总要求。迅速，是要求在最短的时间内搜集最充分的资料。准确，是要求搜集的文献资料，能够针对学生进行研究的需要。完整，是要求搜集的文献，能够为学生研究提供全面的情报。这就要求搜集的文献资料具有全面性和系统性。全面，并非无所不包，而是要反映有关学科或有关课题的全貌，有助于揭示问题的本质。系统，就是要求搜集的文献能反映有关内容来龙去脉的发展历程，从资料中可以清晰地看出事件发展的经过，从中得出一定的启示。与上述总要求相联系，搜集资料应遵循下列原则。

1. 客观性原则。这是搜集科研资料的首要原则。在进行科研时，人们往往是从已有的观念或假设出发，再去寻找材料，或任意裁剪客观材料来证明自己当初的假设。这种做法是不对的。科学研究和搜集资料必须从事实出发，尊重事实，反映事实。研究者只有客观地搜集考试科研资料，如实地反映考试现象，才能达到课题研究的目的。所有的结论与规律都应来自对客观事实和材料的充分分析。总之，在搜集资料时，要坚持实事求是的科学态度，避免主观偏见或错误的联想对搜集资料的影响。只有坚持客观性原则，才能获取可靠的科学事实。

2. 真实性原则。这一原则是针对搜集的资料而言的。我们生活的世界充满着对错是非。考试的本质或规律往往都隐藏在现象背后，搜集资料时必须特别注意到哪些是真实的，哪些是虚假的，不要被假象欺骗了。

3. 全面性原则。研究者必须搜集与研究课题相关的各个方面的资料。所搜集的资料要广泛、丰富，而且能反映课题的各个侧面。必须搜集研究对象所具有的各种规定和各种表现形态在不同条件下的状况。只有对研究的问题有了充分的认识，才可能谈得上去解决问题，从而总结出考试现象的规律和本质。然而出于种种原因，往往有些研究者会以偏概全，没有掌握足够的资料就妄加论断，得出所谓的"规律"或结论。这种"规律"或结论不但不能解决问题，反而会使原本简单的问题复杂化。任何问题的最终解决都不能凭主观臆想，也不能简单地用一两个事例或现象来搪塞，而要根据实际全面了解情况，再进行归纳与总结。

4．针对性原则。研究者所面对的各类考试活动是丰富多彩的，这一切都是潜在的考试科研资料。对于考试研究者自身来说，所有的考试活动以及与此相关的一切信息都是需要关注的。但考试科研是有计划、有明确目的的活动，因此在搜集资料的时候也就有了明确的针对性。就某一课题而言，应搜集的资料是有范围的。只有有的放矢，才能事半功倍。因此，有效地搜集资料，就是要有针对性地搜集资料。

5．逆时性原则。即在搜集资料时，首先查对最近的 8～10 种参考资料。这是因为，首先这些资料是最新的，反映了该研究问题的当前思想动态；其次，最新的参考资料中会有最新的书目目录，便于研究者从中了解从事相同或相似课题的其他研究者的课题。

6．选择性原则。考试研究人员必须学会从大量的资料中选择对自己研究有用的资料，剔除一些无用或无多大价值的资料。

五、资料的搜集方法

探讨资料搜集方法的目的在于寻求一种以最少的时间、最佳的途径，获得最满意效果的方法。查阅文献与文献检索是资料搜集的两种最为基本的方法。

（一）查阅文献法

查阅文献时应注意的事项：查阅文献时，应注意善于使用索引、书目、文摘、提要，以及查阅专业文献的各种指导书。查阅时，最好循着一定的流程系统地进行，而不是东抄一段、西抄一段，这样才能提高工作效率。首先，要确定与课题相关的内容，找关键词。然后，根据内容和关键词确定适当的材料，同时剔除无关材料。找到材料后，可以把比较重要的材料复印下来以备用。与此同时，可以对包含相关信息的材料做摘要或总结，写综述，并记下书目目录。这样就免得最后到写参考文献时再回头编目录。以这样的方法查阅文献，可以节约不少时间。

查阅文献资料的同时，应将有用的信息记录下来。记录资料实际上就是做读书笔记。光读不记，是很难将所读之物化为研究所需要的东西的。因而，读书治学、搞科学研究的人非常重视做读书笔记。维新运动的发起人之一梁启超在他的《治国学杂话》一书中指出，"抄录或笔记"是读书方法中"极陈、极笨、极麻烦"，然而却是"实在必要的"一种方法。记录资料的方法多种多样，采取何种方法，取决于资料的类型、性质、用途以及个人习惯等。笔记法主要有以下几种。

第一种，写批语或做记号。所谓批语，就是在所读著作的空白处写上自己的见解，或者评语，或者解释，或者质疑。而记号，是读者对重点、难点、精彩之处或自己感兴趣的内容画上的各种标记，如直线、双线、曲线、红线、圆圈、箭头、括号后重号、问号、感叹号等。这些记号代表什么意思可自己规定，不过，使用此法，仅限于在自己的书籍上进行。

第二种，做摘录。即记下原文重要处、精彩处的内容，以作为今后写作时论证、引证之用。摘录时要注明出处，包括书名或论文题目、作者姓名、出版单位、版本、出版时间（期刊年号、期号；报纸年、月、日）等。

第三种，做提要。所谓提要，就是把原文的基本内容、主题思想、观点、独到之处或其他数据，用自己的话加以概括（或引用原文也可以），概括一定要忠于原文的作者的观点。

以上几种笔记方法，除了写批语做记号外，其余皆可写在本子上。但笔记本有一个缺点，不便于资料的归类、整理与使用。因此，很多学者主张使用卡片做笔记。卡片的长处在于便于保存、携带、分类、归纳、查找和使用。关于做卡片，比较一致的意见是：卡片要大小一致，每张卡片一般只记一个事例或一个问题，每张卡片要注明原始出处。

（二）文献检索法

所谓文献检索，就是从文献的整体中查找出所需文献的过程。应当注意的是，这里的文献含义比较广泛，它不仅包括文字资料，也包括数据资料和事实资料。文献检索有手工检索和计算机检索之分。手工检索是传统的文献检索法，但它是计算机化的文献检索的基础，因此，了解一般性的文献检索常识是十分必要的。文献检索的原理简而言之,就是怎样存进去,怎样取出来。这就要求检索的思路必须与存储思路一致。

文献检索的流程可以分为三个阶段。第一阶段为分析阶段,要对自己准备检索的课题的提出、依据和科学性反复推敲,并明确检索课题的学科范围和主题范围。第二阶段是准备阶段,要确定检索步骤、顺序和要求;由近及远地选择检索工具;确定检索标志(就是确定以哪些词或符号作为本课题检索语言)。第三阶段是检索阶段,就是使用检索工具;加工检索结果;对检索结果进行检查和评价,一直到获得满意结果为止。

对于一项复杂的资料搜集工作来讲,利用计算机检索将会方便和有效得多。计算机检索能够最大限度地保存有关某一主题的信息,它具有手工检索不可比拟的广泛性和速度,操作时,可以利用程序设置想要查询的范围(包括数据、书目、引文、摘要等)。随着家用电脑的普及,使用网络搜集资料目前也变得非常的便捷,可以使用搜索引擎在网上进行搜索。

计算机检索分为提出问题阶段、进行检索阶段、提供答案阶段。在提出问题阶段,要将提问列成检索式,并输入计算机,所以列检索式是非常关键的,检索的描述既要求准确、全面地概括研究问题的内容,又要求简单,以便于计算机识别。列出检索式后,检索的任务就完全交给计算机来完成,计算机将用户的需求与文献数据库匹配,自动进行逻辑运转,迅速找出结果,这就大大减轻工作量。提供答案的阶段就是计算机通过打印输出或显示输出的形式输出结果。运用计算机进行检索时应注意检索的问题要与范围要明确,以便于查询。如果问题过于宽泛,查询到的资料就会太多,其中有的可能是与问题无关的。相反,如果查询的问题比较明确,查询的范围就会小得多,相应的,查询的速度与效率也会提高。因而,确定关键词或描述词对计算机检索是至关重要的。如研究的主题是"自学考试",那么,仅以"考试"作为关键词就显得范围太大,应加以缩小。

第三节 资料的整理和分析

研究者在资料搜集中获取了各方面的资料,有些资料与研究的课题有密切关系,有些资料和课题研究关系不大,研究者应该取消与研究课题关系不大的资料,将那些与课题研究有关系的资料进行整理分析,取消不完整的、有缺陷的、有错误的资料,以保证研究主导方向资料系统化。资料的整理和分析工作是科学研究中非常重要的一个环节。因为研究结论最终是从观察、调查、测量中获得的事实资料中分析并推论出来的,被整理的事实资料是否真实、可靠、准确,将直接影响到结论是否正确、可靠。研究者通过对研究收集到的原始资料的整理,能使研究资料更全面和准确地反映事物存在和变化的本来面目,通过对整理的资料的分析,能确定资料所反映的事物地特点及事物之间的关系,所以说,做好资料的整理和分析是做出科学结论的前提。

一、资料的整理

研究资料的整理就是研究者根据研究的目的对研究活动中收集到的各种原始资料进行符合科学要求的处理,使之系统化和条理化的研究活动。

(一)整理资料程序

整理资料是继搜集资料之后,作为科学研究操作程序的继续,是一种对于有价值信息的自觉的加工与管理。整理资料的目的是为了便于保存与应用。其通常步骤如下。

1. 审查

资料审查就是对收集的原始资料进行逐一审查,看其是否符合研究的要求,审查的主要工作一是审查所收集到的资料有没有不明确、不完备的情况;二是审查资料的真实性与可靠程度,查明资料的提供者在提供资料时是否有个人倾向,借此判断资料中可能出现在主观成分;三是要对原始资料中出现在不同态度、观点进行经较,从比较中发现其内在矛盾的现实合理性。在审查这个环节中,主要任务就是对原始资料可利用情况的整理。

2. 分类

资料整理的核心工作就是资料分类。这里指的是在特定的专题中,建立资料的种属关系。任何研究者都有自己的知识结构,与之对应的物化形式是自己的资料结构。几个较大方面可以称之为种,每种之中区分为属。种属应有明确恰当的名称,有合乎逻辑的界分标准,从而使新资料到手之后,顺利进入相应的种属。以后应用时,查找也方便。

要进行资料分类首先解决按什么标志分类,而分类标志就是资料分类所依据的特征。它有三条原则。

（1）**应根据研究课题的目的来确定分类标志**。例如进行课程考试及格率的研究，可以按年级、年龄、学习成绩、性别等标志进行分类，研究者根据自己研究目的去确定选取其中哪一个或哪几个分类标志。

（2）**应选择能反映研究的事物的本质的分类标志**。对被研究的事物有本质意义的分类标志要通过分析提出。经过核查选取的资料常包含数量资料和非数量资料。非数量资料是对研究问题有关的定性描述资料，如各种理论阐述、观点、研究对象的形态或感受等。这些资料一般都是用语言形式表达的。数量资料也就是各种数据，它们又可以按数据是否具有连续性分为计量数据和计数数据两种类型。借助于测量或一定的测量标准得到的数据，如及格率、平均分等，都称为计量数据。计数数据指计算个数的数据，它是根据研究对象的某一属性对研究对象进行计数统计所得的数据。在这一属性上，每个研究对象间只有质的不同，没有量的差别，如报考数、实考数等，都属于计数资料，它们一般取整数形式。对于各种数据进行适当的整理，通常采用的方法有两种：频数分布表和频数分布图，其中前者有简单次数分布表、相对次数分布表、累积次数分布表、累积相对次数分布表、累积百分数次数表等，后者又有散点图、线形图、条形图（也叫直方图）、圆形图（也称饼形图）之分。

（3）**是对资料进行质量分类和数量分类**。按研究对象的品质标志进行分类为质量分类。例如某一课程成绩调查，可以按性别、年级或学校类型等品质标志去分类。对非数量的定性描述资料，都只能采取质量分类。按研究对象的数量标志进行分类为数量分类。在研究中可能只有质量或只有数量分类，但是在既需要质量分类又需要数量分类的研究中，数量分类经常是在质量分类后进行的。

资料分类时，还要注意把反映人们主观意见、感受的资料和反映客观事实的资料分开，把反映特殊情况的资料和具有总体特征的资料区分开。

3．排序

排序也称赋序。是指使资料在资料库中有一个固定的位置，便于查找。小额资料可依时间顺序往下排列。大额资料可分年度排序：首先标明年度，然后估算年度可能总额，以0占位留空，如99001，010001等。号码标记在统一位置上，或左上、或右上，一经确定不要随便变动。

4．编目

编目可使繁多的资料成为有序集合，便于查找运用。每份资料均应及时填入目录,并注明有关项目,一般指类别、编号、资料名称、作者、发表日期、资料来源、入档日期。上述项目不清时,应及时查清补全。

(二) 文献资料的整理

搜集到大量文献资料后,就需要对文献资料本身进行加工与研究,根据加工处理的深度不同,可以把文献分为三个层次,即一次文献、二次文献和三次文献。

一次文献就是原始文献,是对人们已经创造的知识的记录,是文献的最基本、最重要的层次,如著录、标引。在进行研究时,要尽可能利用一次文献。

二次文献是对一次文献进一步加工的产物,是查找一次文献的工具,如目录、书目、索引、题录、摘要和文摘等。有了二次文献,更有利于一次文献的开发和利用,从而提高一次文献的使用率。当在进行课题研究时,如果收集的资料过多,可以先将一次文献改为二次文献,便于进行进一步的研究。

三次文献是综合、积累和归纳文摘、提要或其他文献,经过分析、概括而成的高级情报产品。如动态综述、专题述评进展报告、数据手册,以及专题研究报告等。人们经常利用的综述,就是在合理利用二次文献的基础上,选用一些一次文献分析综合而成。它既不参与评论,也不提出建议。对于研究者个人来说,编写综述可以将自己搜集到的资料,按照研究课题的需要,加工成概述性的文献以备用。编写综述能够节省人们的精力和时间。在一定程度上,综述可以称为科研报告的半成品。述评则是在综述的基础上,发表的评论性意见和观点,它要求对评述的对象有一定深度的认识。在进行课题研究时可以将综述与述评等方法结合使用,提高研究的效率。翻译文献是将外文原著译成中文的文献,可以说是原始文献的一种特殊形式。翻译文献有很多种,如全文翻译、节译、摘译、编译以及外刊题录、索引、书讯、书评、会议报道、机构、人物介绍等。目前,有一定翻译能力的考试研究工作者可以尝试使用翻译资料或直接翻译国外文献资料进行课题研究。

二、资料的分析

研究资料的分析就是研究者在对原始的研究资料进行整理的基础上,对资料的性质和特点以及各种各类的研究资料之间的相互关系进行具体剖析,以求发现各种考试现象之间关系的科研活动。研究资料主要有文字资料和数据资料两种形式。文字资料是指以文字记录下来的反映研究对象行为的性质、特点及其变化以及研究对象的意见、态度等方面信息的描述性资料。数据资料是指在考试科学研究的过程中,通过调查、观察、测验等方法得到的用数量形式来表现的有关资料,针对不同的资料,采取不同的分析方法,从方法论的角度上,资料分析可以分为定性分析和定量分析。

(一)资料的定性分析

定性分析即为对资料的质的规定性做(整体的)分析,除了要运用一些哲学的观点和方法如辩证唯物主义和历史唯物主义、分析哲学、现象学、解释学等外,主要使用诸如比较、分类、分析、综合、归纳、演绎等逻辑方法;同时还要求对分析结果的信度、效度和客观度等可靠性指标进行检验和评价。属于描述性的文字资料,在对其分析时一般采用定性分析来分析各种类别的资料本身的内容特征和逻辑关系。

1.比较。比较一般用于分析和认识两种以上事物之间的性质和程度上的异同,从而揭示事物的内在的本质和规律。它是依据一定的标准,确定事物事物或现象之间的异同的一种思维方法。在运用比较的方法来分析资料时,可以运用单项比较、综合比较、横向比较、纵向比较、求同比较和求异比较等多种比较分析方法对资料进行多方式多角度的比较。比较分析要求依据客观的事实或资料,同时应当注意,比较必须在同一关系(同一侧面、同一层次)下进行,还必须在一定的标准下进行比较。

2.分类。分类是在比较的基础上,将事物按特定的关系进行区分的思维方法,即将某些有相同属性或特征的事物与其他具有不同属性的事物区别开来的方法。在对资料进行分类时,必须根据研究问题的性质和研究的目的在同一维度(层次)上进行,以免造成类型的交叉和重复。分出的类型之间相互排斥,互不重复或包含,应该具有显著的明确的差异。

3.分析。分析是将研究对的整体分为各个部分,并分别加以考察,从而认识事特本质的思维方法。在运用分析方法来分析研究的文字资料,必须在一定的理论指导和按一定的分析标准来进行,同时在分析时必须具有总体目标和整体观念,以有助于认识事物的内在特点和本质属性。

4.综合。综合一般在分析的基础上进行的,是指将有关事物各个部他和要素联结成一个整体进行考察,力求从对整体的认识上来把握事物本质的一种思维方法。在进行综合分析时,首先须对事物进行科学的、周密的且充分的分析,达到对事务所包含的各个要素及其相互关系的深刻认识。在分析的基础上进行综合，往往会使人们创造性地形成对事物的整体性的认识，得到对事物的性质及其运动变化规律的新的发现。

5. 归纳。归纳是从已有的具体事实或个别性的结论出发，概括出一般性或普遍性的结论的思维方法，可分完全归纳法和不完全归纳法。完全归纳法是从所有的个别事实和各个部分中归纳出一般性结论的研究方法，不完全归纳法是从部分事实中归纳出一般性结论的方法。

6. 演绎。演绎是从已知的一般性或普遍性的原理和结论出发，推论出个别或特殊结论的方法。演绎和归纳是两种既相互对立又相互联系的逻辑分析方法。

（二）资料的定量分析

可用于考试科学研究的定量分析方法主要有三类：统计分析、抽样分析、多元分析。

1. 统计分析，主要用于特征分析，即通过一些概括性量数来反映数据的全貌和特征。用来描述数据分布特征的概括性量数主要有：（1）描述数据集中趋势的量数，如算术平均数，几何平均数，中位数，众数；（2）反映数据间彼此差异的程度的量数，如全距，平均差，方差，标准差；（3）反映原始数据在所处分布中地位的量数，如百分位分数，百分等级分数，标准分数，T分数等；（4）当事物之间存在联系但又不能直接做出因果关系的解释时，可用一些合理的指标对相关事物的观测值进行相关分析，其相关程度用相关系数表示，如有积差相关，等级相关，质量相关（点二列相关、双二列相关）等。

2. 抽样分析，即在无法直接估计总体参数的情况下，只能采用抽样方式对样本进行研究，并由样本统计量对事物的总体做出统计的推论和估计。它包括两个方面内容：（1）总体参数估计，即根据样本的数字特征推断总体的相应的数字特征，它又有点估计和区间估计之分；（2）假设检验。在许多研究中（比如比较两种教学方法、两种教材的优劣），首先需要提出一个假设（比如：谁比谁在什么状态下要好或者差或其他），这一假设合理或者正确与否，需要抽取样本用其统计量进行检验。通常根据总体是否服从正态分布，将其分为参数检验和非参数检验，前者如Z检验，t检验，$x2$检验，方差分析等；后者有中数检验，符号检验，符号秩次检验，U检验，秩次方差分析等。

3. 多元分析。由于影响考试现象的因素不是单一的，而是多方面的、多层次的、多特征的，因而要分析这些因素之间的各种关系需要用多元分析方法。多元分析的基本方法如下。

（1）回归分析。对于两个具有不确定关系的变量，上述的相关系数可以对其两变量是否相关做出定性描述，对其相关程度做出总的定量描述，但是对如何通过自变量的值去估计和预测因变量的发展变化，相关分析无能为力，这时需要用回归分析。它一般分为一元线性回归和多元线性回归两种。

（2）因素分析（和主成分分析）。当描述事物性质的变量比较多时，常常需要从中提取较少的几个主要的"一般因素"（或称"共同因素"，并依据一定的方式对所获得的"一般因素"作、做出较为合理的解释），这时就需要使用因素分析法。

（3）聚类分析（也称分类分析或数值分类）。即凭借变量指标的定量分析对变量实施分类（如果类别已经清楚，只需归类；如果事先并不清楚类别，这时就是寻求一种规则进行新的恰当的分类），使同类的变量比较均质，而不同类的变量差异比较大；还有其他方法，如图分析和模糊综合评判等。

（三）定性分析与定量分析

在实际资料分析过程中，有时需要对收集到的定性资料做进一步的定量分析，因此通常把这两种方法结合起来，交互使用。在资料的分析过程中，定性分析与定量分析相互补充，相得益彰，处在统一的连续体之中，定性分析为定量分析提供基础，定量分析的结果要通过定性分析来解释。

三、资料分析整理应注意的问题

（一）及时性

资料的搜集与整理是时间性很强的工作。研究专题一经确定，应立即着手资料工作，甚至早在确定课题以前已先期进行资料工作。很多资料往往过目即逝，时过境迁，再想搜集，事倍功半，甚至失而不得。资料到手，应尽快整理入档，避免遗忘或丢失。

（二）全面性

无论横向还是纵向，要使占有的资料具有一定的广度。资料既要有一定数量，更要有一定质量、有典型意义。从效率观出发，争取以尽可能少的资料，包容尽可能多的内容，提高资料利用效率，为研究工作提供坚实的基础。

（三）独创性

推动研究的因素，是资料中的独创性因素。这是每份资料的主要价值所在。独创性是指对问题的认识能有新的水平。全然重复性的资料，没必要重新进入交流，否则只能增加阅读者的无谓的信息负担。

（四）批判性

任何文献资料，都是一定社会条件下的产物，在不同程度上反映了撰写者的立场、观点和学识水平。因而，搜集材料的过程，同时也应是一个判识材料的过程。考试科研工作伊始，就应该用分析批判的眼光，对已有材料的真伪正误进行鉴别，在这个基础上，认识它们的学术价值，以便在自己的研究中加以妥当运用。

第六章　撰写考试科学研究文稿的心理准备与文稿生成过程

考试科学研究文稿是指对考试学科的某个领域中的问题进行研究、探讨，并表述为科学研究成果的文章。考试科学研究文稿旨在探求考试科学规律、发展考试科学理论、指导考试工作实践。

考试科学研究文稿不但具备论文的基本要素，而且具有创新性、学术性、科学性和平易性四大特征。撰写考试科学研究文稿是培养创新能力，提高人才素质的一种卓有成效的训练途径。

第一节　考试科学研究文稿撰写的心理特征

许多作者在初次撰写考试科学研究文稿时常会出现这么两种现象。一种是在选题方面表现出一定程度的盲目性，有急于求成的心理。没有对自己的知识、能力、智力等方面做出充分的估计，选择难度和范围太大的课题，乃至于选定课题后，还不知如何下手，即使是勉为其难地起步，也终究逃脱不了半途而废的结局。另一种是信心不足。有的同志总觉得自己不是写文章的料子，虽然在平时对于考试科学某方面问题已有些独到的见解，就是不知如何用文稿的形式予以表达。写作能力的局限，影响了许多人业务专长和科研能力的正常发挥。

人们常说，看花容易绣花难。真的要自己动手寻找课题，并且把实践中带来的问题研究结果写成规范性的文稿，不少人却不知如何下笔。

一、正确估量自己的优势与不足

（一）优势和特点

许多在职教育理论工作者撰写考试科学研究文稿具有以下的优势和特点。

1. 实践性。许多同志有明确的撰写目标。大多数能够立足本身专长、联系自身工作实践,运用所学的理论知识,分析解决某个问题,对于生产工作实践具有较强的指导意义。不少同志能运用平时掌握的知识,经过分析、比较、综合、推理,使理论问题得以解决。

2. 深刻性。不少同志经过扎实的实践训练,有的还有一技之长,他们对于事物的理解能力、组织能力、分析能力较强,能够在一个较高的层次来审视、解析所选定的课题。每年都有不少同志写出了优秀论文,有的曾获得优秀奖,并有文章被出版社收进论文集和在各类刊物上发表。

3. 多样性。同志们来自五湖四海,对各种选题有着广泛的兴趣。比如,广大教育理论工作者论文内容不仅所涉猎的学科门类广泛,即便对同一课题,也能以不同的角度,使用不同的方法加以论述。

(二)问题和不足

许多理论工作者文稿也存在着不容忽视的问题。归纳起来主要有以下几个方面。

1. 盲目追求或照搬一些高、大、全的选题,论文定位不当。比如,有的同志考虑欠周,误选了"论现代考试制度"、"论考试建设战略"之类选题,等到真的写起来,无非是东抄西拼来阐述含义,表述内容,说明特点,成了一篇浓缩式的教科书,没有一丁点新意,反而连自己特长也没有保住。对于选择"论现代考试制度"的题目,如果把选题改为局限于现代考试中的某一种制度,诸如"论自学考试制度"、"论现代教育的终身学习制度"等,这样范围小了,内容显得实在,有利于把问题论述引向深入。

2. 论文分量不足,雷同于杂感、随笔。考试科学研究文稿要求作者经过周密的思考,广泛地收集材料,经过严谨而富有逻辑的论证,提出令人信服的科学结论。有的选题太窄小,仅仅阐述某单位的一些事,未能总结出带有规律性的经验和教训,像是一堆汇报材料。

3. 所选课题脱离所学专业内容。考试科学研究文稿写作,实际上是训练作者运用所学的教育理论知识,培养自己的分析问题、解决问题的能力,为今后进一步提高自身的研究水平打基础。有的同志在选题的关键时候,突发奇想,另起炉灶,选择了与所学专业毫无关系的专题,原先专业知识优势荡然无存。缺乏扎实的理论功底,其质量效果可想而知。

4. 未能与所从事的实践活动相结合。结合实践进行文稿写作是教育理论工作者最大的优势,这也是不少同志的论文获得好评的秘密武器。可是,有的同志往往忽略自身的最大优势,未能把所学理论联系实际,众多实践和体会不能在论文中得到运用。

5. 选题内容陈旧、重复,给人似曾相识的感觉。比如,报纸杂志上发表了不少关于"考试科学的困难与出路"类型的文章,有的同志亦从此入手,内容大同小异,即使不是抄袭,也有"克隆"他人作品之嫌,实在是一种意义不大的重复性劳动。

6. 选题草率,信手拈来,结果误选了不适合自己的选题。此类选题似乎很快,但是文稿的写作受阻,无法向纵深发展,等到写了一半再另起炉灶反而浪费了大量宝贵的时光。

7. 精力分散,投入不足。部分同志对文稿写作重视不够,在时间和精力方面投入严重不足,影响了文稿的质量。

产生上述现象的原因是多方面的,有的是作者忽视教育理论工作者自身特点,忘记了学用结合与学以致用的原则;有的凭自己的主观兴趣,生搬硬套其他同志的论文,将他人的特色当做自己的特色;有的则是态度不够认真,有应付上级布置任务的倾向;有的则是对于考试科学研究文稿写作的文体特点不甚了解,信心不足。

二、要有必胜的信念和百折不挠的毅力

谈起写论文,有人觉得十分神秘,甚至有些"谈论文色变"。有的认为自己没有广博的学问,有的自己觉得太年轻,知识比较单薄,无法完成什么论文。此时如果要完成考试科学研究文稿,充其量也只能去书上抄录一些现成的观点和材料,依葫芦画瓢,当当"文抄公"而已。

书读得不多,知识贫乏,自然是写不出什么论文来的。但是要等到把有关的书读完,再着手写论文,这种想法也不现实。书籍是无法读完的,边学边干,只能学一点用一点。同志们经过多年的学习,针对论文确定的选题,再集中读一些相关的书籍,围绕课题搜集一些有关资料,通过解决某个专业问题,以训练自己的科研能力,这才是比较实在的做法。

树立信心,志在必得。处处留心皆学问。完成考试科学研究文稿也不是什么大不了的事情,只要您对前人的观点进行补充、发挥、纠正、批驳,自然就

形成了自己的新观点的论文粗坯。这样也不至于停留在光是抄录别人的观点和材料上。需要指出的是，仅仅是一味死读书，不善于思考问题，即使看了再多的书，不加以思考，也形不成自己的观点，写论文更是无从谈起。为此，同志们还是要正确地对待文稿写作，从游泳中学游泳，在实践中学习。最忌讳的是，关在办公室里背诵游泳的理论要点而不肯下水，倘若如此，花了再多的时间，也还是难以奏效的。真正要想在研究中做好实实在在的工作，除了要有必胜的信心与持之以恒的热情之外，还必须有脚踏实地的行动和百折不挠的毅力。

树立勇于追求科学真理的人生理念。历史上，有许许多多科学家表现出了为科学献身的崇高精神，诚如马克思所言，在科学的入口处，犹如置于地狱之口。爱因斯坦创立了相对论之后，德国法西斯势力与排犹分子对他进行了无端的攻击和残酷的迫害。他们打出"反对相对论公司"——即"德国自然哲学研究小组"，发表公开演讲，在报刊上发表文章，印发文集，谩骂爱因斯坦是"耍江湖骗术"，是"犹太人物理学"。希特勒上台之后，把爱因斯坦的相对论贬为反德的犹太科学，烧毁他的著作、房屋，没收他的财产，甚至还悬赏两万马克，要爱因斯坦脑袋搬家。对此，爱因斯坦坚信自己的事业是为全人类服务的，他不避艰险，亲临会场与一小撮法西斯和排犹分子展开了针锋相对的斗争。最后，他辞去普鲁士院士职务，放弃了德国国籍，表现出科学家的高风亮节。

在工作与生活节奏日益加快的今天，能够用于学习的时间确实很有限。为此，必须有意识地选读一些学术杂志上名家论文，同时，阅读一些指导论文写作方面的丛书，学习论文写作的规律和技巧，注意培养自己在论文写作方面坚忍不拔、百折不挠的顽强毅力，尽快取得零的突破，不要过分在乎这"第一篇"的成功与否。只有勤学，才能写好考试科学研究文稿；只有苦练，才能提高考试科学研究文稿的写作能力。

第二节 文稿的写作过程

考试的现象纷繁复杂。许多考试工作者对自己或别人正在做的或已做的工作及其他发生在周围、与考试有关的现象都很熟悉，但真的要将其用文字表述、概括出来，似乎又没那么容易。考试科学研究文稿写作不像写一篇散文、一段札记那样，根据一则材料，信手拈来，随感而发，通过成百上千的文字便可表达一种思想、一种感情，它要用大量的资料，较多的层次，严密的推理开展论述。因此，整个文稿的构思谋篇就显得十分重要。为此，必须制订计划，确定题目，编制提纲，拟定初稿，整个过程若是能够使用计算机进行处理，则可以取得事半功倍的成效。

一、制订计划

在正式写作之前，若是能把目标、设想用视觉化的计划表示出来，对于作者本人更具有约束力，它可以化为人们的自觉行为。为此，从通盘考虑的角度，制订一个科学、具体、可行的写作计划，在完成文稿的过程中，将具有重要的作用。

1. 计划的内容。计划的核心包括：目标、措施、步骤，也就是通常所说的计划的三要素。目标——做什么？本篇研究文稿所要完成的主要任务和重要的指标；措施——怎么做？要求确定执行计划的具体办法和途径；步骤——何时做？制订研究文稿写作的整个进度和安排。这部分是论文写作计划的主体，其中包括：获取材料的途径、方式及所需要的时间，阅读方式、整理研究方法和期限，拟定提纲、撰写初稿的进度。此外，对于需要研究经费的还要进行物力、财力的预算。

2. 写作日程表。其主要目的在于全面筹划，避免前松后紧。由于作者专业知识的不同和水平、经验方面的差异，很难有一个统一的时限，也没有什么统一的格式。如某作者的写作日程表安排如下：

确定选题	2周
实践、实习，搜集材料	4周
制订提纲，拟定论文框架	1周
完成初稿	1周
征求意见，修改论文	1周
定稿、誊清、装订	4天
做好参加答辩的准备	3天

总体上需要10周时间，若是从4月上旬开始，可在6月中下旬结束。

在制订计划过程中，有不少作者，在研究文稿的初稿写作时，不急于拟定论文的标题，而只是先草拟一个试用题目，包括论文的主题和主要论点，作者用它整理论述思路，明确写作中心，取舍论据素材。这样将有效地避免了由于草率敲定标题，造成写作思路受阻的尴尬局面。

二、确定题目

确定一篇研究文稿的题目，通常包括两个步骤。一是先选定研究的课题，二是再确定研究文稿的题目。

选题，即选定研究的课题，是指经过比较来确定所要研究的问题，包括提出问题和确定问题。它包括两层意思：一是确定科学研究的方向，二是选择进行研究的问题。选择和确定研究课题是进行考试研究的关键性一步。它不仅决定研究者现在和以后科研工作的主攻方向、目标与内容，而且在一定程度上规定了科学研究应采取的方法和途径。考试的运用越来越广泛，内涵和外延也越来越广，因此，可研究的东西也不断增多。在条件许可的情况下，应该选择那些带基础性、全局性、规律性的问题。在选题的过程中，应把握以下原则。

第一，要选择客观上有科学价值的课题。比如，考试实践中亟待解决的问题；带普遍性、整体性、全局性的客观课题；带局部性、具体性的微观课题；考试实践中的新发现、新创造；空白的填补，通说的纠正，前说的补充等。选择课题除了要考虑必要的资料、设备、时间、经费、技术、人力、理论条件外，还要思考科学上的可行性。选题必须抓住时机，什么时候提出该研究课题要看有关理论、研究工具条件的发展成熟程度。提出过早，问题会攻不下来，提出过晚，又会被认为是亦步亦趋，毫无创意。

第二，要选择主观上有利于开展的课题。自己是否有浓厚的兴趣；能否发挥自己的业务专长；原有知识、能力、基础、经验和专长是否有利于课题的开展。课题大小是否适中，对于一些长期从事考试工作、又有搞科研兴趣的工作人员，最好选些小而实的课题，结合自己的工作实际，做一些相关的研究。这样，既加深了对该领域的了解，也在一定程度上推进了该领域研究的深入。是否占有资料或占有资料的条件；是否能得到师友同行的指导。研究者要权衡自身条件，寻找结合点，选择能发挥自己特长优势的课题。

一般说来，在开始研究之时已经确定了课题研究题目，但课题题目和论文题目并不是完全等同的，尤其是一些周期较长、内容较广的教育科研课题，其研究成果往往需要通过若干篇的系列论文才能比较全面的表示出来。因此，研究文稿撰写的第二步就是要确定题目。它可以和课题研究题目相一致，也可以不一致。不论是否一致，一个好的研究文稿题目都应符合下列要求。

（一）新颖

真理是在不断发展的，任何科学研究也都在不断的完善和进步，考试科学研究当然也不例外。如果选择的题目，只是在前人的基础上"原地踏步"，考试研究就难以发展。因此，题目必须新颖。新颖包含着两层意思，一是指时代感，能抓住最新出现的问题，即要有动向水平，具有开创性的题目，就很新颖。二是指内容新，即在原有的问题之外，提出新的问题，提出了一个新的研究思路，也具有新颖性。

考试科学研究选题的"创新"准则是指选择那些具有创造性内容的课题。为了避免重复选题，避免重复劳动，就必须在选择课题以前，认真地了解该课题在国内外研究的概况。要深入广泛地查阅文献资料和调查，搞清所要研究课题在当前国内外已达到的研究水平和已取得的成果，要了解在当前国内外考试科学研究中，是否有人已经、或正在研究你准备选择的类似课题。如果要选择同一课题作为研究课题，那就要对已有研究进行认真审视，从理论本身的完备性，从研究方法的科学性进行分析，在此基础上，重新确定自己研究的着眼点。

（二）价值

价值准则包括两个方面，应用价值和理论价值。应该优先选择当前考试实际中最迫切、最亟待解决、最关键性的问题，作为课题进行研究，要选择那些能出成果，能被社会承认，能推广应用的课题，重视课题的应用价值。

一个好的课题，不仅具有好的内部价值，即对考试实践的指导作用和理论上的创新突破，而且有好的外部价值。表现在该课题研究不仅能引发一系列有内在联系的、逐渐深化发展考试研究课题，而且它对相关的教育学、心理学、社会学、语言学、思维科学等学科的研究也有重要影响。

（三）宜小

研究文稿的题目一般不宜过大，即切口要小。题目过大，容易写得空泛，初写论文时更是如此。如《××考试制度研究》，这个题目就太大了，难以写好。因此，广大考试工作者应该根据自己的工作和研究实践，选择一些小的题目进行写作。如《自学考试中的舞弊现象与预防对策》，这样的题目比较小一些，针对考试中的舞弊现象，比较容易写好。有些大题目，则可以分成几个小题目来写，使论点更明确、内容更集中、论述更深刻。

（四）准确

这是指研究文稿的题目和内容要名实相符，也就是说，题目要能准确地反映论文所研究的内容。一篇文稿的题目可以是明确点明题意的，如《对自学考试助学工作的几点建议》。也可以是不明确点出题意的，如《关于自学考试教育功能的几点思考》，哪几个思考不具体指明。还可以是问题式的，如《自学考试如何实现新的突破》，无论用哪种形式，题目都应该能确切地反映所要研究的问题，反映所要论述的内容。

考试学研究选题要准确，是指选题的概念和陈述要准确。问题陈述的好可以为研究者提供从事该研究计划的方向。陈述应该指明总体的中心议题和问题的前后背景。陈述应表达清楚计划中的关键因素。否则，将会在研究过程中走弯路，甚至出现研究不下去的情况。

（五）简短

题目要简短，让人一目了然，明晰作者想要论述的问题。如果题目过长，或过于拗口，就会影响阅读者的阅读心理，减弱兴趣。如《自学考试要唱好"自学曲"、"应试曲"、"回响曲"》这个题目就显得太长了些，可以改成《自学考试要唱好"三部曲"》，这样，题目更简短明确，也没有违背原来的题意，读者看了，同样能理解文章所要研究、阐述的问题。

三、拟定提纲

题目确定之后，就要根据题意，拟定写作提纲，即对论文的基本框架和总体布局进行设计、安排。写作提纲，实际上是在构思中由序码和文字所组成的一种逻辑图表。是论文的间架结构、内容、思路的蓝图。提纲能为论文的写作提供文路和线索，可初步酝酿形成自己的思路、观点等。因此，草拟提纲决不可忽略。提纲实际上就是一篇论文的写作设计蓝本。拟定提纲，对文章总体的把握、全文的布局、观点和材料的安排、资料的取舍调整等，都有重大的作用。它能促进文稿首尾呼应、全篇贯通、重点突出，并围绕中心逐层展开论述。

（一）编写提纲的意义

1. 提纲的含义

提纲，体现论文的总体构思。从整体着眼，先对观点和材料进行编排，使之成为次序清楚、思路清晰、足以说明某一问题的论文轮廓。然后以文字的形式，依照顺序记录下来，就成了提纲。

2. 提纲的作用

（1）有利于论文的谋篇布局。实际上，论文整体思路的提出，最初可能仅是零星的想法，或者仅有模糊、粗糙的轮廓，若是此时直接起草，一气呵成，往往有可能因整体的结构问题而造成返工。

（2）有利于论文的整体进程。一个构思全面、布局合理的提纲，无疑是论文写作"施工"中的蓝图，便于自行检查：是否围绕论点选择材料，结构是否完整，层次是否清楚，这样写作起来，胸有成竹，思路畅通，得心应手。可以有效地杜绝"东一榔头，西一棒子"、"下笔千言，离题万里"等不良现象发生。当然，在写作过程中，如果觉得有不妥之处，还可以修改提纲。

（3）有利于文稿写作安排。有了一个总的纲要之后，可以比较灵活地安排写作的时间。既可以从头到尾按自然顺序来写，也可以先写本论部分，再写开头、结尾。还可以写全文的任一部分，再写其他部分，最后组合成篇。具体作法，因人而异，大家都可以试试。

有的同志没有拟定提纲的习惯，有的或许还会觉得拟定提纲很费时间。而经常写作的同志却有"磨刀不误砍柴工"的深切感受。初写论文的同志，若是能将自己的思路写成提纲，再去请教行家，人家也比较容易提出修改意见。此举往往会得到卓有成效的指导。

（二）编写提纲的步骤

1. 确定提要，加入材料，形成概要

读了书籍上的内容提要便可大体知道书的主要内容。考试科学研究文稿写作也要先写好论文提要，有了这个提纲的雏形，再把论文题目、大标题、小标题分别列出，尔后把选定的材料穿插进去，就形成了毕业论文的概要。

2. 稿纸页数的总体大致分配

考试科学研究文稿的作者对于文章篇幅的总体安排要做到心中有数。比如有一位同志是这样估算的，他打算以6000字完成论文，大概使用20页300格稿纸，根据论文的各个部分大体的字数，总体可大致分配为：序论约1页，本论约17页，结论约2页，若是本论共有几项，每项页数再作估算。这样做的目的无非是对于各部分的长短做到心中有个大数，避免论文篇幅结构上的盲目性。

（三）编写提纲的常用方法

1．提纲的类型

（1）简要提纲。有人也称粗纲。简要地概括论文项目要点排队列序，把论文的总体轮廓用粗线条描绘出来。

（2）详细提纲。有人也称细纲。要求将各级论点、主要论据、论证方法等结构项目开列出来，体现出论文基本骨架和总体面貌。

2．提纲的写法

（1）标题式。即以标题形式将该部分主要内容概括出一个标题式的短句或词语。此法的优点是：简洁、一目了然，提纲写作便捷；缺点是：内容过于简单，往往是自己明白，别人不易看得懂，日久之后自己也容易遗忘。

（2）句子式。即以一个能够表达完整主题的形式将该部分概括出一个完整的句子。此法的优点是：具体、明确。由于提纲为论文的各个段落层次提供了主题句，方便于起草成文。缺点是：文字量较大，写起来比较费时费力。

（3）段落式。即以一段话将该部分内容概括成内容提要。这种方法比较详细，可为论文写作打下好的基础，但是所花的时间甚多，作者如要选用，只可在论文的重点部分使用。

笔者以为以上几种方式可以单独使用，也可以混合选用。提纲详略自便，可以从简略的提纲入手，反复修改，逐步完成。特别是详细的提纲开列出来之后，作者就有了比较清晰的思路，似乎有"下笔如有神"的感觉。

四、初稿，文稿写作的基础工程

（一）初稿的写作方法

在提纲拟定之后，可着手起草论文。较短的论文草稿可一气呵成，不要中途停顿而使思路中断，要尽快将自己头脑中涌现出来的句子用计算机或笔写成文字，千万不要为了某一个词句的斟酌而停滞不前，需要推敲之处，不妨在初稿完成之后，回头再来精心修改；较长的论文可依照提纲，分标题或按照论点来写，哪一部分考虑清楚，就写哪一部分，不必按照先后顺序，完成一个部分，稍事整理，便转入其他部分，各部分写完连接起来便可成篇；全文完稿后，进行精读修改。至于写作次序，可按绪论、本论、结论；也可以按本论、结论，最后再来写绪论；如果在本论部分有的论点是经过深思熟虑的，先写这一部分也未必不可。

（二）初稿写作的注意事项

首先，要保持最佳的写作状态。在大脑最清醒、精神最充沛的时候动笔，把兴奋点集中在写作的论题上，克服中断写作的心理障碍，坚定地按照事先制订的计划写下去，若是遇到写不出来的情况时，要找出原因，对症下药。

其次，恰当地调整提纲。在写作的过程中，原来的思考如果有所深化，会发现提纲中的某些不足或不当之处，有的还会产生新的认识，此时对提纲进行适当的调整是非常必要的。

再次，尽量把头脑中涌现出来的内容写进初稿。修改稿应提供尽量丰富、充分的内容。

最后，适当注意文面干净、清楚，四周留足空白处，便于日后的修改。

五、文稿写作的共性问题

由于研究的内容不一样，研究者的写作水平、习惯等也不同，因此，文稿写作过程往往因人而异。但下面四点是写作中具有的共性问题，应努力遵循。

1. 立论、推论和表述的科学性。论文是科学研究的结晶，丧失了科学性，论文就不成其为论文了。因此，在写作中，提出论点，运用概念，进行推论时都应该充分注意是否科学、严谨，任何夸大其词的表述都会降低论文的质量。

2. 论点、论据和论述的逻辑性。一篇好的论文，必须论点明确，论据确凿，论述严密，形成三者间的逻辑统一。因此，只有论点，没有材料，固然会使人觉得空洞无物，缺乏说服力；但不加取舍，大量堆砌材料，同样也会使一篇论文不得要领，缺乏深度；而有了论点、论据，却缺乏合理、严谨的论述，仍然会使人感到杂乱无序，理不出头绪。因此，在写作过程中，研究者应该对搜集到的大量材料进行提炼、取舍，精选出最有价值的论据，来支撑论点。同时，在论证过程中，层层论述，使得论点、论据、论述三者间形成严密的逻辑关系。

3. 数据和文字表述的有机统一。为了科学、准确地表述研究成果，在一篇论文中必须提供数据，尤其是观察报告、调查报告、实验报告以及测量报告等以直接研究、获取第一手资料为主撰写的论文，更要十分重视数据。但是，有的初学论文写作者，便因此认为只要有数据，就可以证明研究的成果，从而在论文中大量罗列数据。其实，这种观点是片面的，在一篇论文中，数据只是供做分析的素材，主要的部分还是文字表述。缺乏数据固然会削弱说服力，只有数据则会混同于统计报表。因此，在论文写作中，应该有选择地提供具有代表性的数据，同时，也应该重视对数据的逐层分析，展开充分的论述，才能使论文具有较高的可信度和理论深度。

4. 典型分析和一般分析的有机结合。以往，我们比较重视典型分析，通过对典型事例的解剖和分析，来论证某个观点。近年来，在考试科研中，随着计量研究的兴起，人们又转而重视对总体、一般的分析。其实，两者各有长处，典型分析较为生动、丰富，但往往缺乏普遍意义。而一般分析正好与之相反。因此，在论文撰写中，应该注意两者的结合使用，才能更具有说服力。例如在一篇运用数学自学辅导教学法提高差生成绩的实验报告中，研究者列举了一系列的统计数字对实验对象的总体情况进行了分析，论证了实验的有效成果。如果能再补充一些典型事例，如某个原来十分突出的后进生在学习习惯、学习情绪等方面发生的变化，就可以使论文更丰富、充实，更有深度，从而也可以更为有力地表明实验研究所取得的成效。

六、提倡使用电脑写作

电脑是人们对电子计算机的爱称，它是20世纪人类最大的科技成果之一。以计算机的出现和发展为标志的信息化革命，经历了数据处理阶段、数据库阶段，现已进入了信息网络化阶段。巧夺天工的计算机在运算速度、精确度、记忆力等方面，确实有许多强大的优势，它的应用范围遍及人类活动的各个角落。有人说，计算机是继语文、数学之后第三种对人们一生有着广泛用途的通用智力工具。

不少专家认为，由于计算机应用技术日新月异的发展，计算机软件程序编制已经成为一种专门行业，个人使用计算机时基本上没有必要再去编制和设计软件。计算机普及性的学习重点应当放在实际应用上，诸如计算机系统的操作、中文文字处理、表格处理、图形处理等方面。以文字处理的应用来说，"我国文字专家通过对7 075篇现代文章的2 162万汉字的统计，共发现汉字6 300个，其中的2 400个字的出现概率为99%，其余的3 900个字的出现概率只占1%。《毛泽东选集》一至四卷共用汉字3 002个。"当今的作家、记者、科技人员、公务员都必须掌握它。

学用电脑写作，一般要经历三个阶段：（1）扫盲阶段；（2）运用阶段；（3）熟练阶段。在第一个阶段中，录入的速度每分钟少于 10 个字，感到用电脑写作不如手工快，万般开头难，坚持挺过这一阶段就是胜利。第二个阶段录入速度可达到每分钟 20 字左右，初步体会到电脑写作的速度不比手工慢，可以开始实际运用，在运用中会继续提高自己的录入速度。第三个阶段每分钟的录入速度超过 30 个字，已经深刻地体会到文字工作对电脑的依赖性。特别是刚学五笔录入法的朋友也许以为，我每分钟只能录入十几个字太少了。其实不然，按照每分钟录入 15 个汉字计算，1 小时就能录入 900 个字，要是一天坚持 5 个小时，4 500 个文字材料就出来了，日积月累的数字一定会使您感到惊喜。此时，哪怕再简单的文字您也希望能用电脑进行录入，就好像尽管只有很近的一段路程，会骑车的人还是喜欢以车代步。电脑的文字处理的强大功能还在于长篇论著的资料收集、起草、整理、修改、保存等多方面，国内越来越多的人加入了熟练的电脑写作的行列。在电脑应用的进一步熟练之后，还可以运用它编写电子词典，保存自己的文字资料卡片……随着计算机技术、网络技术、多媒体技术的广泛应用，将给您带来一个全新的学习、工作和生活的环境，您必将产生受益无穷的感觉。尤其在因特网已使地球变成一个村落的今天，要是我们不能熟练地掌握电脑，就会被排挤在与世隔绝的村外。

有少数同志对电脑充满神秘感，有的甚至还有畏惧心理，有的怕运用电脑写作与灵感相悖。为了消除偏见，现在就开始吧，您一定会赶上时代的步伐。最关键的是在学习的过程中，要注重增强自己电脑意识，进一步提高学习电脑和应用电脑解决实际问题的能力。国内不少 60 多岁的老作家学习电脑写作后，都可以用电脑代笔。国外也有这样的例子。据《中国日报》报道，美国前总统老布什请一位电脑专家，每周讲一至两次电脑课。老布什说他学习的目的在于"扫电脑盲"，并证明"什么时候开始学电脑也不晚"这个道理。同志们要进一步培养自己电脑写作的激情，尽快加入到电脑写作高手的行列中来吧！

第三节　文稿的修改过程

人们对事物的认识有一个循序渐进的过程，考试科学研究文稿写作也不可能一次性地达到完美的境界。论文初稿起草过程中的许多方面更是难以做到滴水不漏的地步。

一、修改——高质量文稿的必要手段

人们常说，文章是改出来的。据说，托尔斯泰的《战争与和平》前后经过七次修改，才正式出版。它能成为一部不朽的名著，固然有着诸方面的条件，作者在修改方面精益求精也是重要的因素之一。巴金曾经说过："写到死，改到死，用辛勤的修改来弥补自己作品的漏洞。"古今中外的文学大师，以自己苦心孤诣的写作实践，以后人留下了"文不厌改"的经验之谈。

文稿的修改过程也是作者再思考、认识深化的过程。由于人们对于事物，对于真理的认识不可能一次性完成，它要经过实践、认识、再实践、再认识，经过若干次过程的重复而完成的。作者对于论文的选题过程，是从朦胧到清晰，从比较肤浅到比较深刻的认识过程。而论文的总体结构、布局谋篇，也有一个从不尽恰当到比较合理的优化过程。在论文写作中，时常见到的毛病是：论点不明确、论据不充分，缺乏说服力、推理不够严谨、分析不够客观、题目不恰当、结构欠合理、文字不够流畅、评价失当等。这是论文初稿中常见的一些毛病。进行认真仔细的论文修改，不仅是作者对读者负责的表现，也是作者提高自身写作能力的重要手段。因此，论文修改是完成论文的最后一个不可缺少的重要环节。

二、修改的范围

修改是写作过程中的一个重要环节，文稿写作更是如此。进行文稿修改，无非是围绕着：主题，是否准确鲜明；结构，是否合理均衡；材料，是否翔实典型；语言，是否流畅精练等，通过增加、删除、调换这三种方法，进行修改。论文修改的范围主要包括以下四个方面。

（一）推敲论点

论点是文稿的灵魂。要从事实方面和逻辑方面反复推敲，看看论点能否成立，是否正确；要注意检查所列的论据能否充分支持自己的论点；此外，还要看看论点表述的准确性。这方面常见的毛病是论文的论点不明确。读了作者的论文，仍然不知道作者究竟要说明的是什么问题。有的论点与论据相脱节，有的论据虽然也很生动，但是，无法从论据中推出作者的论点。反过来说，论文中的论点无法统帅论据。

（二）调整结构

结构是指论文内容的组织和安排形式。由于论文提纲的编写已将论文的整体结构确定，此时，一般不轻易地做大的变动。但对于小的结构调整是常见的，诸如层次、段落的重新划分，开头、结尾以及文章各部分之间的呼应、衔接等方面，进行反复的推敲与合理的调整。结构失当也会让读者感到论文中推理不够严谨。有的论文缺乏严密的推理，没有充分的已知条件便做出判断；有的判断语句或是含糊其辞，或是因果关系失当。

（三）更换材料

主要指对论文中引用的材料进行必要的增加、删除、调换，使得文中用以证明观点和表现主题的材料具有必要、准确、合适的特征，达到恰到好处的地步。这方面常见的毛病是论据不充分，使论点失去了产生结论的基础，无法使人信服。唯一的办法只能补充典型的论据，以增强论文的说服力。

（四）修饰语言

考试科学研究文稿固然不能苛求语言美，但也不能出现语句含糊不清的现象。通常人们把准确、鲜明、生动、简洁这四个方面作为对文章用语的普遍要求。论文的语言也不能例外。

需要说明的是，倘若是论文思想内容不正确，就不是什么修改的问题，而是要改题重写。

三、修改的方法

作者可根据自己的实际，选择以下行之有效的修改方法。

（一）同行指导法

俗话说：当局者迷，旁观者清。由于作者个人的知识局限性，对于客观事物的认识必然存在着程度不同的片面性，更为可怕的是作者难以发现自己作品的不足之处。自己的头发还要别人理。最佳的办法，还是请同行从另外的角度，冷静挑出一些"刺"来，这样直率的意见也许比较尖锐、逆耳，可是对于论文的修改，是一种难得的机遇。就看作者是否有放下架子、虚心求学的精神。

当然，对别人的建议或意见，作者还要进行一番潜心思考，通盘考虑，再决定修改的内容，不能什么都"言听计从"，防止人云亦云也是必要的。

（二）冷改法

由于思维定式的作用，原先的思路在脑海中留下很深的烙印，而且在初稿完成之后，感到疲惫不堪，若是紧接着修改，有可能会力不从心。因此，在论文写好之后，先搁一搁，淡化原来思路的束缚，稍事休息。经过一段时间的"冷却"，作者兴许阅读了有关资料，思考了相关问题，对于客观事物有了进一步的认识。此时，作者回头再看或许会发现不少问题。此时作者的思维比较容易跳出原有的圈子，从另外一种角度冷静地审视自己的论文。只要时间允许，写好的论文改后可搁一搁，再改后再搁一搁，这样反复数次，有益于论文写作水平的提高。

（三）热改法

热改法指初稿完成之后，立即着手修改。有的作者正处于兴奋状态，精力充沛，情绪高昂。作者对于全文内容比较熟悉，此时，若是能一鼓作气，趁热打铁，对于初稿中的毛病，如遣词造句是否准确，论述推理是否合理……都比较容易发现。难办的倒在于，此时的作者正是处于写作的亢奋状态，对于需要修改的部分不易看出来，即使觉察出来，亦难于割爱。

（四）读改法

作者一边朗读，一边思考，语句方面的毛病往往不易看出，容易读出。字词遗漏、错字别字、书写错位，一经朗读，便原形毕露。在朗读过程中，对于词不达意或文句不通地方，即可随手修改。

四、文稿修改的符号与定稿

文稿修改可在原稿上进行。为了能够正确无误地标记修改符号，必须养成使用国家颁发的专业标准 GBI－81《校对符号及其用法》的良好习惯，在规定的 22 种标准符号中，有删除号、增补号、调位号、提行号、压行号、复原号、离空号、连续号、空行号等 9 种为常用。它是联系作者、编辑和印刷工人之间一种无声的语言，能有效地防止因为修改而造成文字上的混乱。

定稿，是作者对论文经过认真修改之后阶段性的终止，是对论文内容和文字表述的最后定夺，并可以交付印刷或出版。既然是定稿，论文从内容到形式上应当尽善尽美，做到论点正确，论据翔实，论证严谨，层次清楚，语言洗练，文面整洁。定稿中如留下更改之处，要用规范的修改符号表示。若是需要装订封面、封底，可按统一规格进行装订。

　　从人们认识问题的过程而言，定稿并不意味着永久性不变的概念，随着人们认识的深入和发展，不少论著在再版时做了改动，这也是十分正常的现象。

　　打印，可以使论文文面整洁、美观。如果是用计算机文字处理系统撰写的论文，可在"文件"的下拉菜单中选择"页面设置"，进行打印前的字体及字号大小的选择。若是全文选择仿宋字体，标题则可选用正文同号字体的加粗或黑体字。正文中的小标题，若需要突出，可用正文同号大小的楷体字。大小标题若一概用黑体字，不仅会淡化标题的明显性，还会使论文的文面变得偏黑，反而背离了作者的初衷。

第七章 撰写考试科学研究文稿的概述与组织结构

第一节 撰写考试科学研究文稿概述

撰写考试科学研究文稿是考试学研究人员和广大考试工作者通过运用历史、观察、调查、理论、比较、经验总结、统计分析等手段和方法，对考试学的现象和某些考试问题进行分析研究，得出规律性的认识，并将之以文字的形式表达出来。那么，为什么要学习撰写考试学文稿呢？撰写考试学文稿对我们的实际工作有何意义呢？

一、什么是考试科学研究文稿

从一般意义上说，考试科学研究文稿，就是考试学论文，它是进行考试学研究、描述考试学研究成果的文章。考试论文是考试学学术研究的结晶，不是一般的"经验体会"，考试论文应有学术性，所以它是学术论文。

二、为什么要撰写考试科学研究文稿

（一）考试科研成果需要总结、记录、表达

考试是人类特有的一种有计划、有目的的社会活动，是选拔人才、推进人才培养的重要途径。教育发展和教学质量的提高依赖于经常性的评估，职业资格、职业证书等的获取也要依赖于考试的甄别。随着科学技术的发展及其广泛应用，社会各行各业对人的知识和能力素质的要求越来越高，考试的运用也越来越广泛。

随着考试的广泛应用，需要更多的考试工作者和研究人员，加入到考试的研究和实践中来。记录考试现象，总结考试经验，表达对考试的见解。这样，不仅有助于先进的考试学思想的传播，新的考试方法的推广，促进教学质量和

人员素质的提高。同时，也有助于相关工作人员自身的教育理论水平和业务能力的提高。我们进行科研、思考问题，需要用文字把思考的问题、研究的成果，进行加工、整理、提炼，并记录下来，使创造性的思考一层层展开，一步步深入，并在纸面上视觉化，使得问题得到解决。

（二）考试科研成果需要推广交流

考试科研是一种复杂的思维活动，同时又需要把科研成果描述出来让别人了解。研究人员无论参加何种规模的考试科研活动，最后都要以撰写考试论文、考试科研报告等形式把成果发表出来，让同行评判、分享、借鉴，以达到与同行交流的目的。科研成果要产生社会效益、经济效益，也得借助文章的形式把它描述出来，公之于世，进行交流。

（三）提高考试工作者的素质和能力，促进考试理论和实践的发展

撰写考试论文，既能反映考试工作者的观念，又能反映其业务能力、创造能力；既可以提高考试工作者的学术水平，又可以提高其科研能力；既可以把它作为考核知识、检查能力、锻炼思维的手段，又可以把它作为职称、职务晋升考核的依据。

考试论文是检验写作者的思想水平、认识能力、理论修养的"窗口"，是考核知识水准、业务专长的标尺。同时，撰写论文是训练思维的过程，也是关心社会、关心未来、扩大视野的过程。所以，无论是从对考试事业的贡献，还是从延长学术生命的角度，都必须有意识地撰写论文。所以说，撰写考试论文，对于提高研究人员的素质以及促进考试事业的繁荣，都有着重大的现实意义。

三、考试科研论文的特点

考试论文应较系统和专门地讨论与研究考试学领域中某种现象或问题，思考和动笔都是从科学研究这个目的出发，比一般论说文更富理论色彩和专门性。在考试学领域研究中，需要站在一定的理论高度观察和分析有重要价值的现象和问题。它不像一般论说文那样，可以就具体事件议论得失，评定是非。它的生命力及其价值，是在于考试研究的新成果，内容上的创新性。

（一）学术性

考试论文是考试研究成果的载体，是学术研究形成的产品。它侧重于对考试现象进行抽象地、概括地叙述或论证，其内容是系统性的、专门化的，因而，

这种文体必然具有很强的学术性。它不仅是考试的过程和现象，更是考试发展的内在本质和规律。它应该是深思熟虑的学术见解，不是偶感式的杂谈或社会性议论。考试论文中，它致力于表现考试的本质，揭示考试的规律性。与纯粹的经验文章相比，更有理论含量。虽然它要取材于某一时期的考试活动，但不叙述其细节，只是经过提炼，"抽象地反映"并上升为理论，写成论文。考试论文如果没有学术性也就失去了作为论文的意义。所以，学术性是考试论文最基本的条件。

（二）科学性

考试科研的任务是要揭示考试发展的客观规律，探求客观真理，建立和丰富考试理论，使之成为考试改革和发展的指南。这就要求作者对传统的理论、经验，都要采取科学分析态度，要尊重客观事实，不能带个人偏见，不能主观臆断或凭空说教。在立论上，应从实际出发，从中引出切合实际的结论，论点的提出必须以切实、准确、真实的科学依据为前提；论据，要求要在周密的观察、调查、实验的基础上，尽可能多地占有材料，以最充分、典型、新颖、确实、有力的材料作为立论的依据；论证上，应是系统的、完整的、首尾一贯的，是经过周密思考，严谨而富有逻辑效果的。它应该包括内容上的充实、成熟、先进、可行；表述上的准确、明白、全面、无懈可击，如果失去了科学性，也就不成其为考试论文。所以，科学性是考试论文的生命。

（三）创新性

考试论文要求作者要有自己的独到见解，敢于革新陈腐的考试思想、内容和方法，有创新意义。在对考试领域的现象进行观察、调查、分析研究的过程中，发现别人没有发现或没有涉及的新问题；能对别人研究过的问题采取新的角度或方法，提出具有理论意义或实用价值的新观点或新结论；能在综合前人、别人研究结果的基础上加工提炼，开掘新意；能在别人争论的课题中或出现分歧的问题上进行比较分析，在弄清彼此的分歧争鸣点的基础上，做出与已有结论不同的结论；能用最新的事例、数据、史实、观察等来证明似乎已成定论的问题，探索新意向；能运用中外考试领域里的最新信息资料、情报，以及考试学研究的最新成果、经验理论、概念，增强考试论文的时代色彩或现代化意识，从而提出新思想、新观念、新理论、新设想，探索新体系、新方法，开辟出新的改革之路，推动考试发展的新进程。所以，创造性是衡量考试论文价值大小和水平高低的主要标准。

（四）理论性

考试论文的理论性是指论文的理论色彩，以考试科学理论分析研究考试现象和问题，形成有理论高度的论文。在具体表达科研成果上，要符合考试原则的要求；要从具体实际出发，把感性的东西，上升到理论高度来分析，做出科学的结论，做到以理服人；要在考试领域的现象和问题的探讨论证和表述的过程中，运用现代教育学、学校教育管理学和专家对考试学的论述以及专业性名词术语、理论概念，并溶化或融合为论文的内容，使论文具有较浓的理论色彩。所以，理论性是考试论文深度的标志。但一定要深入浅出地表述复杂的考试理论；要用通俗简明、生动形象的语言让读者感到平易能读，平实易懂，使论文发挥交流、传播、推广科研成果的作用，进而转化为社会生产力。

（五）探索性

探索就是对尚未解决的问题，以新的观点进行探讨、寻找、搜索、求取，找到改革的突破口。没有探索，也就没有科研成果。因此，探索性应贯穿考试论文的始终。即在撰写考试论文中，对考试领域科研中涉及比较复杂的现象和问题，要进行多方面的思考，多层次的比较，并进行认真分析，反复研究，才有可能找到解决问题的方案和措施或意见和办法；要以党和国家的教育方针和考试政策为客观指导，根据传统的考试经验教训和当前考试的发展趋势，探索考试领域里我们还未明白的考试规律，探索未来的考试手段，应当怎样更好地实现考试的客观公正。此外，针对现实工作中暴露出来的实际问题进行分析研究，并总结研究成果，这本身就是探索性工作；而正确地寻找改革的突破口，寻找论证的新角度、新方法，寻找的过程，就是探索的过程。考试论文应体现出作者的探索个性，探索个性越鲜明，论文越有创造成果。所以，探索是科研的前提，也是撰写考试论文的前提。

（六）实用性

考试论文应面对实际，针对考试过程中出现的新情况、新问题及时进行学术上的研究探讨，达到"有的放矢"地指导人们新的考试实践活动。例如当前我们可以根据现实需要，对"教育考试评价制度的制度创新研究"、"教育、考试公平改革"等问题，进行深入的探讨和研究，阐述和交流学术见解。这样，既可以及时地指导考试实践，又补充、丰富、扩展考试理论。具有较强的社会实践意义。所以，实用性是撰写考试论文的目的意义所在。

四、考试科研论文的类型

(一)从论文的内容来分

1. 创新性论文

创新性论文,是指选题新颖,能体现出时代特点与创新要求的、有价值、有实效、不落俗套的论文。创"新"包括以下几个含义:观点新,对考试规律有新发现,形成新的经验、观点、体系,有突破性发展;材料新,对正在形成的某种观点或思想能用最新的材料和事实加以说明,材料实事求是,典型化;方法新,论文写作要规范,在框架组织、论证方法上应有新意,写得灵活些;角度新,对同一材料可以用不同的观点、从不同的角度去观察,发现新的意义。

如《关于高考招生改革的建议》[①]一文,是作者在当前各界人士呼吁高考改革的情况下,对高考招生制度改革的思考。作者认为:高考改革关系到千家万户,涉及人民群众的根本利益。教育行政部门应重新审定高考的功能。将高考的高中毕业考核与高校招生测试两种功能区分开来,制订法规,从法规形式对高考的性质、功能做出规定,明确高校招生测试与高中毕业的基本关系。重新设置高校招生测试。政府应允许高校自主设置或不设置专门的测试。重新设新的高中毕业考核,由政府与高中统一制订考核内容,考核应引导素质教育的开展,从反映学生全面接受教育的状况为原则,重新确定政府的责任,明确高校招生测试与高中毕业考核的基本关系。在当前社会各界呼吁高考改革的浪潮中,高考改革到底应该怎么改,作者从大学校长的角度提出了一些建设性的提议,充分体现了考试论文的创新、价值和提高。

2. 商讨性论文

商讨性论文,就是为了解决某些考试问题而发表的意见建议,商量讨论解决的办法而写出的文章。如《对高考英语听力测试的探讨》[②],作者指出,近几年,高考的英语科增加了听力测试,它对于提高中学生英语的实际应用能力有明显的促进作用,符合高考"要注重考查考生能力"的改革方向。但由于听力测试的特殊考试形式,也出现了一些问题,主要集中在对试题播放效果的反映,2004年这一问题尤其突出,全国十几个省(市)都出现个别考点的考生及家长反映听力测试的播放效果问题的事件,给各级考试机构尤其是一些考点带来巨大的压力。有关高考中是否保留听力测试以及听力测试如何进行等问题引起了广泛的讨论。

文章认为，学习外语不仅要学会阅读，而且应具备一定的外语交往能力，掌握一定程度的听力是一个无需讨论的话题。那么，对高考中英语听力出现的问题应该怎么解决。作者提出了一些改进的建议，即降低听力测试的难度；细化听力测试实施办法，增强试题播放效果；每年组织两次以上的听力测试，最好的测试成绩记入高考成绩中；把会考的听力测试成绩记入高考总成绩；借鉴现有较成熟的社会性的外语等级考试经验，在招生章程中规定报考学生应具备的听力测试等级要求等。

3. 补说性论文

补说性论文，顾名思义就是对原有观点、见解进行补充、延伸的论文，如《关于古代科举考试制度价值特性的再思考》[③]一文，就是作者在一些学者对古代科举考试制度价值特性认识的基础上，提出自己的一些看法。

文章指出，中国传统考试制度有着悠久而绵长的历史，其价值特性主要表现为4点。第一，考试具有直接的选拔性和功利性。古代社会各朝各代考试形式与制度虽有所不同，但其共同的目的都是为国家和统治者选拔从政人才，考试在选拔人才中就一直发挥着重要作用。由于受考试模式的影响，社会自然形成了"读书做官"、"学而优则仕"的追求目标。"读书、应试、做官"成为读书人获取功名必须经过的三部曲，考试也因此充满了浓厚的功利色彩。第二，考试具有明显的循环性与公平竞争性。"教育公平"历来为社会所重视，我国古代教育思想中就有关于"有教无类"的论述，科举考试也体现了教育公平的某些理念。对考生不以贫富来限制，促成一部分下层人士进入统治阶层，为政权的运转带来了生机和活力，使得封建统治得以更长期的维持。第三，考试具有社会分层性和对教育全方位指导作用。在中国的封建社会，统治阶级利用科举制度为其网罗管理人才，科举考试有关的称号如状元、进士、举人、秀才等，也赋予相应的官位、俸禄和地位，科举考试成为社会分层的机制，制约着学习者学习的内容、方式和方法。可以说，传统考试对教育的目的、内容、方式方法等起着全方位的指导和控制作用。第四，传统考试制度在愈来愈具有智力测验性质的同时，也因其社会实际效能单一而走向衰落。传统考试发展到科举制，标志其走向成熟和鼎盛。但到明清以后，由于采用八股取士，只能选拔庸才。八股的祸害在于，为选拔少量的从政人才，却诱使千千万万的知识分子成天埋首钻研这种复杂精细的考试文体，从而造成全民族才思的浪费，其废除也是历史的必然。作者在原有观点的基础上，对科举考试制度价值特性又阐发了一些新的见解。

（二）从考试科研的角度来分

1. 经验型论文

它是考试工作人员、科研工作者在工作实践中直接获得的丰富的感性材料基础上总结出来的理性认识，是取得成绩的原因和条件。经验型考试论文就是经验总结的理论升华，就是经过优化组合的理论总结。

撰写这类论文，要把自己在经过认真实践、探索、试验中得出的成绩、效果、体会、感受和认识，在选择经验、分析经验、总结经验、论证经验的基础上，把收获最大的一点，体会认识最深的一面，做法最有成效的部分，抓住其本质，进行思考和发掘，提出自己的真知灼见，形成自己独特的观点——论点；并在经过论证之后，使原有"经验"转化为具有总结性、独创性、理论性的论文。

随着计算机知识在我国的不断普及，各行各业都在广泛地使用计算机，可以说计算机已经渗透到当前人们生产和生活的每个领域，它的发展是现代科学技术发展的一大标志。计算机知识已经成为当代人知识结构中不可缺少的一个重要组成部分，面对汹涌的信息化浪潮，社会上越来越多的人迫切要求掌握计算机知识以满足工作的需要；计算机相关考试也越来越多，如《全国计算机等级考试工作经验谈》[④]一文，就是作者负责全国计算机等级考试一个考点的工作之后，写的一篇经验型论文。

在这篇文章中，作者就计算机考试服务器的安装配置、工作站考试软件的安装配置以及最后的成绩回收等工作，谈了一些看法，并总结了若干经验。

① 全国计算机考试提供了单机和网络两种形式的考试环境。主考学校可安装两台服务器：一台是 NOVELL 服务器，一台是 Windows2000 服务器。

② 机考工作是否顺利，重要的一点在于网络考试服务器的配置。

③ 针对以往机考过程出现的工作站在运行程序时经常死机的现象，可做一些修改。

④ 在安装正式考试软件之前最好先用正版杀毒软件检查服务器和所有工作站是否染有病毒。

⑤ 在回收成绩评分过程之前，一定要检查所有考生是否都已完成考试并做交卷处理。在回收成绩评分过程中一定要禁止任何工作站登录服务器，否则会造成回收评分成绩中止，使正在评分的当前考生成绩为零分。

⑥ 在 NOVELL 服务器回收评分成绩后，会将结果保存到磁盘上，由于数

据过大，往往一张磁盘装不下，所以需要保存到硬盘上。

⑦ 现在很多计算机中的网卡已经不带有 BOOT 启动芯片，因此，这部分机器登录 NOVELL 服务器，可以用软盘引导到 NOVELL 网上。

⑧ 在工作站安 Windows 正式考试软件之前，应先卸载工作站中用于模拟考试的软件，并一定要删除 C 盘根目录下的只读隐藏文件 setup 16.wi。

⑨ 在进行 Windows 2000 服务器配置时，要特别注意在为每个工作站目录设置安全权限时，一定要选中允许将来自父系的继承权限传播给该对象，否则考生无法登录使用考试软件。

⑩ 在正式考试之前，教师应多组织学生参加模拟考试，因为在正式考试过程中，我们发现有相当多的学生不能熟练使用 Turbo c 等考试软件。

2. 研讨型论文

它是专门分析研究考试现象、存在问题及其解决办法的理论性文章。它着重针对当前考试工作中存在的问题或亟待解决的问题或现实中出现的新情况和突出的问题进行分析、探讨，从理论和实际的结合上提出解决问题的意见和办法或方案和措施。

撰写这类论文，所研讨的问题要从客观实际出发，以确凿可靠的材料为立论的依据，重在以事论理；其结论要符合客观实际，要有独到见解和实用价值。

如《关于高等教育自学考试现状的分析》⑤，就是一篇遵循以"（高等教育自学考试）存在的问题——分析存在的问题——解决存在的问题"的思路撰写的一篇研讨型论文。作者指出，我国高等教育自学考试的创立，为成人高等教育的发展增添了新的活力，为更多成人的继续学习提供了机会，创造了良好的经济效益和社会效益。但是普通高校和成人高校的扩招，给高等教育自学考试带来了新的问题；作者分析了产生问题的原因，并提出解决问题的建议和办法，认为可从以下几个方面加以改进。①各级教育行政部门及社会助学机构应该对自学现状及时开展研讨，针对出现的问题总结经验，出台新的政策。②各地方和部门的领导者应进一步提高对自学考试意义的认识。要像重视普通教育一样重视高教自考工作，面向全社会考生，尤其是广大农村考生，加大宣传力度，增开一些深受农民欢迎的实用性强的专业。③进一步做好各种社会助学活动，助学单位和辅导中心应对考试科目的大纲、重点内容、考试范围有较多的知情权，以便帮助考生把握重点，有的放矢地进行备考。④对于某些专业仅剩下一门或两门课屡考不过的考生,建议增加操作上的灵活性。比如适当降低难度,或单独组织考试(类似于补考形式)或由各地集中强化辅导,突出一个"助"字。⑤应该实行完全的学分制,开考科目的总学分应大于学生必须获得的学分,使考生在考试科目的选择中有较多的余地,扬长避短,避难就易,有利成才。

3. 评述型论文

它是针对考试领域内在一定时限里的活动、情况、现象、论争、做法、特点、教派、问题等进行专项综述和评析的论文。

撰写这类论文,在选择评述对象时,要考虑它的影响作用以及作者的兴趣和能力;要加深对评述对象的理解,提高对评述对象的认识,并以考试相关的方针、政策、法规以及考试规律和原则为准绳,在现代考试科学理论的指导下,采取先综述情况(或观点、或做法),在一一评析之后,再从整体、主流、本质上作总评价,或述评结合,一述一评。然后具体提出自己的新发现、新见解或新构想。

如《考试改革专题研讨会综述》⑥,是以考试改革为内容的评述型论文。本文综述了南京审计学院2004年11月召开的"考试改革专题研讨会"会议内容。就考试与素质教育、创新教育对人才素质的要求等问题进行综述,论述了考试改革的必要性,分析了当前考试中存在的问题,并结合该院的实际情况,从转变思想观念,积极推进考试内容、方法以及管理改革等方面阐述了具体做法。

4. 学术型论文

学术型论文是专门系统研究考试学领域的理论问题和表达科研成果、阐述学术观点的高层次论文。

撰写这类论文,选题要求比较严格,一般篇幅较长,分量较重,论题必须与之相适应;它所提出的论点,就是对论题的创新见解;选用的材料要达到必要、确实、新颖、充分、协调的选材标准;它特别强调新事实、新理论、新数字、新动态,整个内容要富于很强的理论性、创造性、论证性,以体现浓郁的理论色彩;在结构上,可参照一般学术论文构成的基本型安排整体结构。

如《重评科举制度——废科举百年反思》⑦一文,作者指出,科举制并非像现代人们印象中的那么黑暗,以往人们对科举制的了解和认识既不全面也不客观,因此有必要重新评价。作者从三个方面进行论述。①古人的评价。科举制是中国古代一项重要的政治、教育、文化和社会制度。在中国历史上,可能再也找不出其他一种制度曾经如此深刻地影响过知识分子的思维方式、人生际遇和生活态度了。由于影响重大且与士人的命运息息相关,科举取士向来是传统社会关注和议论的热点话题,赞美与批评者都很多,而且古代对科举制正面的评价要多于负面的批评。但在现代一般人的印象中,科举制是一个很坏的制度,现代人往往以为古代多数有识之士和进步人物对科举都是持批判态度的。这实际上是一种错觉和偏见。今人对科举制的偏见,很重要的原因是囿于清末人士对科举制的否定评价。②今人的辩护。一般人较少了解,在科举制废止不久,就开始有人提出为科举制平反。而且,这种呼声时断时续,总的来说还越来越大。从梁启超、孙中山等政治人物到胡适、钱穆等一流学者,都曾对科举制说出过赞誉之词。特别是20世纪90年代以后,为科举制平反,在中国学术界已成为一股思潮,成为一个趋势。为什么会出现这种现象?初步分析,大概有以下几方面的原因。A.研究深入的结果。B.论从史出的结果。C.知今通古的结果。D.时空距离的因素。③历史的反思。世事沧桑,时过境迁。科举制已经被废止了100年,也整整被评价了100年。对科举的评价从片面走向公允与时代的发展变化有关。多年来,中国人对科举制的态度往往深受现实的制约,从对科举不遗余力的批判到主张为科举制平反,从一般的科举研究到"科举学"的构建,皆与时事、社会背景的变迁密切相关。语境不同,科举制在评价者心目中的面貌也有所变化。

21世纪初叶,中国对科举制的评价仍将处在现实考试所呈现出的积极作用和消极后果的影响之下。重评科举制度、消除人们对科举制的误解是一项十分艰巨的任务。经过长期的宣传和批判,许多人对科举先入为主的坏印象已根深蒂固,通常很难接受为科举制平反的观点。当然,文章提出重评科举制度,并非一味为科举制唱赞歌,而是为了还科举制的本来面目,是为了将科举研究推向深入。而研究科举学有助于深刻认识中国社会的特性和传统文化的命运,有助于认识考试的利弊得失和考试的发展规律,并为现实考试改革提供历史借鉴,这便是重评科举制度的目的和意义。

第二节 考试科学研究文稿的体例和结构

一、考试科研论文的体例

考试科研论文依据研究内容、研究方法等的不同,有多种写作格式和体例。

依据研究方法和获取资料的不同,考试科研论文的体例可分为如下三类。

(一)直接研究、获取第一手资料为主而撰写的论文

这类论文常见的主要有考试观察报告、调查报告、实验报告、考试测量报告等。这些论文有一个共同的特点,即都是通过对某一考试现象、事件进行有目的、有意识、有计划的研究,直接获取第一手资料并在此基础上撰写成论文。

(二)研究间接的第二手资料为主撰写的论文

这类论文常见的主要有考试史论文等。一般来说,这类研究的跨度都具有时间长、空间广的特点,研究者受各种条件限制,不可能获得第一手资料。而只能通过分析大量的文献资料来进行研究。也就是说,通过查阅文献,获取间接的第二手资料,进行比较、分析、研究,在此基础上撰写论文。这类论文,由于主要是通过第二手的文献资料进行间接研究、撰写的,因此,掌握资料的全面、确切与否,往往对论文质量产生前提性影响,直接决定论文质量的高低。

(三)综合运用第一、第二手资料撰写的论文

这类论文常见的主要有考试经验总结报告、专题考试学研究文章等。由于这种论文往往是在一段时间的考试实践后,取得了某些成功或形成了某种观点、看法,于是从结果逆向考察原因,总结有效的考试经验,并使之上升到理论的高度。因此这类论文既有实践中获得并积累下来的直接的第一手资料,也有文献理论中借鉴而来的间接的第二手资料。

如一位考试工作者对如何做好自考档案工作颇有见地,也取得了不少成功的经验。在他撰写的经验总结报告《浅谈高校自学考试的档案管理》[®]中,对高校自学考试档案管理的特点、存在问题以及如何加以改进等问题都提出了自己的看法。文章中既有长期档案管理工作中积累下来的第一手资料,又吸取了教育学、档案学以及其他档案工作者的观点、做法。

应该说明,上述分类方法并不是绝对的,如以直接的第一手资料为主撰写的调查报告、实验报告等也需要应用有关的第二手的文献资料。同样,以间接的第二手资料为主撰写的论文中,也会出现研究者通过各种方法、途径获得的第一手资料。因此,上述分类只是相对而言的。

二、考试科研论文的基本结构

同体例的考试科研论文,其结构也有所不同。一般而言,一篇考试科研论

文由标题、署名、摘要、关键词、正文、结论、参考文献这几部分构成。

（一）标题

标题是论文内容的精练概括，对于准确、生动地展示论文精神，有其独特的价值，它给读者留下深刻的印象。标题不宜冗长（一般不要超过20个字），做到多一字不必要，少一字不达意，标题不足以表达论文内容时，可以增加副标题，副标题的作用是对正题加以解释、补充或限定，使其重点更加突出，含义更加明确。

记叙性的文体标题，追求其形象与生动，更注重其艺术性的风格色彩。论文的标题注重的是准确地揭示论文的基本内容，它的标题可分为以下两种类型：第一，揭示论文基本论点的标题；第二，揭示论文研究范围的标题。

在标题上的基本要求是：一要直接明了，从标题即可看出论文的基本论点或研究范围，不要拐弯抹角，也不适宜用比喻、象征手法；二要突出鲜明，引人注目，使标题具有很强的吸引力，从而激发读者的阅读兴趣，不要模棱两可或拖泥带水；三要简练，不宜过长而给人以累赘之感觉。

用一句简洁的话点明自己所要研究的问题，如《农村自考该往何处去》一文，说明该文研究的是有关农村自学考试怎么发展的问题。在一些研究论文中，题目还应有学术品位，如《从科举考试的兴衰审视现代的考试》[⑨]，该文研究的是科举制度的兴盛和废除的原因以及通过审视科举考试，带给今天人们的一些启发。

（二）署名

题目下面署上作者姓名和工作单位，以示文责自负。

（三）摘要

摘要即提要，又称内容提要。它是对论文内容不加注释和评论的简短叙述，位置在作者姓名与前言之间。一般是在论文完稿之后而写的，摘要的特点是短小精悍，字数少则数十字，一般在200～300字左右，最多不超400字。其用途主要为了让读者用少许的时间就能了解论文的主要内容，决定是否阅读论文。不容置疑，精彩的摘要是吸引读者跨入的大门；同时也为了满足二次文献工作编制文摘刊物时方便引用。摘要应能全面反映论文的要点，简洁、明确，能独立成文。

（四）关键词

关键词是从论文中选取出来，用以表示中心内容或主题的自然语言，它可以是词、词组或者术语，具有意义单一、指向性强，体现论文特征等特点，便于编制二次文献使用，也可以用于计算机检索。关键词不考虑文法结构，一篇论文中可选择3～8个关键词，但未必能表达一个完整意思。关键词与主题词有所不同（主题词经过规范化处理）。同一篇论文中的关键词不能有同义词。关键词列于摘要的下方。

（五）正文

论文的开头部分是前言，主要交代本文章的由来、目的、意义，篇幅以简洁为好。接着，就是正文，它是文稿的核心部分，正文必须做到论点准确，论据有力，论证充分。论点要准确，应当体现在文字的严谨上。确定了一个论点之后，有时候会发现，自己分析材料中得出的论点早已被人谈过，遇到这种情况，一种做法是把别人的精彩意见，通过自己的消化吸收，用不同的材料重新构思，以此表达自己的观点；另一种做法是变化原有的论述角度，更换材料，形成新的观点。文章中的理论材料或是事实材料，一要典型，能深刻地揭示事物的本质规律，使人信服；二要准确，特别引用的事例、名言、数据、文献等等，必须出处明确，引用完整，避免产生歧义。直接论证主要从正面进行论述，如果用演绎法，可从一般往特殊进行推导，由公认的原理为依据，推出它与论点的内在联系，从普遍性上证明论点的成立。如果用归纳法，可从特殊往一般进行推导，由具体的事实为依据，归纳出它们论点的共同点，从而证明一般性的结论成立。值得一提的是，论证的过程中要根据具体的论点、论据，灵活地使用论证方法，进行综合分析，才能深层次地达到观点材料的高度统一。

（六）结论

这是对整个研究工作的小结，简要归纳所获得的成果或观点，也可以提出今后进一步研究的问题、方向。在调查报告中，这一部分应着重提出有价值的建议。

（七）引文或参考文献

任何科学研究活动都是在前人研究的基础上前进和发展的，考试科学研究也不例外。在进行研究的过程中，应该广泛地阅读文献资料，参考已有的成果，只有这样，才能减少不必要的重复劳动，取得有价值的成果和突破。但是，也应该尊重别人的劳动，凡是引用了他人的材料或研究成果，都必须加以说明，注明出处。

引文加注的方法有许多种，在论文中使用最普遍的主要是下述两种：

1. 脚注。又称页注，即在本页下方注明该页中所用引文的出处。
2. 尾注。即在全文末尾加注本文中曾使用的引文的出版。

在采用脚注或尾注时，应按引文出现顺序标明数码，即在引文右上角用小圆圈和阿拉伯数字标注。引文注释的内容应包括作者姓名、书刊名称、文献篇名、卷数、册数或期数、页码（期刊可不注明页码）、出版单位和时间等。

三、考试科研论文的主要类型

（一）经验总结

经验，即经历和体验，原本是指人在实践中亲身感受的感性知识、体验。作为一种科学研究方法，则不能停留在感性阶段，要上升到理性，把握事物的规律，经验总结主要指能反映规律的实践经验和认识经验，更偏重实践中的作法和自身感受。经验总结要体现三性：实践性、概括性、个性。

经验总结的类型大致分汇报式、报告式、理论式。其写作格式如下。

1. 题目

根据是否全面的经验、专题目的经验或点滴的经验来确定题目的大小，要找出作者印象最深、成效最大，富有新意的东西来标题。初学写总结的作者对题目的选择宜小不宜大，如《谈自学考试的档案管理》，针对某一个自己比较熟悉的、有研究的东西去写，写起来就比较得心应手。一个考试工作人员要写《×××考试整体改革的构想》，这么大的题目就不太切实际。

2. 前言

有四种写法。①介绍背景。作者总结的缘由、时间、环境、内容提示。②单刀直入，提出需要解决的问题。③介绍本单位基本情况，成绩和效果。④综合上述三种写法。

3. 正文

有四种构思。①按工作的过程写，最后讲些体会。②按解决的问题写，提出一个问题、采取相应的办法，把做法写出来，必要时可对问题的原因及解决办法加以说明。③按体会来写，把问题、过程、作法、感受结合起来，夹叙夹议，哪几点体会最深就写哪几点，讲清内部联系更好，不讲也可以，但体会不能抄别人的，是自己的真情实感，用自己的语言写出特色。④按理论性的归纳来写，这是比较深层的总结方法，强调抓本质、抓联系、抓规律。

4. 结尾

对正文的表述再一次概括，是总结的总结，是经验的精髓，因此语言要准确，给人印象要深，甚至起到画龙点睛的作用。结尾也可以概要说明本经验之不足及需要完善的地方。

（二）测查报告

这里所说的测查报告主要是指一项科研课题完成、结题之际，对课题研究过程中收集数据、资料，检验效果等测查、统计工作所作的报告。测查报告一般由六个部分组成。

1. 测查目的。要求简明扼要说明测查的目的。

2. 测查对象及施测单位。说明所测对象身份以及施测单位。

3. 测查内容。有关调查项目、种类；测查主要内容及题目的来源，以及编拟测查题目的依据、原则和程序。

4. 测查方法。关于测查对象取样的方法，测查的操作方法和步骤，数据、资料的整理、统计方法。

5. 测查结果。用恰当的图、表和文字对整理、统计好的同查结果加以呈现。

6. 测查结论。对测查的客观性、公正性、科学性和可靠性，以及测查的结果作简明扼要的结论。

（三）研究工作报告

研究工作报告是课题从开题到结题，课题研究报告的客观记录，进程回顾和主要大事的汇总，它是研究情况的高度概括和研究按计划实施的具体体现。一般来讲，研究报告除简单介绍课题名称，隶属和周期外，应包括下面三个方面的内容。

1. 课题的研究目的、指导思想（原则），研究方法。这部分内容基本同方案有关内容。但必须简明了解方案的主要内容。

2. 课题的研究进程。这部分是工作报告的主体部分。按研究计划，明确研究所经历的主要阶段和实施步骤，准备阶段、研究阶段和总结所进行的主要工作。在准备阶段做了哪些基础工作，包括调查摸底、落实分工、拟定计划、后勤保证等。在研究阶段，紧紧围绕方案的主要内容和措施，把"怎样做"的主要工作，包括观摩、活动、讨等如实反映出来，困难、问题、进展和成果等也要回顾进去。总结阶段，重点进行测查、收集材料、撰写报告等，根据研究情况确定题形式等。

3. 研究的组织与管理。课题研究的组织与管理是实施的重要保证。整个研究过程中，课题组的组建、管理制度的落实、各级领导的重视和支持，经费的开支和筹集等也是不可缺少的内容。

最后要扼要介绍课题研究所取得的主要成果和主要的经验,使整个研究过程自始至终给人以完整、清晰的印象。

注释:

① 蔡达峰:《关于高考招生改革的建议》,《复旦教育论坛》2005年第3卷第2期。

② 周轩、张鹏:《对高考英语听力测试的探讨》,《中国考试》2005年第3期。

③ 周宗明:《关于古代科举考试制度价值特性的再思考》,《安阳师范学报》2003年第4期。

④ 王景运:《全国计算机等级考试工作经验谈》,《电脑知识与技术》2005年第5期。

⑤ 朱满超:《关于高等教育自学考试现状的分析》,《成人教育》2004年第4期。

⑥ 刘海燕:《考试改革专题研讨会综述》,《南京审计学院学报》2005年第2期。

⑦ 刘海峰:《重评科举制度——废科举百年反思》,《厦门大学学报(哲学社会科学版)》2005年的2期。

⑧ 杨曙光:《浅谈高校自学考试的档案管理》,《中国科技信息》2005年第12期。

⑨ 应书增:《从科举考试的兴衰审视现代的考试》,《中国考试(高考版)》2005年01期。

第三篇　考试研究方法篇

第八章　考试科学历史研究法

第一节　考试科学历史研究法概述

考试科学与其他任何学科研究一样，是以事实为依据，以科学的理论为指导，运用一定的方法，对考试进行科学的分析、综合和判断。在考试科学研究中，主要采用的方法有：历史研究法、观察研究法、调查研究法、理论研究法、比较研究法、经验总结法、统计分析法等几种。

一、什么是考试科学的历史研究法

所谓历史，是人类社会生活运动、变化、发展的过程，是人类所经历和创造的一切，既包括客观实在自身发展的过程，也包括人类认识客观实在的反映过程。从事物发生、发展和消亡的过程中探索其本质和规律的方法，即为历史研究法。

历史研究法就是以过去为中心的探究，它通过对现存资料的深入研究，寻找事实，并运用这些信息去描述、分析和解释过去，同时揭示当前关注的一些问题，或对未来进行预测的过程。历史研究法的应用非常广泛，一切科学包括自然科学和社会科学都可以用历史法进行研究。只要是追根求源，追溯事物发展的轨迹，探究发展轨迹中某些规律性的东西，就要采用历史研究法。历史研究法主要通过两个方面而展开，一是书面记录，如书籍、报纸、期刊、日记、信件、文稿、会议记录等等；二是遗址、遗迹或遗骸。历史研究法的实质在于探求事物本身的发展过程和人类认识该事物的历史轨迹，研究事物发展的规律以及人类认识活动的本质特征，而不是单纯的局限于描述历史事实或历史人物。[①]

历史研究法也广泛地应用于考试学研究中，涉及的主要研究对象是考试活动的历史，是考试发生、发展、演变过程的历史规律，以及国内外考试学的历史，并从考试学的历史发展中概括、归纳出一些具有规律性的知识，以启发、指导当前的考试，并对未来考试发展趋势进行预测。揭示一定时期的考试实际和考试理论如何受当时社会政治、经济、哲学、宗教、文化、科技、教育等条件的制约和影响，同时又继承以往时期的考试传统而形成一个时代、一个时期考试发展的模式和传统。因为，一切考试现象，不管是过去的还是现在的，都有一个发生、发展的过程，都可以用历史法探讨其因果关系和实质。

历史研究法作为考试学的重要研究方法之一，在考试学的发展进程中具有重要的意义。

（一）历史研究有助于揭示考试发展的过程和特点，认识现代考试的实质

现代考试的产生，是一个历史的发展过程，经历了古代的传统考试、近现代的教育测验、当代的教育评价等几个发展阶段。现代考试直接得益于实验心理学的发展，1904年，美国心理学家桑代克发表了《心理与社会测量导论》，提出"凡是有数量的东西都可以测量"的观点，叙述了统计的步骤，近代测验编制的原则，为现代考试的研究奠定了理论基础。20世纪20年代，经过教师和心理学家的努力，开始使用了是非题、多重选择题、匹配题、简单回忆和填充题等考试题目类型。现代考试的产生的发展有其历史的必然性和现实性。历史研究是现实研究的基础并为现实研究服务的，通古今之变正是为了改造现实。

（二）历史研究有助于借鉴历史经验，预测考试的发展方向

现实的考试大多带有历史发展的影响。事实证明，考试的历史现象、过程及规律经常反复重演并对现实社会考试施加影响。通过历史研究，使我们接受历史经验教训，进一步促进考试发展。因此，不断的历史反思成为人类文明历史所积淀形成的一种文化心态。

以我国的高考制度为例，可以从高考的初创、高考的停止、推荐入学、高考的恢复和重建、高考改革的多元化、高考改革进一步深化等过程，回顾新中国成立以来高考改革和发展的历史。通过回顾历史，分析现状，借鉴世界高考改革的经验，探索我国高考的改革，预测高考的发展方向。

二、历史研究法的基本特点

历史研究法是运用科学的方法去描述和分析过去的历史事件，研究者主体与作为被研究者客体的历史事件、历史现象和历史过程之间，不是相对同步协调关系，而是已经凝结、稳定了的过去，是已经发生了的、不可逆转的。主体只能在其所处的时代环境中以现实为起点去认识、思考过去所发生的事件。因

此，历史研究法具有以下几个基本特点。

1. 历史性。首先，表现在研究对象上，主要是过去发生的事件，包括历史上的观念、运动或体制等，研究目的是通过对考试的历史发展实际过程及具体内容的考察，借以探求事物发生、发展、演变的历史规律，并对它未来发展的基本趋势提出科学预言。这就是人们常说的"有史可鉴"。只有认识历史发展的丰富内容，才能把握事物的本质和规律。许多专家、学者正是运用历史研究法，使他们的理论有了可靠的历史根源。

其次，在研究过程上，按照历史事件的顺序和空间范围再现历史全过程，包括它的每个发展阶段。历史研究是从客观事物发展的历史角度来研究，所以搜集的是已有的文献史料。它是一种跟随客观事物本身自然历史发展进行研究的一种思维方法和研究方法，力图按照客观事物本身发展历史的事件顺序和它在各历史发展阶段中的具体形态去进行描述。

2. 具体性。历史研究是在丰富而具体的文献资料基础上，揭示研究对象发展过程中的一切历史形式、丰富的内容以及各种相关因素，从中探寻基本规律，所以必须把握最能说明问题的史料。历史研究中，文献检索与收集的范围更加广泛，有史书，有各种文献问卷，有考古出土文物，也包括民间社会的各种传说传闻等。由于历史研究法是通过对过去事实的不同形式的记载去追忆过去的事实以供研究。因此，在考试学的研究中，为了善于把握考试事实的总和，文献史料的收集和鉴别就非常重要。

3. 以逻辑分析法为主。由于历史研究常常以不完整的证据为基础，必须透过推测事件发生的内因和外因来填补空缺，因此，在历史研究中逻辑分析法就十分重要了。逻辑分析法，是从纯粹的抽象理论的形态上来解释对象的本质，通过概念、判断、推理等思维形式，研究事物发生发展过程的矛盾运动，揭示历史规律并形成科学的理论体系。用逻辑分析方法对历史事实进行理论概括，能更深刻地认识事物演变的历史的规律，更深刻地认识那些还只是处在萌芽状态、常常表现得模糊不清的东西。

同其他的研究方法一样，历史研究法也有它的局限性：（1）历史是按年代顺序，经历了一个时间空间错综复杂的发展过程，而历史文献常常是滞后记载，历史史料十分零散，很不系统。由于手迹和考证分析这些史料的困难，影响到历史研究的可靠性问题。（2）作为研究对象的历史事实，历史文献的理论内容，是经过"加工"的抽象形态，留存着加工者们的主观认识，而历史研究过程对史料的分析取舍，又受研究者主观因素的影响，包括研究人员的学识、能力、价值观、对史料的掌握程度以及方法论水平等，很容易造成失误。（3）历史研究中无法做精确的量的分析。②

三、历史研究法在考试科学研究中的适用范围

所谓方法的适用范围问题，是指在研究什么样类型性质的问题时才能运用历史研究法。在考试学中，历史研究法主要适用于研究人们过去的考试实践和考试理论。因为一切考试现象，不管是过去的还是现在的，都有一个发生、发展的过程，都可以用历史法探讨其因果关系和实质。具体而言，大致可概括为以下几方面。

（一）对某一时期考试发展情况的研究

以历史发展的逻辑顺序完整地认识考试发展史的基本脉络，可以从古代、近代到现代考试实践与理论发展变化进行研究。例如对中国古代科举考试的历史研究，比较多的研究人员倾向这种观点：科举考试的建立，为选拔官员特别是文职官员，为缓和统治阶级内部、统治阶级与人民群众的矛盾，为传播儒家思想，为发展教育，为各民族的融合、祖国的统一，都发挥了重要的作用。科举成为历史前进的障碍，是明末清初以后的事情，其原因主要是考试内容的陈腐及考试形式的僵化，而不是考试制度本身。所以，应当明确，上世纪初，废止科举，批判八股，是中国进步所绝对必要的，是完全正确的。但是，不能抹杀科举在历史上的积极贡献。应当历史地、公正地评价科举考试。③

（二）对历史上考试思想理论观点的研究

在东西方教育发展史上，涌现出许多对考试制度的发展和研究有贡献的杰出人物，如大教育家夸美纽斯。夸美纽斯不仅是一位伟大的教育理论家和改革家，而且是西方近代考试思想及教育考试制度的奠基人和创始人。他的关于建立基础教育考试制度、改革大学与毕业考试的思想，是其教育体系不可分割的一部分。他为打破封建等级的桎梏，改变教会独霸教育的局面，革新陈腐的教学内容和个别教学法，建立起新的教学秩序，作了许多有益的努力。在长期的教育理论探索和教学实践中，他对教育考试在实现教育目标的地位和作用给予了高度重视，认为建立健全的学校教育考试制度，既是推行教育思想的重要手段，也是实现教育革新的基本措施，学校教育制度的创新与学校考试制度的革

新应同步进行。④

（三）对考试思潮的分析研究和不同考试理论的比较研究

这方面主要侧重于从考试思想发展史的角度形成研究内容，包括文化、教育、传统对考试的影响的研究。一般而言，这类研究的重点在于揭示各历史阶段不同思潮和流派特点，对考试所起的作用和对考试制度的变革、理论流派发展的影响，并探讨不同思潮和流派的论争及其演变的规律。

（四）对某一时期考试制度，如法令、计划、政策等的评判分析

中国是考试的故乡，在长期的历史发展过程中积淀了较完备、系统的考试制度并形成了独特的考试传统和考试模式。围绕各个时期、不同类别的考试，如汉代考试的兴起，魏晋南北朝察举考试的嬗变，隋唐科举考试的建立与发展，明清考试的盛衰，现代高考制度、自学考试制度、国家公务员录用考试、资格考试和水平考试等，展开专题研究。

（五）对外国考试发展状况的分析

这方面侧重于国际考试的比较研究，内容十分广泛。如各国考试制度问题，外国考试职能的演变，各国考试改革的经验和模式问题。可以借鉴别的国家在考试方面的经验、教训，为形成和改革考试行为提供有效参考。例如1986年，日本临时教育审议会在《关于教育改革的第二次咨询报告》中，提出了日本面向21世纪教育的基本模式。在这个报告思想指导下，日本积极进行高等教育特别是大学考试制度的改革，以健全和完善大学考试体制，在这方面，日本既有成功的经验，也有失败的教训，认真总结和研究这些经验和教训，对于改革和发展我国的高等教育，将会有所裨益。⑤

（六）开拓新的研究领域

中国是一个有着悠久历史的考试大国，考试历史对现代考试制度的建立、运行及其改革都产生很大的影响。现在，除了跟我们的生活息息相关的招生考试制度、学业考试、自学考试、国家公务员录用考试等，新的考试种类也不断推出，如资格考试、职业技能鉴定、水平考试等，拓宽了考试研究的领域。另外，随着社会经济的发展、计算机技术及信息技术的迅猛发展，计算机的普遍应用，以及计算机智能化程度的提高，考试手段也越来越先进，无纸化考试将成为未来考试的主要手段，所有的考试方式将不受学科的局限都可通过无纸化考试形式进行测试，这就给考试内容和手段的研究带来了广阔的空间。

第二节 考试研究中历史法的运用

一、历史研究法的一般程序及结构体系

在应用历史法研究考试的具体问题时,一般从以下几个方面入手。

第一,确定研究内容的性质及目标,分析所选课题是否适用历史法。并不是所有的考试问题都适用历史法进行研究,那些历史上不曾有过的问题或者历史资料极其匮乏的问题,就不宜采用历史研究法,所以要权衡必要与可能。

第二,历史资料的搜集与整理。在确定使用此方法之后,就要着手搜集相关资料。对相关历史资料的搜集与整理是进行历史研究的基础,也是运用历史法的前提条件。历史资料是指人们对历史事件的发生及其过程的记述,或是与历史事件有关的实物或遗迹,可分为文字史料、实物史料和口传史料。在具体问题的研究过程中,研究者应根据课题的要求,科学地选取和鉴别有用的资料,抛弃那些不真实或没有可利用价值的资料。这对课题的研究是十分必要的。

第三,历史资料的分析与研究。对选择的历史资料用历史唯物主义的观点进行分析与研究,深入考察历史事件演进的内在原因及其机理,从而揭示考试的历史发展脉络,这是历史研究法的核心部分。

第四,对现实考试发展的启示与借鉴。对考试学的研究,不应仅仅局限于就考试的历史论考试的历史,而应把着眼点放在促进和服务于现实考试的发展方面。研究考试历史是为了对今天的考试现实提供借鉴和帮助。这是应用历史研究法的根本目的之所在。

随着社会的发展和研究水平的提高,历史研究逐渐形成了多层次的立体结构。越来越多的学者认为,史学总体结构包括三个不同层次:史料、历史文献为基础层次;历史过程、本质规律为完成层次;史学理论与方法为历史哲学的层次[⑥]。在考试科学研究中历史研究法也基本包括三个层次,每个层次都有与之相适应的方法要求。

下面,对历史法的各个层次作进一步的分析。

(一)搜集、分析与鉴别史料是历史研究的基础

在搜集史料之前,如前所述,要先确定研究课题的性质及其目标,确定可以使用历史研究法之后,才着手搜集史料。所谓史料,是指人们对历史事件发生经过的记述与历史事件有关的实物或遗迹。史料可分为文字史料、实物史料

和口传史料。为了给相关的研究课题提供可靠的依据,应注意收集和鉴别史料方法的科学性。

首先,要通过博览群书了解相关史料,进而发掘史料。考试史料种类庞杂,内容丰富,浩如烟海,没有科学的方法,就很难将自己所需的材料尽可能完整地搜集起来。因此,在搜集资料的时候,要充分利用工具书,寻求门径,按图索骥。同时,还要深入细致的调查和广泛深入地阅读。调查是掌握遗物遗址和故事流传、歌谣、风俗等史料的主要手段,搜集文献资料,则要靠大量的阅读功夫。中国是考试的发源地,考试历史悠久。作为一个文化早熟型的国家,早在夏、商、周时期便已出现了考试活动,而制度化的考试则产生于汉代[7]。在两千年的考试实践中,积累了丰富的有关考试的史料。由于社会动乱频繁,随着历史变迁,一些文献毁坏遗失,一些被淹没于书海之中,需要我们广泛查阅,细心钻研。

带着一个研究专题,怎样从文献中准确而迅速地搜集自己所需要的史料呢?最好将文献分作三类来读。一类是精读材料。选择史料丰富和载有关键性史料的书籍,逐段逐句的阅读,同时,仔细的研究文句的含义,确认他的可靠性,寻找他的史料价值。发现能说明论题的有价值的史料,就将它圈点或摘抄下来,重要的还要制成卡片,并将自己的认识随时记在旁边,这类史料是分析的主要对象和立论的主要依据。另一类是泛读材料。泛读是指补充史料、掌握论题与相关问题的联系性。如要研究某个朝代的考试,就要先阅读这个阶段的政治、经济、文化、教育等方面的书籍,然后才切入主题,研究考试学。第三类是查阅书。这主要指工具书。查阅可以弥补史料缺漏,并对已有材料进行校勘、考证。[8]

其次,要学会使用辑佚、校勘、训诂等方法,对一些史料进行甄别、判断。辑佚,是将散见于其他书籍中的有关内容搜集编排以反映遗失典籍的梗概;校勘,是对一部书的不同版本或同一版本的不同卷次之间存在的文字差误进行对照并判断是非;训诂,是通过广征博考精确了解古籍原意。

无论用什么样的方法,都要坚持严谨求实的态度和历史的观点。史料搜集不仅要力求全面、准确地反映研究对象的真实情况,而且要尊重历史的本来面目,用历史发展观点对待史料,不随意涂改史料,不把后人的思想观点强加于前人留下的史料中。要注意搜集不同观点及有争论的史料。证据不足是不轻易做出判断。为排除偏见,避免假象,还应搜集有关的社会政治经济、科技文化和哲学宗教各方面的资料,以便全面把握历史。

历史研究法不等于就是文献研究法,或者说不完全等于文献法。传统观念中,长期以来一直把历史研究法等同于文献法。随着研究的深入和发展,人们逐渐达成这样的共识:搜集、整理、分析、处理史料只是历史研究的基础层次,还必须通过历史与逻辑的分析方法以及比较方法等实现揭示考试发展规律的最终目的⑨。

(二)历史事件与历史过程发展规律的揭示是历史研究的核心

第二层次是通过分析的方法,进一步揭示历史的发展过程,说明过去、现在并预测未来。这正是历史研究的根本目的。

这一层次涉及三个方面内容的研究:(1)考试领域发展通史以及断代史。这是以年代为经,以各种形式的考试方法为纬的编年史,分析产生发展的客观原因和条件,并研讨内部及外部的相互关系,从而确定其分期史。(2)考试领域基本理论与实践发展专题史。这是就某一问题,围绕基本概念、范畴和基本理论进行的相对比较集中深入的专题研究,不仅要搜集新的资料,同时要抽象出前人或他人未曾表述过的新认识,从而把该问题的研究向前推进一步。(3)考试科学理论学派史及考试学基本理论的研究。这是通过对各派级代表人物的理论特征、方法上的创造与特设以及在教育科学发展中的地位和作用的研究,探讨该学派理论的渊源与发展演变,历史的贡献及局限性等。

因此,在搜集鉴别史料基础上,需要通过分析、比较的方法进行深入探讨和研究。

1. 历史分析法

历史的分析方法,是通过分析、整理、比较史料,在错综复杂的历史中分析和清理出发展线索,明确其内在的相互关系和因果关系,判断出问题的是非、曲直。也就是说,历史分析方法是以概念的形态再现历史发展的全过程,其特点是丰富性、直观性和具体性。例如要研究中国某代的考试演变,首先要清理出其演变发展的过程,包括又说明这个演变过程的产生背景、原因、发展经过及其结果的真实材料,并在此基础上对这一演变的过程和规律做出理论概括。

历史研究对象不是孤立地一个个存在,而是相互联系的。为了避免孤立、狭隘、简单地看问题,无论研究哪方面的问题,都必须深入分析特定的历史条件和社会发展对考试的要求和影响,放在当时整个理论背景和教育、经济发展水平考察,探讨人类对各种来自于社会环境挑战的反应过程、方式及其历史演变过程，从而真正把握考试历史发展的全部内容。正是用历史分析方法，发现历史事件的原因、经过和结果，做出历史的正确判断。

2．逻辑分析法

历史研究，重要的是要理解史实，要求研究者在演绎——归纳推理基础上进行历史概括。因此，历史研究，必须遵循形式逻辑规范，以它作为定义、推论和判断的一般程序去认识研究历史上的考试问题。

基本的逻辑方法，包括形成概念的方法，分析和综合、抽象与概括、归纳与演绎、从具体到抽象、再从抽象上升到思维的具体等方法。应该看到，只有当时具体考试现象和过程的探讨能够成为一种基于充足史料之上的哲理探讨时，它才能促进人类对考试历史本质规律性的深刻认识。可以说逻辑分析是基于历史分析基础上更高一个层次的认识方法。表现的特点是概括性、抽象性和本质性。

3．阶级分析法

在阶级存在的社会，不同阶级根本利益的不同，因而产生了错综复杂的社会现象，并从根本上决定和影响着考试的性质。阶级分析方法是应用马克思主义阶级观点观察和分析阶级社会考试历史现象和评论考试史任务的一种基本方法。阶级分析的方法帮助我们透过现象认清本质，揭示阶级社会中阶级结构特点与考试发展变化之间的关系，从而为进行科学的历史评价提供依据。

在运用阶级分析方法的过程中，要注意几个问题。一是需要对这种方法的具体运用进行理论思考，要明确阶级分析方法在历史研究中的实际应用范围、层次和限度。阶级分析是认识历史的重要方法，但不是唯一方法。用阶级分析方法可以用来分析不同阶级教育发展的不同特点，分析代表一定阶级利益的考试观所受的阶级影响，分析一个阶级考试观在历史发展的不同时期所起的不同作用等。二是要从社会经济和生产力发展的分析入手，着重分析各阶级的经济地位以及这一时期的经济关系，看到经济基础、社会结构、阶级关系、政权形式及文化心态等各种因素对考试发展的实际影响，从而看到推动考试发展的根本原因是社会生产力的发展和生产关系的变更。

（三）马克思的历史唯物主义是历史研究的科学方法论

历史研究方法系统中的第三层次是马克思主义历史唯物主义方法论，这是社会科学的一般方法，为考试领域的历史研究提供了指导思想。它既是历史研究方法系统的最高层次，又是研究的落脚点和保证。

二、运用历史研究法中应注意的几个问题

历史研究要求保持它的客观性，原因在于历史本身是客观的，不允许对它进行任意添加和删改。如果对历史研究法实质没有把握好，运用中常会出现差错。比如，陈述问题太宽，研究目的不十分清楚，史料采证不当，原始资料不充分，不足为信，滥用间接史料，缺乏充足考证。再如，由于个人偏见造成事实解释和判断失误，研究报告限于史料的罗列，缺乏综合统整合理论概括等。由于这些问题的存在而使历史研究缺乏科学价值。在运用历史研究法进行研究的过程中，要注意以下几个问题。

（一）明确资料的价值和来源的真实

史料是历史研究的出发点，为了保证研究信息尽可能可靠，研究者不仅要会搜集资料，而且要掌握鉴定和整理史料的方法，以确定资料来源的真实性和价值。

历史研究的资料，主要分为两个来源。一是第一手信息资料，即原始材料。包括原始文件，真正参加者或者直接观察者的报告，研究考试的学者以及被研究的与考试有关的人物的论著、演说稿、信件和日记，考试记录、调查报告等。二是第二手信息资料，即间接来源的资料。包括各种参考书、他人传抄的记事、传闻、各种编辑物等。第一手、第二手材料的划分存在相对性，要针对具体研究问题来加以确定。

在大量的历史研究中，由于古人和前人因历史的局限性，可能没有抓住问题的实质，或因某种片面，或受著者认识水平、生活经验、基本观点等的影响而歪曲了历史事实，只有经过考证才能去伪存真，精化文献，使历史文献真正成为翔实可靠的研究证据。按照考证的目的，学者们一般将史料的考证和评价过程分为以下两种。

1．外部评价

外部评价主要确定资料的真伪或真实性，即"辨伪"和"证真"。涉及文献的形式和外表，内容包括：确定作者、成书年代、地点、背景及版本等是否可靠。

2．内部评论

内部评论主要确定史料的客观性、可靠性，即文献资料本身的意义，价值和可靠程度。一般而言，影响文献内容正确性的主要原因是：著者的学识能力、品德威望，记载的真实程度，著者的偏见和动机，以及资料的一致性程度。

考试史料的鉴别考证内容和基本方式如下。

（1）辨别真伪。通过辨伪，书中的事实、谥号、避讳、制度、官称、文件、用词形式等是否符合当时的时代特点，史料本身有无自相矛盾，还要辨明是权威还是部分伪，伪在何处。

（2）年代考证。查明记述历史时间是否有矛盾。

（3）地点考证。涉及环境条件是否影响史料。

（4）作者考证。辨明是否依托他人姓名著述的"伪书"。

（5）文献原形考证。对同一著作的不同版本，鉴别是否是善本，即无删节、无缺页，是经专家校勘注视过的"精本"或作者本人的稿本。这就需要采用校勘方法，对不同版本、不同内容或前后进行比较对照。新中国成立后，出版了许多古书新印本，由于经过精心整理和校释，从而提高了准确性程度。

此外，由于相关众多学科的发展，如人类学、考古学、天文学、化学、年代学、古文字学、家系学、古生物学、史前学等，提供了新的科技方法，拓宽了研究领域，从而促进了史料鉴别考证工作。

（二）坚持用唯物史观研究历史

如何正确看待历史、历史任务，如何正确评价历史事件，必须坚持唯物史观。这就要处理好以下几个关系。

1. 古与今关系

古今关系，即研究历史与研究现实的关系。要正确对待古与今，通古今之变，尊重历史。古为今用是总的提法，使考试研究为促进我国考试事业发展服务。为史而史，没有价值，研究的目的是从中研究带规律性的东西，探讨历史经验教训，丰富我们的认识。当代关于考试理论、考试观点的论争，对现有考试理论体系结构框架的突破，推进考试科学理论的发展等，都要把当代的问题提到历史的范围内加以考察解决。

2. 史与论关系

所谓的"史"，指的是具体历史史料，是研究的基础。所谓的"论"，则是指理论的概括分析。史与论关系，实质是史料与史学关系。

如何处理好史与论的关系，这是学者们十分关注但至今还未很好解决的问题。在理论上，一直存在"以论带史"、"论从史出"、"寓论于史"、"史论结合"等不同看法。目前，在运用历史方法研究考试问题时，只热衷于收集史料而不注意理论分析的倾向，使考试历史研究仅停留在经验性的概括水平，尚不足以阐发考试理论原理，不能很好的揭示历史与现实的联系。其关键问题在于没有区分叙述方法和研究方法，认为只要把史料考订准确就能理所当然地得出研究结论。

任何历史史料的收集，必须在一定理论指导下，依据理论，明确史料的性质、范围和种类，并伴随初步的鉴别、审定。史与论的结合，能帮助我们树立历史意识，科学地确定论题和进行合理的分析。

3. 批判、继承与创新关系

人们关注历史，其重要原因之一在于，历史作为已逝人类活动过程的产物，直接地以一种文化传统或传统文化参与到人们的现实生活中，并无所不在地影响和制约着人们的具体行为。因此，继承不是全盘照搬，也不是全盘否定，而是在选择、批判基础上的继承。这里所谓的"批判"是指：经过分析做出判断进行扬弃，是分析、判断、评价。批判包含着继承，但继承不是简单的肯定，是包含在否定中的肯定。也就是毛泽东提出的"取其精华，去其糟粕"。这里需要的是科学的辩证法，而不是形而上学的否定。严格意义上讲，历史文化中，很难寻找到纯粹意义上的精华与糟粕，大多是二者兼具。因此，以历史的态度，具体情况具体分析，既接近历史事实，又能从规律上把握目标，这是历史研究应有的态度。

在选择、批判基础上继承前人的研究成果，目的在于创新。必须不断开辟新的领域，采取新的方法，阐述新的问题，提出新的见解，做出新的总结概括。每一时代人们对考试历史过程的认识、反思、理解和阐释，都是给予他们所处时代的社会发展要求和需要以及解答当代社会所提出的问题而进行的。现实不断地转化为历史，历史不断地延伸，从而不断地出现新的内容，需要不断地进行研究，有的学者对此做出了精辟分析，认为"历史本身是历史的，各个时代只能按照它自己的经验去理解，也只对它自己有用，新的经验会导致新的历史见解，又可以阐述新的问题，可以重新审查新老论据，可以从大量似乎无用的资料中挑选出颇有意义的事实来。因此，历史必须不断地加以再写，才能满足各个特定时代人们的需要，再写历史是人类为驾驭历史力量所做努力的一部分，而在历史过程的每一转折点，这一任务都变得特别迫切。"⑩随着相关学科的发展，考试理论和实践的发展，对考试的历史的理解和思考亦不断深化、丰富，并不断转移这人世的角度，要求历史回答以及从考试历史发展中寻求的价值标准也在不断发生着变化。只要社会在发展，考试在发展，这种对于历史的重新认识就不会停止。因此，继承和创新是同时交织在一起出现的，正确处理继承和创新的关系，决定着历史研究的深度和广度。

（二）研究者应具有历史感和现实感

历史研究法的运用，特别强调的是研究者本人所应具有的历史感和现实感。

所谓"历史感"，这是一种"以历史事实为前提，以尊重历史的价值为基础，以历史主义精神为核心，以创造性转化历史为目的地主体意识"⑩。研究者应有历史意识，在广泛收集史料基础上发现研究问题。而"现实感"，则表现为研究者本人对所处时代考试发展的高度责任感和参与意识，表现为研究者对反映时代发展要求的重大课题的高度敏感性以及对发展变化特点及趋势的深刻洞察和认识，同时也表现在借助当代认识工具和思维方式，不断扩展和深化对历史问题研究的水平上。如果缺乏历史感和现实感是不可能搞好历史研究的。因此，作为历史研究工作者，要有意识的借鉴吸收有关哲学、社会科学、自然科学、历史学、人类学、考古学、民俗学等有关领域的作信研究成果，开阔自己的理论思维视野，借助科学合理的认识工具，在现实与历史的双向考察中深入研究考试的历史现象和历史过程，同时不断提高自己的认识能力。

注释：

①② 裴娣娜：《教育科学研究方法》，辽宁大学出版社 1999 年 12 月第 1 版，第 82、84-85 页。

③ 刘海峰等：《中国考试发展史》，华中师范大学出版社 2002 年 6 月第 1 版，《总序》第 2-3 页。

④ 廖平胜：《夸美纽斯对西方教育考试制度发展的贡献》，《教育评论》1999 年第 3 期。

⑤ 关松林：《日本大学考试制度的历史、现状及未来》，《日本问题研究》1997 年第 1 期。

⑥ 赵吉惠：《历史学方法论》，四川人民出版社 1987 年版，第 7 页。

⑦ 刘海峰等著：《中国考试发展史》，华中师范大学出版社 2002 年版，《前言》第 7 页。

⑧ 李秉德主编：《教育科学研究方法》，人民教育出版社 2004 年版，第 122–123 页。

⑨ 裴娣娜主编：《教育科学研究方法》，辽宁大学出版社 1999 年 12 月第 1 版，第 89 页。

⑩ 冀朝鼎：《中国历史上的基本经济区和水利事业的发展》序言，中国社会科学出版社 1981 年版。

⑪ 张斌贤：《教育理论研究中的历史感》，《教育研究》1990 年第 8 期。

第九章 考试调查研究方法

第一节 考试调查研究的含义及特点

一、考试调查研究的含义

考试调查研究是指在系统地、较全面地收集有关考试现象的事实材料的基础上，运用问卷、访谈、测量等科学方式，通过对资料的统计分析和综合，用科学方法论和考试理论作为指导，科学地认识并阐明考试状况和考试发展规律的认识活动。考试调查研究的目的在于说明考试现象的本质特征、科学地解释现象的产生、发展和变化，由此得出科学性、规律性的认识。

考试调查研究包括两部分或两个阶段的内容：（1）调查；（2）研究。调查是通过不同形式的对话和交流，直接了解考试情况、收集有关事实、信息和数据，是一种感性认识活动。研究则是通过对所搜集的信息和事实资料进行整理和分析，进行思维加工，得出结论，由感性认识上升到理性认识。考试调查研究的一般过程是：（1）从客观存在出发，在实际工作中收集各种具体的材料（感性认识阶段）；（2）通过对材料的整理、加工，形成某种观点或理论（理性认识阶段）；（3）依据这些观点和理论提出一些方针、政策、计划，用以指导各项实际工作；（4）在实践过程中检验这些方针、政策、理论、观点是否正确，同时再发现新问题和新的经验材料，这是又一个调查研究过程的开端。由此可见，作为一种科学的认识活动，考试调查研究遵循科学研究的一般程序，并且以科学的认识论和方法论为指导。

二、考试调查研究与其他研究方法相比有以下几个特点

（一）调查对象及内容的广泛性

考试是一种涉及多层次、多方面的复杂的社会实践活动，涉及社会活动的许多领域，考试的方法多种多样，因此考试调查研究极其广泛。在进行考试调查研究时，调查对象的选择可以不受样本容量大小和地理空间的限制，它可以

是某一个人、某一班级或某一学校，也可以是某一区域、某一省市或某一类型国家考试情况的调查。另一方面，调查内容的广泛性还表现在考试调查研究是以活动形态或现实存在的考试问题、考试现状为研究内容的，它们广泛存在于考试的各个领域之中，因此从理论上说一切考试现象和考试活动都可以作为考试调查研究的对象来研究。

（二）调查手段多样性

在进行考试调查研究时，可以采用多种多样的调查手段和方法。如问卷、访谈、座谈、考试、测量等，其中每一种方法，在不同的情况下可以表现出不同的方式。考试本身也是一种调查方式。在具体研究过程中，研究者可以根据课题的大小和性质以及研究者自身的情况选择适当的方法。如研究样本较小，可以采用座谈或个别访谈的方式进行；对于规模较大的样本，研究者可以采用邮寄问卷或委托问卷、网络问卷等调查方式进行。不同的手段可以收集到不同性质的资料。研究者不仅可以根据研究目的对各种手段进行灵活的选择，还可根据需要进行多种手段的组合，使之更有效地服务于研究目的。

（三）调查方法的可操作性和实用性

在进行考试调查研究时，要设计出详细、具体的调查实施计划。在调查实施计划中，有各种研究变量的操作指标，有根据各种调查方法设计出的调查工具，如问卷、访谈提纲、测验量表及试卷，也有供分析资料用的整理信息和统计方法等，调查者可根据调查实施计划进行具体操作。并且在考试调查研究中，在设备条件和环境控制上没有太多的要求，特别是对于数据资料的收集，时间空间都具有较大的弹性，因此具备较强的实用性。

（四）调查问题的现实性

考试调查研究的功能决定了所调查的问题都具有很强的现实性。它是以现实存在的考试问题及表现形式为研究对象，而不是以历史形态的考试问题或考试现象为研究对象，即便是对历史的追溯也仅限于今人对过去的考试政策、措施、操作、评估等问题的看法和评价。考试的调查研究的主要功能是从当前考试实际中了解各种考试活动的现状，发现理论问题和实践问题，为考试管理和决策提供现实依据。

第二节 考试调查研究的分类

考试调查研究是建立在考试调查取得的数据、事实基础上的，考试调查可以从不同的角度进行不同的分类。

一、根据调查对象的范围来划分，可以分为全面调查和非全面调查

全面调查，是对调查对象总体中的全部个体逐一进行调查，或称普查。它是对特定范围内的总体进行全面准确了解的重要方式。但全面调查的费用较高，有些现象也不宜采用全面调查研究的方法，只适用于非全面调查。

非全面调查，是对调查对象总体中的个体或部分进行调查，包括个案调查、典型调查（重点调查）、专题调查、抽样调查等。它是从调查对象中抽取部分作为代表，并推断出总体情况的结论。调查根据是否按照概率论的原理进行随机抽样，分为概率抽样与非概率抽样，广义上都属抽样调查。

二、根据调查是否重复来划分，可以分为一次性调查和经常性调查

一次性调查，是指只进行一次的调查。一般是针对某一具体问题而组织，这个问题一旦解决就无需再做调查。如针对某次录用考试进行的调查。

经常性调查是指周期性或定期进行的调查，它带有重复性和连续性。如学校期中考试、期末考试等。

三、根据调查的目的来划分，可分为常模调查和比较调查

常模调查是指目的在于了解考试现象及活动等方面一般状况的调查。如"关于自学考试实考率情况调查"。

比较调查是指目的在于了解考试现象及活动等方面的差异状况的调查。如"自学考试社会考生与助学班考生考试合格率的调查"。

四、根据调查内容的复杂程度来划分，可分为综合调查和专题调查

综合调查是指对某一考试问题或现象的进行各个方面、各个层次及彼此之间相互关系的全方位的调查。如对某省自学考试状况的综合调查，涉及自学考

试考生、主考学校、考试管理机构、助学机构、考试内容、考试手段、学习教材、考试经费等各个方面及相互关系。综合调查有利于对某一现象或问题进行全面的了解和分析。

专题调查是指对某种考试问题或现象的某个具体的方面进行专项调查。如对上述综合调查中的某一项问题进行的调查。这种调查有利于对问题的深入探究。

五、根据调查目的来划分，可分为描述性调查、解释性调查、预测性调查

描述性调查以了解调查对象的基本情况为目的，是最常见的一种调查类型。

解释性调查是以探究调查对象产生的原因为目的，回答为什么会产生这样的问题。

预测性调查是通过了解调查对象的过去、现在，以探究其未来的发展状况的调查。

六、根据调查的性质来划分，可分为定性调查、定量调查

定性调查是在掌握一定的典型材料的基础上，采用推理的方法，得出概括性的结论。定性调查很容易受调查者个人主观因素影响，致使结论失误。

定量调查是在掌握大量样本数据的基础上，运用统计分析的方法，对事物的性质及其相互关系做出量的说明。

七、根据调查结果来划分，可分为理论性调查和建议性调查

理论性调查是通过调查研究验证、补充或否定某一考试理论。

建议性调查则是通过对某一考试现象和活动的调查，提出意见或建议以供有关部门制订决策作参考，这一类调查报告最常见。

八、根据调查的内容来划分，可分为情况调查、经验调查、问题调查、研究性调查

情况调查是对某一类考试或某一考试现象的发展状况所作的详细调查，它注重对事件、现象发生发展过程的反映。

经验调查是就某个机构、某个人在某个方面取得突出成就，对其成功的调查做法进行调查，提示出其经验所在，以进行推广。

问题调查是就部门、机构、个人存在问题进行调查，以揭露问题，引起社会各方面的关注，吸取教训。

研究性调查是对考试工作中有价值的问题进行调查研究，以提示其内含的规律性的东西，来指导工作。

九、根据调查的手段来划分，可分为问卷调查、访谈调查、测量调查、网络调查、电话调查、调查表法等

问卷调查是指用事先设计好的统一严格的问卷，让调查对象作答，以了解调查对象对某一考试问题或现象的看法的调查。

访谈调查是指通过口头交谈的方式，向调查对象提出问题，让其作答，以搜集调查对象对考试问题或现象的态度和看法的调查。

网络调查是指研究者利用因特网实现问卷调查和访谈调查。这是随着计算机的普及和发展而兴起的新的调查方式，网络调查可分为电子邮件调查和网页调查。利用网络实施考试调查研究，与传统的调查研究相比，具有多功能性、快捷性、节约性、多媒体性等特点，特别对远距离、分散的调查对象的调查及一些带有隐私性问题的调查，网络调查更具优势。如考风考纪问题调查中"你在考试中是否曾经有违纪现象及使用何种作弊手法"的问题，网络调查会让调查对象减少顾虑，没有压力，调查结果的真实性更高。

电话调查是调查人员利用电话通讯工具与调查对象进行语言交流，从而获得信息，采集数据的一种调查方法。电话调查对调查员的语言沟通能力要求很高，必须从对方的声音中迅速、准确地判断出调查对象对于所调查问题的基本态度和感受兴趣的程度，熟练地运用访谈技巧完成调查任务。

调查表法是指通过向调查对象发放按研究要求设计好的各种调查表格来收集有关事实或数据资料的调查。这种调查形式简洁，信息密集，且收集到的资料的标准化程度高，便于统计处理。

测量调查是指研究者利用测验量表调查研究对象对某些知识、技能理解、掌握程度的调查。

不同的标准划分出不同的调查方法，但各种调查方法是有不同程度的。

第三节 考试调查研究的步骤与方法

一、调查目的的确定

不论做任何项目课题的调查研究首先要明确调查目的，才能把握对调查对象的信息需求，知道什么信息是所需要的。调查的目的决定了调查内容。一般来说，调查目的越具体越明确，调查设计就越容易做到有的放矢，针对性强，调查就越容易取得所需的信息。

二、确定调查内容指标和调查对象

确定了调查目的后，就要根据调查目的确定调查内容。调查内容就是研究者根据研究需要来具体分析、选择和确定应调查的具体问题、应收集的数据和资料。调查内容是要通过指标来加以反映的，对有关变量要确定操作指标。在确定调查指标和内容时就要充分考虑到以后分析研究时的需要，以免在最后研究时缺乏数据和资料。但也要考虑到可能性，有些信息因操作等原因不能被满足。此外，资料也不是多多益善，凡是不必要又不可能得到的资料就不要列入调查项目。

在上述问题明确之后，应着手解决调查对象的问题，确定调查对象和具体的调查单位。调查对象就是应收集其资料的那些单位的总体，调查单位则是指总体中的第一个基本单位。如：调查对象的选择受限于调查项目的性质、目的和任务，以及调查类型。

三、选择调查方法

选择调查方法，需要考虑到多种因素。如：费用、时效、单位总体、范围、误差、特殊要求及其他各种因素。

四、制订考试调查研究实施计划

考试调查研究实施计划是对考试调研工作及其过程所作的具体的规划和安排。其作用在于保证考试调研过程有目的、有计划、有系统地进行，提高考试调研过程的实效。考试调查研究实施计划主要包括调查目的和意义；调查内容提纲和操作性说明；调查对象的总体、样本数量和要求；调查方法及工具的说明；调查工作的步骤及时间安排；调查的组织、领导、人员分工及调查员培训；调研资料的分析处理及调研报告的撰写。调查实施计划有时随着调查实施工作中的情况变化还需作一些修订。

五、调查的实施

调查的实施是调查者根据调研实施计划，借助各种调查工具收集资料信息的过程。这阶段也包含数据收集后的审核、插补、编码工作。调查的实施是整个调查工作的中心环节，其实施的质量决定了了整个调查工作的质量。因此要及时了解调查过程及调查数据，对有怀疑的数据的缺漏的数据进行补救，以确保调查数据的完整、准确与一致。

六、调查资料的整理、分析，撰写调研报告

在这一阶段工作中，主要对各种初始数据进行归类整理、汇总统计，将大量的原始资料简化、系统化、条理化，使之便于进行由此及彼、由表及里、去伪存真、层层深入的定量和定性分析，反映出事物存在或变化的情况，从整体上把握现象的本质特征和必然联系，最后完成调研报告的撰写。

第四节 主要的考试调查方法

一、问卷调查法

（一）问卷调查法的定义

问卷调查法是专门为从调查对象处取得有关某个主题的信息而设计的一组或一系列问题。问卷是用来收集资料的一种工具，它的形式是一份精心设计的表册。问卷不仅适用于抽样调查，也适用于全面调查。设计问卷是整个调查活动中的一个重要环节，问卷的质量如何，直接关系到调查工作的成败。

（二）问卷的类型

在实际的考试调查中，由于问卷的设计者有着不同的调查目的、调查内容和调查方式，因此设计的问卷也都不是完全相同的。通常可把问卷分为两类，即自填问卷和访问问卷，分别用于问卷调查和访问调查。

自填问卷是由调查对象自行填答的问卷。自填式方法要求问卷结构严谨，有清楚的说明，让调查对象一看就知道如何完成问卷。因而自填问卷通常适用于受过较好教育的调查对象。

访问问卷则是由访问员根据调查对象的口头回答来填写问卷。访问调查中，可以使用比较复杂性的问卷。调查员是访问调查任务完成质量的关键，调查结果在很大程度上取决于调查员的个人品质、能力和经验。调查员队伍建设是高质量访问调查的重要前提。

（三）问卷设计的原则

在设计问卷时应贯穿以下几个原则。

1．有效性原则

有效性是指问卷准确反映客观事物特征或属性的程度。

2．可靠性原则

可靠性又称信度，是指问卷测量结果的一致性或稳定性。为了达到问卷的可信度，就要求问卷中提出的问题应清楚、明白，避免提出含糊不清的问题。

3．需要与可能的原则

需要是指调查目的所提出的要求，问卷首先必须满足调查目的的要求。但在考虑需要的同时还要考虑到可能性，要综合考虑时间、经费、调查规模以及调查对象回答的可能性。

4．效率原则

在完成同样调查要求获得同样信息的前提下，问卷设计应尽可能保证高效率，即应选择最简捷的方式，使问卷的长度、题量和答卷难度达到最小。

（四）问卷的设计

问卷设计必须考虑的主要问题有问卷的设计程序、基本结构、问题的陈述、问题回答的形式、问题的编排顺序等。

1．问卷设计的基本程序

问卷设计是整个调查活动的第一步，影响着调查质量的关键因素。问卷设计的整个过程大致可分事前准备、实际问卷设计和事后检查三个阶段。

（1）事前准备

事前准备包括三个部分：确定调查所需的资料，确定调查所采用的方式和方法，确定资料的汇总和分析方法。

① 确定调查所需的资料。在明确调查目的的基础上，确定调查所要了解的

内容和所要搜集的资料。并对已有的资料进行分类整理，列出本次调查所要了解的问题，确立问卷调查的范围对象，有了高质量的资料收集才能有高质量的样本和问卷，从而能够保证调查的质量。当调查的问题、范围、对象确定后，起决定性作用的就是调查员和与调查对象参与调查活动的积极性，配合的默契，无论是调查员还是调查对象都存在正反两个方面的因素。如考风考纪问题由考试组织实施部门进行调查，考生怕对自己不利，不能有效配合，或即使回答，也不一定是真话，在这种状况下，调查质量难以保证。调查者在调查前应充分了解分析调查对象的情况、心态，以便在问卷设计中采取措施尽力发扬正面因素，削弱反面因素，这样既充分调动调查对象的积极性，又能获得想要的准确资料。

② 确定调查所采取的方式和方法。由于所需搜集的资料不同，所采用的调查方式和方法就不同，问卷的格式和要求也就有所差别。比如，访谈调查由于调查者与调查对象有面对面的交流，所以可以有一些"题外话"，容易调动调查对象的积极性，有些重点问题还可以重复问，有助于提高质量。电话调查问题不宜太多，问卷要尽量短，用词要简单，问题要简明，直接接触问题的实质，避免调查敏感问题。

③ 确定资料的汇总和分析方法。调查后的资料汇总和分析方法不同，问卷的设计要求也有所不同。

（2）实际问卷设计

问卷必须要具备两种功能：一是将调查目的转化为调查对象可以回答的问题；二是能使调查对象愿意配合，提供正确的信息资料。因此，问卷的实际设计阶段是十分重要的。

① 问卷的基本结构

从问卷的结构看，一般来说，各种问卷都包括以下几个部分。即开头、正文、结束语、背景资料和调查情况记录。

- 开头部分。这部分包括标题、指导语。标题是概括说明调查研究的主题，使调查对象对所要回答什么方面的问题有一个大致的了解。标题应简明扼要，易于引起调查对象的兴趣。例如：不要笼统采用"问卷调查"。指导语主要是对调查目的、调查意义、调查内容、回答问题方法、注意事项及调查者身份的说明，有的还可附有例题，以帮助调查对象理解答题的方法和要求。指导语起着沟通调查者与调查对象的作用，使调查对象在进行问卷回答时消除疑虑，积极参与，并能按要求正确、如实回答问题。指导语在语言上要简明、准确、通俗，语气上要谦虚、诚恳，易于使人接受。
- 正文。这是调查所需的问题和答案，也是问卷最主要的部分。问题是调查指标的具体化，答案则是调查者设计的测量尺度，二者共同构成问卷的正文部分。

> 1.1 问题的设计
> 1.1.1 问题的类型
> 　　问卷中问题可分为两类：事实性问题、态度性问题。事实性问题是指曾经发生过的已既成事实的或将要发生的事件、事物的状态、人的实际行为等方面的问题，如：您在考试时发现同桌作弊，你怎么办？①直接制止；②报告监考人员；③装作没看见；④也效仿作弊。这类问题是考试调查研究进行推论的依据，它蕴涵着某些态度、动机、观念等方面的问题。态度性问题是关于调查对象对某一事物或现象的看法、认识，以及心理状态的问题。如：对考试您最关心的是：①自己的学习成绩；②检验个人的学习方法；③检查自己在学习上存在的问题；④名次。这类问题直接涉及人的行为方式中内在的思想、观念、价值取向、动机、兴趣以及对人对事的评价。
> 　　在问卷中，事实性问题和态度性问题常常是交错并存的，用哪一种形式来提问，须根据调查的目的和任务而定。
> 　　1.1.2 问题的表述技巧
> 　　（1）语言确切简洁、通俗易懂。问卷中的用词一定要保证所要提问的问题清楚明了。具体可按 6W 准则加以推敲。即 Who(谁)、Where（何处）、When（何时）、Why（何因）、What（何事）、How（如何），以此来判断问题是否清楚。当然，并不是一项提问必须同时具备这 6W。要避免使用含义不清或过于笼统的问题，如："您觉得这次考试怎么样？"答案指向不明，试卷难易度、与考者状态、备考情况、考风考纪等等，调查对象只能自己理解是什么就答什么。要区分调查对象，对非专业人员避免使用过于专业的术语，如"这次考试信度如何？"问卷设计要尽可能考虑问题要能被不同文化层次和生活背景的调查对象所理解。
> 　　（2）问题的内容具体、含义单一。问题含义不能过于抽象，如：一个问题只应包括一个疑问。两种或两种以上内容的问题，会使调查对象难以做出

确定的答案，并且容易造成两个内容的重叠或问题选项与答案选项交叉、冲突。如："你认为自己这次考试成绩不及格的原因主要是平时学习不努力或准备不充分吗？"这个问题应分为两个问题来提问。

（3）避免诱导性问题和"暗示效应"。在问题的表述中，不应把个人的认识、观点和评价包含在问题中，以免对调查对象的答案产生诱导、暗示作用。引导性提问容易使调查对象不加思考就同意所引导问题中暗示的结论，或从考虑到这个结论已经得到普遍的认可，心理上产生趋同反映，从而按着提示做出回答或选择。如："大家反映，××考试秩序不好，你认为有哪些具体表现？"

（4）避免否定形式的提问。否定的提问会影响调查对象的思维，或者容易造成相反意愿的回答或选择，因此，尽量不要使用否定形式的提问，特别是双重否定句。

（5）对于一些事实需要客观计量的问题，问卷设计必须使每一个调查对象的理解相一致。事实性问题往往需要进行客观的计量，这类问题必须理解一致、口径统一才能汇总，否则就不能得到总体的准确结论。如："一般"、"经常"、"很多"、"偶尔"、"熟悉"、"精通"、"了解"等模糊用语就不宜使用，因为调查对象对这类词语的理解不同。"学校经常考试吗？"多少的频率算是经常？理解不同，无法作答。

（6）避免敏感性问题。敏感性问题是指调查对象不愿意让别人知道答案或受社会规范制约影响的问题。如直接问考生对待作弊的态度，一般考生都会选择按照社会比较认可的行为模式和道德要求作答。对于这类问题，调查对象由于心理压力可能性会拒绝回答或采用虚报、假报的方法来应付回答，从而影响调查质量。必须涉及这类问题时应尽量避免采用直接接触式的调查方式，如网络调查、匿名回答等，或在问卷指导语中写明严格为调查对象保密的承诺，用语也要特别婉转间接，以降低问题的敏感程度。

1.1.3 问题的形式

问题一般可分为三个类型：开放式问题、封闭式问题和半开放式问题。开放式问题是指调查对象用自己的语言或精确的数字提供所愿意提供的任何答案。如：您参加计算机水平考试的目的是什么？答案可以是检验自己的学习成果、加薪、有助于找工作、换岗等，调查对象的答案肯定远不止上述回答内容是针对提问内容所设计的答案。由于问卷中问题有不同类型，所设计的答案类型和对调查对象的回答要求也是不同的。

开放式问题由于对问题的回答没有任何具体的限定，因此属于自由回答型。

封闭式问题必须列出各种可能答案，使答案标准化，因此设计出的答案一定要穷尽和互斥。穷尽即要求列出所有答案，不能有遗漏。互斥即要求各答案之间不能相互重叠或包容。根据提问问题的不同，封闭式问题的答案设计方法主要有：填空式、是否式、单项选择法、多项选择法、顺序选择法、等级评定法、双向列联表。

填空式：即在问题后面划一短横线，让调查对象回答。如"请问您曾经参加过哪几种资格证书考试？_____"

这些。由于答案不受限制甚至可以交叉、多选，调查对象可以充分自由地按自己的意愿方式表达意见，可用多种不同的方式来解释问题，因此开放式问题通常扩展了答案的范围，所获取的资料比较丰富、生动，有助于研究者发现问题，收集定性分析资料，但不容易作定量统计分析。

封闭式问题是指调查对象必须根据问卷中所提供的答案选项选择回答。如：您参加计算机水平考试的目的是什么？答案：①检验自己的学习成果；②加薪；③有助于找工作；④换岗。问题一样，但结果有差异。由于调查对象只需简单地选择合适的选项，而且更可能按调查者希望的意图来作答，因此收集起来的数据更容易分析。操作过程也相对省时、省力、省费用．随着计算机统计软件的开发和应用，人们越来越多地重视评定问卷研究的运用，通过探索性因素分析和验证性因素分析，使问卷的结构编制在理论上更加严密和具有科学性．但由于封闭式问题缺乏灵活性，特别在回答的选项不符合调查对象的真实情况时，有时只能选择一个稍微接近的答案，影响对所调查问题的真实反映，研究者只能获得是什么和怎么样的一些具体事实的一般性描述材料，较难进行为什么这样的深入研究．因此，封闭式问卷较适合进行定量分析，无法深入进行定性分析。

半开放式问题介于开放式问题和封闭式问题之间。调查者在设计问卷时对其中一些问题的回答形式作具体的规定，并为调查对象提供选择的答案，而对地在同一调另外一些问题的回答形式不作任何具体规定，自由作答。我们常见问题答案选项中还有"其他"一栏就属此类。半开放式问题如果设计合理,就能有效查项目中既兼具开放性问题和封闭性问题的优点,又同时避免二者的缺陷和不足。

1.2 答案的设计

是否式:即问题的答案只有是与不是(或其他肯定形式与否定形式主义)两种,回答者根据自己的情况选择其一。如"您是否赞成用统一考试制度选拔人才? 赞成( ) 不赞成( )"

单项选择法:调查对象只选答案的其中一项来回答。

多项选择法:调查者在设计问卷时,对一个问题给出三个或三个以上的答案,调查对象对一个问题给出两个或两个以上的答案。其中又可分为多项限选和多项任选。

顺序选择法:调查对象从多个备选答案中对所选的答案按要求的顺序或重要程度加以排列。顺序选择法中的问题答案不仅可以反映所要调查的内容,而且可以反映出调查对象对问题的看法,从而增加了信息量。

等级评定法:一般是要求调查对象对选项进行评级,或者对某个问题陈述发表意见。在拟定等级评定问题时,首先要考虑应有多少个选项。选项可设 2-10 个,在选项中第一个都按 1-10(一点都不重要——特别重要)来划分情形。其次要考虑是否需要包含中性选取项的问题。如:既不是满意又不是不满意的状态。在等级评定问题中,调查对象有选择中性选项的倾向,如果不给调查对象一个选择中性项的机会,他们就会被迫做出某一不能完全反映其真实意愿的选择。

双向列联表:将表格分成纵横两栏,由调查对象根据自己的情况打勾或评分。如表 9-1 所示。

表 9-1 双向列联表

考试类型	从不作弊	偶有交头接耳或偷看	经常作弊	每次作弊
平时小测				
单元小测				
期中考试				
期末考试				

双向列联表法的优点在于信息量比较大，但不要设计得太复杂，否则会引起调查对象的厌烦与反感。

1.3 问题的排列顺序

问卷在设计时要注意问题的排列要遵循一定的规则，使问题之间具有一定的逻辑联系，并保证问题的自然过渡。主要有以下几项原则。

（1）先易后难。用容易回答的问题做铺垫，不要让调查对象一下子就产生畏难情绪。

（2）先大后小。先问概括性问题，后问具体细节性问题。

（3）先次要后主要。相对来说，事实性问题多属次要问题，态度性问题多属主要问题。

（4）先封闭后开放。这与先易后难的原则也是一致的。

（5）先一般后特殊。

（6）同类组合。相同性质的问题、相关的问题按逻辑顺序编排在一起，后续性问题也要注意编排的连贯。上述的几个原则其实是相通的，如"您考试时紧张吗？"①非常紧张　②紧张　③有点紧张　④一点都不紧张 "为什么？"前一问题是较简单的、一般性的、封闭性的问题，后续问题是较复杂的、特殊性、开放性的问题。

③ 结束语。结束语一是对调查对象的配合表示感谢，二是对问卷的回收方法进行说明。有些问卷还让调查对象对问卷的设计作一些简短的评价。

④ 背景资料。

背景资料指调查对象的一些背景资料，它通常放在问卷的最后。如调查对象的年龄、性别、职业、学历、地域等等。这部分所包含的各项问题，主要在数据分析中承担自变量角色，可使研究者根据背景资料对调查对象进行分类比较分析。

⑤ 调查情况记录。

调查情况记录栏主要记录调查地点、调查开始时间和结束时间、调查人员记录栏。调查人员记录栏由调查人员签名以示负责。如果是自填问卷，还应记录回收时间。在一些特定的调查中，调查人员还要记录调查对象对调查的合作态度和理解情况，作为数据处理的辅助资料。

⑥ 事后检查。

事后检查包括问卷的评估、模拟试验、修正。

问卷设计完成后,根据问卷设计要求,先进行整体性评估、修订。在进行正式调查之前,还需要对问卷进行全面的模拟调查实验,从总体样本中抽出一小部分作为试测样本进行模拟调查,一是检查问卷中的具体内容,二是检查问卷的表述形式及整体性。通过模拟调查,求出初步的信度和效度,对实施中发现的问题进一步修改、补充和完善,最后定稿。

二、访谈调查法

(一)访谈调查法的定义

访谈调查法即调查者通过与调查对象的直接交谈而获取信息的一种调查方法。这种方法最基本的特点是具有特定的目的和一定的规则的研究性交谈。在访谈调查时,调查者能观察调查对象的非语言信息,更深入地了解调查对象的内在信息,获得更为丰富的资料。

(二)访谈调查法的类型

访谈调查因研究的目的、性质或对象的不同而有各种不同的方式。

1. 根据访谈过程的控制程度,可以分为结构式访谈和无结构式访谈。

结构式访谈是由调查者按照事先设计好的标准化访谈提纲有顺序地向调查对象提问,并要求调查对象按规定标准进行回答的。又称标准式访谈。这种访谈对访谈全过程各环节完全要求一致,无论调查对象提供何种答案,都给以详细记录。这种方式最显著的特点是访谈过程标准化,能对调查过程加以控制,把随意性降到最低,资料收集标准化程度高,易于统计和分析,但访谈的优势没有发挥出来,不利于对问题的深入探讨。

无结构式访谈是事先只确定一个粗略的访谈提纲,也不规定严格的访谈程序,只是围绕调查的主题,通过调查者与调查对象自由交谈进行资料搜集。这种访谈气氛比较宽松,有利于调动访谈双方的积极性、主动性,便于全面深入地探讨问题或在访谈中发现新的问题,访谈双方可发挥的空间比较大,访谈调查的优势得到充分体现。但调查结果不易统计,对访谈双方的要求也比较高。

2. 根据一次性被访人数,可以分为个别访谈和集体访谈。

个别访谈由调查者对每一个调查对象逐个进行单独访谈。这种方式有利于调查者与调查对象之间的心理沟通,对某些敏感性问题可以进行一定深度的交流和探讨,所得资料相对真实、细致全面,但效率较低。此方式常用于个案调查中。

集体访谈是由调查者根据调查需要召集一定数量的调查对象就调查主题进行探讨,或称"座谈"、"开调查会"。此方式扩大了调查对象,节省调查时间,提高调查效率。

3. 根据访谈对象的一般访谈和特殊访谈。

一般访谈是指对一般的访谈对象或正常的访谈对象所进行的访谈调查。这类访谈只需按和常规的访谈程序和方法进行。

特殊访谈是指对某些特殊对象进行访谈。如对社会名流、残障人士等。由于访谈调查对象的特殊性,进行这类访谈时要注意一些特殊的问题。如对残障考生、对某些自学考试特殊考生(犯罪人员)的访谈就应掌握调查对象的心理特征及特殊的沟通方式,尊重他们,避免表露可能触及他们内心伤痛的一些语言和观念等。

4. 根据对同一访谈对象进行访谈的次数,可以把访谈调查分为一次性访谈调查和重复性访谈调查。

一次性访谈是指一次性完成的调查。这种类型通常用于对某个特殊问题进行的调查研究,或者在某一现象产生后人们对该现象的态度和该现象对人们产生的影响所作的调查。主要以收集事实性信息为主,很难达到深入探究某一问题的目的。

重复性访谈是指在一个较长的时间内,经过多次访谈才能完成的调查。这是一种较有深度的调查,一些需要深入探讨的深层次问题需要在多次访谈中完成。常用于追踪调查,逐步达到由浅入深,由表及里的效果。

访谈的形式和种类繁多,在选择具体的访谈方式时,应以研究的目的、问题、对象以及研究阶段的不同而有所不同,在必要时还可同时结合不同的访谈方式来获取所需的信息。

(三)访谈调查的工作流程

1. 访前准备

(1)熟悉调查内容。调查者要了解研究课题的目的、要求、步骤或理论假设,同时还要充分准备与调查内容相关的知识。

(2)选择访谈对象。由于访谈调查的对象较少,所选择的访谈对象的情况会直接影响访谈的质量,因此必须根据调查研究的目的、任务慎重选择访谈对象。调查对象的选取涉及调查对象的总体、样本、对象的基本属性以及抽样技术等问题,因此首先要确定调查对象的总体及其基本特征,如调查对象总体的范围、年龄层次、职业属性、专业种类、地理分布等。一般情况,如果是个别访谈调查,应尽可能选择典型对象,或对研究课题有较多了解的对象,即样本应具有普遍性,以便通过访谈获得较多的信息。如果是集体访谈调查,选择访谈对象就要在考虑代表性、熟悉情况等因素的基础上,考虑访谈对象之间的关系,即受教育程度、职业身份等方面的一致性,以利于访谈对象消除顾虑。如调查考试方面问题,教师和学生一起座谈,往往会造成教师一发言,学生就不敢畅所欲言,提出不同见解了。集体访谈调查人数一般为8~10人。集体访谈调查的问题类型会影响受访者人数的安排。经历性访谈比分析性访谈所需的受访人数多,对主题的针对性较强或者技术色彩较浓的访谈,如分析考试命题技术性问题,就可安排较少的受访者。

(3)选择具体的访谈方式。每一种不同的访谈方式都有其优势和局限,通常我们应根据访谈研究的具体问题和目的、访谈对象的具体情况、访谈者的知识经验和组织技能等不同情况选择合适的访谈形式,必要时可以结合不同的访谈方式进行访谈。

(4)准备访谈提纲和访谈计划。访谈提纲和计划起着规范访谈过程的作用。访谈提纲就是调查者依据研究课题确定的准备交谈的问题。在拟定访谈提纲时应注意:一是措辞应谨慎;二是妥善安排问题的顺序;三是充分考虑访谈中可能遇到的特殊问题及应对预案。访谈计划是围绕访谈提纲作的大致规划。

(5)准备访谈的有关资料、证件和记录设备。

2. 进入访谈

(1)接近访谈对象。

这一阶段要与访谈对象建立良好的沟通关系,让调查对象了解调查的目的、意义、内容和基本方式,消除其顾虑,取得访谈对象的积极配合。访谈资料的真实性在很大程度上取决于调查者在这方面的表现。在这一阶段容易出现下列情况:一是由于陌生感而使被调查者拘束无言;二是调查对象因各种原因拒绝受访;三是由于调查者与调查对象地位不平等,产生不自然感。此时,调查员要介绍来访目的、意义及自己的身份,并承诺对谈话只收集内容材料,不涉及调查对象个人资料,请求对方的支持与合作。有时为打破僵局,正式谈话之前可聊聊家常，从而活跃气氛，消除拘束感，拉近心理距离。

（2）正式访谈。

这一阶段是访谈调查的实施阶段，要特别注意访谈的控制。访问时对调查对象施加影响的，并不只是提问本身，调查者举止动作、表情神态都会影响到调查对象的情绪，关系到访谈能否顺利进行。调查者应努力营造一个融洽和谐的氛围，让调查对象敞开心扉，引导调查对象很自然地按照预定计划进行访谈。

访谈调查常用的技巧。

（1）提问控制。谈话前的非正式谈话内容应为正式访谈铺垫，最好能自然地向正式访谈话题过渡。如向高中学生进行高考问题调查时，可从哪里人、在哪个学校上学、平时成绩如何、希望考入哪所高校学习哪个专业等话题转入考试话题。访谈过程中从一个话题转向另一个话题要自然流畅，两个话题之间要有逻辑联系，避免使调查对象因为毫无心理准备而产生不解，不愿回答。对于调查对象回答问题时跑题现象，切忌直接打断对方的谈话，或直接指出对方跑题现象，这样会使被调查对象难堪，从而产生紧张或反感抵触情绪。此时可以采取归纳法，将调查对象谈的那些跑题的内容加以归纳："刚才我们谈的是××问题，你说得很好。现在我们再谈谈××问题。"把对方话题再度引回到主题上来。或以请其喝水等形式中断谈话，休息片刻后再提出新的问题，不知不觉中改变话题。

提问的注意事项：一要保持中立的态度，用语简明，尽力避免倾向性和感情色彩，切忌诱导；二要把握访谈方向及主题，尽量减少题外话，以便集中注意力回答所调查的问题；三要注意时间上的顺序，特别在研究历史沿革问题时，时间顺序尤为重要；四要问题明确易懂，有些比较专业术语的问题访问员可附带必要的解释；五要根据访问对象情况，灵活掌握问题提法与口气，如同样一个考试问题，问小学生和成年人语言就应有所不同。

（2）追问技巧。追问目的在于引导访谈对象回答得更完整、更准确、更充分，或至少给予一个最低限度可接受的回答。因为当调查对象对问题不理解或没有把握时，常以一个模糊、空洞或一般性的答案作答，甚至干脆答非所问，这时应进行中立性的追问。追问必须是中立性的，不宜带有调查者的主观偏向。中立的追问有几种情况：在调查对象并未完全理解问题时，应再次复述问题。在调查者不能完全理解调查对象的回答时，应复述调查对象的回答，让双方确证对回答已作了正确的理解或促使调查对象补充修正自己的回答。及时捕捉有价值的信息作进一步的追问，尽力获取更充分、更丰富的资料。当认为调查对象回答不完全时，可用"为什么你这样认为呢？""这是什么意思？""你能否再给我解释一下"等中立的问题引导调查对象继续回答。

（3）插话时宜。访谈是一个互动的动态过程，调查者除提问时说话外，也应根据具体现场情况适当插话，以形成与调查对象的互动，让其感觉二者是在交流，如调查对象属不善言辞者或学童，调查者可插话表示鼓励或表示对正进行的谈话满意、肯定的态度，调节谈话气氛，消除调查对象的紧张情绪。插话同时还能起到控制谈话节奏的作用。

（4）情绪交流。在访谈调查中，除语言交流外，情绪的表达也是调动气氛、传达思想的重要方式。调查者要善于运用表情与调查对象交流。除要自始至终表现出礼貌、谦虚、诚恳、耐心之外，还需随着访谈的进程、谈话的内容而互动，如：兴趣、理解、赞许、关注、赞同、高兴、反对等。特别是调查者应当首先是一个非常好的听众，应表现出对对方的回答感兴趣。试想，如果说话没有了受众，还有人会有谈话的愿望吗？其次不可始终面无表情，会使对方处于紧张状态，拘谨不安，从而影响对问题的回答。

（5）兼顾全体。集体访谈调查，在群体交流中会产生思维碰撞的火花，有助于汇集比个体访谈更为广泛的信息，因此在进行集体访谈调查时，要注意调动全体访谈对象回答问题的积极性，如前所述，调查对象是各具代表性、典型性的，有时会遇到某些与会者对这类问题了解较多，又比较健谈，会形成抑制其他与会者的"专家效应"，"权威"现象，这样会浪费访谈时间，并使收集到的信息资料不全面。因此当其滔滔不绝时，调查员要运用插话、目光等技巧，引导、启发、调动其他人积极参与。

（6）记录技巧。访谈调查的结果是以调查的记录为主要表现形式，最终结果分析也是以记录作为主要依据。访谈过程记录时间有限，完整准确的记录是访问者的重要基本功。访谈问题一般分封闭性和开放性两类。封闭性问题其答案可全部或大部分预知并已在问卷中列出，而且答案有预先编号，调查员记录认真准确记上规定记号即可。对属"其他"类的问题，除要记上记号外，还应在问卷规定的空白处记录调查对象的答案。开放性问题没有预先的答案，需要记录的文字内容较多，要注意记录技巧。要迅速、准确、完整地记下访谈对象所陈述的内容，不要自己概括、缩短调查对象的回答或使用符号、或用"同上"两字。如果调查对象同意，可以对访谈过程录音，以便事后追记。记录的同时，还要关注一下访谈对象的表情，分析并及时判断调查对象所回答问题的真实性和客观性。在调查中如果调查对象没有对问题做出答案，调查员也必须详细记录未能接触调查对象或未回答的原因，以便调查主持单位能正确统计准确应答率。

3. 结束访问。结束访问也是访问工作的一个重要环节，调查者要给予足够的重视。如果是集体访谈，结束前要进行简明总结，询问大家有没有要补充的，然后使用一个具有启发性或总结性的问题，使与会者每人都能最后一次发言。最后调查员要感谢调查对象抽出时间给予合作，并使调查对象感觉出自己对这项调查研究做出了贡献。可以表示："谢谢您的合作，您对这项问题（或政策等）的看法和意见对我们这项研究很有价值。"让调查对象感到自己花时间被访问是值得的，感到愿意重新合作，为今后有可能需要的重复性访谈做铺垫。

结束访问离开现场时，调查员还要做以下仔细的检查。一是已完成的问卷是否填写完整和一致，二是问题的答案处无空白，确保正确地圈出答案，三是问题的答案有没有前后不一致的地方，三是是否有需要调查对象澄清的含糊答案。

第十章 考试的理论研究

考试理论研究是形成考试理论的重要途径。上述的观察、调查、实验、文献研究等各种研究方法均属于实证研究，是形成科学事实的方法，考试研究不能停留在获得考试基本事实的层次上，而应在获得考试基本事实的基础上进一步形成考试理论，达到完整的科学认识。考试理论研究与实证研究是互相联系、无法分割的，但在研究过程、方法、研究成果的表现形式及评价方面又表现出各自的独特性。考试研究的重要任务就是通过理论思维形成考试理论，因此，考试理论研究是考试科学研究方法体系中的重要组成部分。

第一节 考试理论研究概述

一、考试理论研究及任务

理论是有关事实的一般原理的解释和说明。考试理论研究是在已有的客观事实材料及思想理论材料的基础上，运用各种逻辑的和非逻辑的方式进行加工整理，以理论思维水平的知识形式反映考试客观规律的一种研究。理论来源于实践，要以经验性认识为基础，却又比经验性认识更抽象更概括。在形式上，理论由一系列具有逻辑联系的概念、命题和推论构成，带有抽象、概括的结构化等特点；在内容上，理论要提示事物的内在本质及其结构化特征，是对事物更深刻、系统、全面、准确的认识。

考试理论大致可以分为基础理论和应用理论两大类型。基础理论主要回答考试领域中一系列"是什么"、"为什么"的总是对考试的现象和本质、对考试发生发展的规律和特点做出解释和说明；应用理论，是在基础理论的指导下回答考试实践活动中提出的一系列"应当如何"、"怎么办"之类的问题，即对考试活动的目标、内容、途径、方式、方法及手段等做出解释和说明。综而述之，考试理论研究是在已有的考试客观现象事实材料和考试思想、理论的基础上，运用各种逻辑和非逻辑方式进行加工整理，通过抽象思维反映考试客观规律的研究活动。考试理论的任务在于揭示、形成、完善和发展考试理论。

二、考试理论研究的特点

（一）概括性和间接性

在研究目的上，考试理论研究是以形成抽象化、概括化、普遍化程度较高的考试理论为主要目的。在研究手段上，考试理论研究是通过概念、判断、推理等思维形式来研究具体的现象资料，从而得出关于考试现象的内在本质联系规律的判断和推断。概念、判断、推理是具有高度概括性的。在研究结果的表述上，由于考试理论研究的目的和研究手段的概括性和间接性，决定了研究结果力求符号化、系统化、形式化，通过特定的符号和语言来表述。

（二）多样性和不确定性

人类社会和人类行为最重要性的特点就在于它的多样性，考试活动的丰富性复杂性，决定了对考试活动的分析也是多样的。同时，不同哲学背景、历史文化背景、理论基础、研究目的、研究方法、研究过程决定了对同一考试现象的分析、判断、推理、归纳的角度不同，思维方式、研究方式的不同，研究的结论自然也就呈现出多样性的特点。事物是在不断变化的。首先，人们对客观规律的认识有一个不断深化的过程。其次，经常出现的情况是，实践活动领先于理论探索。没有一成不变的事物，也就没有一成不变的理论，理论是随着实践的发展而不断发展变化的。因此，理论同时又具有不确定性。

（三）继承性和超前性

人们对客观事物规律的认识不是一蹴而就的，每一种理论都是在已有理论的基础上建构、发展起来的。考试是人类文化的一个组成部分，在其理论、类型、内容、程序、方法等方面都有一定的历史继承性，既是一个发展的过程，也是一个认识的过程，新旧考试理论在概念、范畴、命题、判断，甚至理论基础等方面都具有内在的逻辑联系，这是理论研究历史继承性的体现。原有的理论不仅为新理论提供可借鉴的思想和观点，为新理论的建构寻求合理的研究起点，而且也为新理论提供了批判的靶子。历史上许多优秀的考试思想和成功的考试经验，都是前人智慧的结晶，也是后辈值得珍惜的精神财富，继承前人的精华，借以开阔研究思维、丰富研究内容，得出新的科学结论，这样才能使考试理论研究达到承上启下、推陈出新的目的。

理论研究又是具有预测性、超前性的。理论中只有超越现实的实践活动，走在现实实践活动的前面才有可能对现实实践活动进行指导。同时，理论研究本身具有强烈的突破、超越、批判精神和进取精神，这就使得理论的发展可能摆脱现实情况的制约，实现超前发展。

（四）实践性和理论性

唯物辩证法认为，理论与实践是辩证统一的，理论来源于实践，实践是检验真理的唯一标准；理论指导实践，并在实践中得到发展。考试学是一门应用性很强的学科，具有强烈的实践性，这种理论的研究，既要有逻辑推理，还要有实证性。人类的考试实践活动，既是考试理论的源泉，又是检验考试理论和客观标准；既是建立考试理论体系的土壤，又是考试理论的必然归宿。

三、考试理论研究的功能

理论研究的功能是有其共性的，考试理论研究与其他社会学科理论研究同样有着共同的一些基本功能。

（一）深化对考试现象的认识，揭示考试规律

理论研究最根本的作用就在于透过现象揭示事物的内在本质。考试理论的首要功能则在于通过考试活动的种种表层现象挖掘其中深层的内涵，在实证研究的基础上进一步揭示其内在本质和规律。

（二）完善和发展原有的考试理论体系并构建新理论

揭示考试的内在规律，不是靠一项理论研究或一个理论就能完成的，而是需要建立整个理论体系，正如一棵树仅有一枝光秃的枝丫是没有活力的，必须枝繁叶茂，才有生机。因而考试理论研究的功能还在于构建新的理论，完善和发展其理论体系。

（三）检验考试观念，证明研究成果

考试理论研究成果最终要经过考试实践的检验，但理论本身对研究成果也具有逻辑证明的作用。通过考试理论研究所建立起来的理论，能够作为新的理论研究的理论基础，并对其研究成果进行逻辑证明。

四、考试理论研究的过程

（一）确定理论研究课题

首先要明确研究的选题。一般而言，一个理论课题的确定，要从几个方面

来考虑：一是研究课题的理论意义，即所要研究的问题是否具有较大的理论价值；二是研究课题是否具有较重要的现实意义，即所要研究的课题对考试实践是否有重要的指导作用。三是充分考虑研究者本人的承受力。如：自身或研究团队的理论素养，实践或实验的条件，手中能够收集到的文献和资料。

当然，考试理论研究的课题不能纯粹从已有的理论本身中提出，理论问题也往往直接产生于考试实践。因而，确定考试理论研究的课题，不应为理论而理论。

考试理论研究课题的来源：一是来源于理论。通过对教育文献资料中已有研究成果的分析、验证、批判，从中发现或发展研究的问题，提出新的课题。二是来源于实践。除教育考试外，还有各种考试，如国家各行政职能部门都根据自身队伍建设的需要，培养和选拔人才，形成了各种类别的考试，从实际工作出发，解决实际问题。三是来源于规划。从国家教育行政部门、考试管理部门、各种研究学会、基金会制订的科研规划中选择理论研究课题。

（二）收集和分析文献资料

确定理论研究选题，其实和研究者是否收集到较全面的资料，对已有的相关理论研究状况是否有较充分的认识和了解也是密切相关的。在理论研究中，只有掌握了大量的资料，对已有的理论的研究观念、研究方向、研究方法、研究途径、研究进程、研究结论等有清晰的认识和把握，才能找到理论研究的突破点，形成自己新的研究课题的设想。因此，收集和分析文献资料在理论研究中是相当重要的一环。

（三）确定概念范畴，选择理论研究的具体方法

进行理论研究，概念必须准确，尤其是基本概念应该具有严格规定的含义。明确的概念，是进行理论研究的前提和出发点。只有明确了概念，才有可能避免研究过程中出现对事物本质认识的随意性和思维上的自相矛盾。概念的形成，其实也是研究过程深思熟虑的结果，因而它本身既是理论研究的前提，也是理论研究的结果。

明确了概念之后，还应注重将它们结合起来的逻辑，并选择具体的理论研究方法。

（四）拟定理论研究的论文写作提纲，撰写理论研究论文或研究报告

理论研究的成果主要表现为论文，论文写作提纲实际是对论文基本构思和总体布局的设计。写作提纲的拟定可以帮助研究者理清思路，明确论点及论点之间

的相互关系,确定论文的重点及范围。研究论文一般包括标题、问题的提出、论点、论据、结论等基本成分。撰写研究论文或研究报告,完成理论研究过程。

第二节 考试理论研究的基本方法

考试理论研究是运用科学的理论对感性材料进行整理分析,把原来属于零散的、片面的、表面的材料进行加工,使之上升为完整的、本质的、深刻的、系统的理性认识,考试理论研究方法就是提供从感性认识向理性认识飞跃的切实可行的、具体的思考方法与加工处理的步骤的方法。

一、基本的逻辑思维方法

我们在思考事物联系和发展规律的过程和准确表达思想常常运用各种逻辑形式。逻辑思维方法是将事物的发展进程在思维中以逻辑的形式表现出来,从而制订理论体系的方法。基本的逻辑思维方法有比较、分类、分析、综合、归纳、演绎、假说、论证。这些方法对于一切科学研究都具有普遍的指导意义。

(一)比较与分类

1. 比较

比较是指具有同一性的事物间寻找差异性,或从具有差异性的事物间寻找同一性的思维方法,即同中求异或异中求同的思维方法。比较有助于认识两种以上事物之间属性异同,从而揭示事物的内在本质和规律;可用来对事物进行定性和定量的分析;还可用来对事物进行分类。

由于比较的角度或方式不同,比较法可分为单项比较和综合比较、横向比较和纵向比较、求同比较和求异比较等不同的类型。无论哪一种比较,都必须遵循以下规则:

首先,比较必须在同一关系下进行。对两种事物进行比较,要在两种事物的同一侧面、同一层次上进行。如两种事物的属性与属性、表现形式与表现形式进行比较;不能把一个事物的属性与另一个事物的表现形式进行比较。其次,比较要有一定的标准。对两种事物进行比较,要在同一标准下进行,没有标准、标准不合理、标准不稳定,都不能进行比较。再次,比较要依据客观事实或材料。对两类事物进行比较，需要有事实或数据等材料作依据。如不同的学科考试的结果就不具有可比性。同样的试卷要求，考试时间应设为同一标准时间也才具有可比性。

2. 分类

分类是指在比较的基础上，将事物区分为具有一定从属关系的不同等级层次的系统，建立集合的方法。分类法是在比较法的基础上，进一步把某些具有相同特征或属性的事物与其他具有不同属性的事物区别开来的方法。

分类法大致可分为现象分类和本质分类两种。现象分类是以事物的某些外部特征或表现形式为标准进行的分类。本质分类是以事物的多种内在属性为标准进行的分类。

分类应遵循以下规则：首先，每一种分类必须根据同一分类标准，如果有多种标准，那么所分类型就有可能交叉或重复。其次，一类中的各子项之和等于类总体，即总体之外的事物不属于该类总体，或者类总体的子项要穷尽类总体，除了各子项外没有剩余。第三，分类要按一定层次进行，同一类型的事物应属于同一层次。

（二）分析与综合

1. 分析

分析是将事物整体分解为各个部分、要素或层次，分别抽取其个别属性加以考察，从而认识事物本质的思维方法。分析的目的是为了去除事物的非本质属性，认识事物的各部分、各要素之间的关系，进而把握事物的本质和整体属性。

分析法大致分为定性分析、定量分析、因果分析、系统分析等不同的方式。定性分析是为了确定事物是否具有某种本质属性的分析，它主要说明事物是什么。定量分析是为了确定事物各万分的数量特征的分析，它主要回答事物有多少。因果分析是为了确定事物之间存在的原因和结果关系的分析，它主要表明事物为什么。系统分析是一种整体的考察事物各要素之间的关系是什么。

分析法的规则有：首先分析必须要有总体目标和整体观念，不能为分析而分析，分析的最终目的是为了把握事物的整体属性。其次，分析必须按照一定的标准分解事物的要素，把握事物的最简单因素，并认识事物各要素的质和量的特征。第三，分析应在一定的理论指导下进行，即分析要有一定的理论基础或分析的前提框架。

2．综合

综合是将事物的各个部分和要素联结成一个整体加以考察，从内在的的关系中把握事物的本质和整体特征的思维方法。综合是一个从理性的抽象上升到理性的具体的过程。目的是取同舍异，将具体概括为一般。

综合法的规则是：首先，综合必须与分析相结合。为了综合，必须要有对事物各部分的分析；为了分析，必须先要有对总体的基本认识。其次，综合必须创造性地形成关于事物整体的认识。综合不等于所分析的事物各个部分属性简单的相加，而应在理性认识的基础上，形成关于事物整体的本质和规律的认识。

综合以分析为起点，在思维方向上与分析法相反，分析与综合是对立统一的。分析与综合是认识过程相互联系的两个方面，是从整体上把握研究对象，并把对象视为多层次、多方面、多阶段相互联系的统一体。分析与综合是同时进行的，在分析基础上同时伴随着再次合成的综合，因为人们的认识总是在分析——综合——再分析——再综合的过程中不断发展的。

3．分析与综合的功能

在理论研究中，作为科学抽象方法的分析与综合，既是加工和整理资料与事实、探索新现象的基本方法，也是形成和发展科学理论体系的基本方法。借助这一方法，能揭示事物的本质和内在联系，获得关于事物多样统一性的具体知识。

4．辩证地运用分析和综合

在理论研究中，运用分析和综合的方法时，存在着一些缺陷。一种情况是，分析不透，抓不住关键；一种情况是将研究对象凭主观加以简单分解和综合，没有抓住事物的内在本质联系和关系。

在运用分析与综合的方法时，要明确的是，分析绝不是机械地分析和形式主义地罗列事物的部分、方面和属性；综合也不是主观地、任意地简单堆砌和机械相加。因此，要坚持客观性，即从客观实际出发，反映客观事物固有的规定性，同时要坚持全面性，即从事物的矛盾总体和矛盾各方面的特点做深入细致的分析和综合，从而形成把握事物统一性的具体思想。

（三）归纳与演绎

1．归纳

归纳是以个别性的知识为前提推论出一般性结论的方法。归纳的前提是一些关于个别事物或现象的判断，而结论是关于该类事物或现象的普遍性的判断。

先摆事实，后求结果，从个别到一般，寻求事物普遍特征。那么，个别性知识如何获得呢？首先必须搜集有关对象的事实材料，这就要应用观察、实验和调查等方法。通过观察、实验、调查得到零散的、繁杂的感性材料，运用比较、分类、分析、综合等方法，进行整理和加工，在这个基础上，归纳得出普遍性的结论。归纳法往往适合于从经验事实出发以获得结论的研究过程。侧重于对经验事实的概括，从经验升华为结论，从个别的、表面化的、缺乏普遍性的经验中抽象出一般原理，把握个性的共性，这是一种或然推理。

归纳法的具体方式有三种：完全归纳法、简单枚举法和科学归纳法。

完全归纳法是指从所有的个别事实和各个部分中归纳出一般性结论的方法。完全归纳法在前提中考察的是某类的全部对象，而不是某类的部分对象，结论所断定的范围没有超出前提所断定的范围，因此，前提和结论之间的联系是必然的。由这种方法所得的结论较可靠，但如果人们所、难以要认识的事物包含的对象数量极大，就很难或根本无法使用完全归纳法——考察，因而，归纳时常用简单枚举法。简单枚举法又称不完全归纳，指不对事物的所有全部对象具体事实或所有要素加以考察，而只考察其中一部分事实或要素而得出一般性结论的方法。简单枚举法的根据事物情况的多次重复，而且没有遇到相反的情况。这种归纳法简便易行，但结论不一定完全正确。因为人们在特定时期考察某类部分对象时没有遇到反面事例，这并不等于反面事例不存在，更不等于今后不可能出现反面事例。一旦发现相反的情况，结论就会被推翻。在理论研究中，简单枚举法往往起着一种助发现的作用。通过大量观察事实，取得个别经验材料，然后用简单枚举法进行概括，提出初步的"假定"，然后进一步开展研究工作。运用简单枚举法，要注意避免"以偏概全"，尽可能考察更多的对象、更广的范围，以提高结论的可靠程度。科学归纳法又称因果联系归纳法，它是根据事物的因果联系，推出这类事物中所有的对象都具有某种属性的结论的推理方法。

科学归纳法较之简单枚举法有共同之处，但又有明显的区别：首先，它们在得出结论的根据方面是不同的。科学归纳法在于进一步分析现象之间的因果联系，然后才得出结论。其次，它们在所考察的部分对象的数量方面有所不同。对于科学归纳法来说，增加考察对象的数量不起重要作用，因为它是以认识现象间的因果联系为依据的，有时科学归纳法前提中所考察的对象数量虽然不多，甚至可以只考察一两个典型事例，但只要真正认识了事物间的因果关系，就可以得到比较可靠的结论。再次，它们在结论的可靠程度方面也有区别。虽然它们的前提与结论之间的逻辑联系都是或然的,科学归纳法所做出的结论可靠度较高。

2. 演绎

演绎是从已知的一般性或普遍性的原理或结论出发,推论出个别或特殊结论的思维方法。先假说,后求证,是从一般到个别,推论和判断个别事例的认识方法。即从一般或普遍推论具体或特殊。演绎是对一般性原理的应用,前提和结论之间存在必然的联系,是一种必然性推理。

演绎法一般分为公理演绎法和假设演绎法。公理演绎法是从一个具有普遍意义的公理和结论出发进行的演绎。公理演绎一般由三个判断组成,其中前两个判断是前提,第三个判断是结论。假设演绎是以假言判断为前提的演绎。假设演绎判断是一种条件判断,即前一个判断的存在是后一个判断存在的条件。由于假设的条件有充分条件、必要条件和充要条件之分,假设演绎也相应分为充分条件假设演绎、必要条件假设演绎和充要条件假设演绎三种类型。假设演绎的正确性要通过实践检验、理论论证或逻辑检验。

3. 辩证地运用归纳和演绎

归纳和演绎不仅能扩展和深化认识,检验一般原理的可靠程度,进行科学预见,而且是发展理论的一个重要环节。归纳与演绎在思维方向上是相反的。运用归纳与演绎的基本做法是,从丰富的经验中通过一次次抽象,形成一个具有许多规定和关系的丰富的总体,起点是经验,形成的思维过程是归纳;从一种科学理论假设出发,推演出一种理论,然后用严密的实验加以证实,它的起点是科学理论假设,形成的思维过程是演绎。

(四)假说和论证

1. 假说

假说的提出是一个复杂的创造性思维过程。科学研究的任务在于揭示事物的本质和规律,建立科学的理论以指导实践活动。客观事物的运动和相互联系是错综复杂的,而人的认识又具有很大的局限性,因此,人的认识总是由初步的、探索性的猜测逐步向认清事物本质的规律发展。在这个认识不断深化的过程中,假说是非常重要的认识形式。

假说是否正确,必须通过人类的实践社会实践活动给予检验。假说的检验过程,从某种意义上说,是贯穿于整个假说形成过程中的。研究者在刚有某个简单的设想时,就通过实验或收集事实材料检查自己的设想是否正确。对几个初步的设想进行比较、选择，也是一种检验。只有在创立假说后，人们才有可能对假说进行全面的严格的检验。在实践检验的过程中，人们对假说进行局部修改、调整、补充、完善，推出新的结论，接受再次的检验，直至上升为科学理论。

一般而论，一个假说的形成大致要经历两个阶段：初始阶段和完成阶段。从研究某个问题开始，到提出初步的假说，这是假说形成的初始阶段。在这个阶段里，研究者的主要工作是围绕特定的问题，广泛地搜集材料，并对各种材料进行理论分析，通过创造性的思维活动提出初步的假定。初步的假定是从一定的事实、一定的理论分析出发，经过一定的逻辑推论而提出的，初步的假定还具有尝试性、暂时性。因为初步假定所占有的事实材料还不完全，所依据的理论还不一定恰当，所进行的推理也不一定严密。有时，对于同样的现象、同一个问题，可以从不同的角度设想出不同的理论解释，提出几个不同的初步假定。假说提出的问题越具体，研究的目标就越清楚，研究的范围就越限定。当研究者选定了一个比较合理的初始假定后，假说进入完成阶段。在这一阶段，研究者以确立的初始假定为核心，一方面运用科学的理论对其进行论证，另一方面寻求经验证据的支持。初始假定经过论证，成为一个结构稳定的系统，假说的形成便告完成。

在建立一个科学的假说时，要注意几个问题：一是必须以事实为依据。事实材料是形成假说的基础和出发点，离开了客观事实，假说就会成为无源之水、无本之木。二是必须运用已有的科学知识。形成假说是为了使原有的认识得到扩大和深化，因此必须运用人类以往的认识成果。三是不仅要圆满地解释已有的事实，而且还要包含可在实践中检验的新结论。假说预言新的理论、新的事实，才可使人们的实践进入新的领域，达到新的境界。

2. 论证

论证就是用一个或一些已知为真的判断或事实确定另一个判断的真实性的思维过程。为了确定某一判断的真实性，并使之有说服力，就要用有关事实或已知的科学理论为依据，借助一定的推理形式，推断出某个判断为真的结论。

论证是由论题、论据、论证方式三个要素组成的。论题是通过论证要确定其真实性的判断或所要阐述的基本观点，一般分为两类：一是科学上被证明了的判断，二是科学上尚待证明的判断，如前面所述的假说。论据是用作来确定论题真实性的判断。可以作为论据的判断一般有两类：一类是已被证明确认的关于事实的判断，用事实进行论证，即常说的摆事实。另一类是用有关的科学原理进行论证,即常说的讲道理。用事实作论据很有说服力,"事实胜于雄辩"就是此类论证的高度归纳。用科学原理作论据,由于其反映的客观事物的本质和规律是经过实践检验的,因此不仅可以使论证有很强的说服力,而且更加深刻。论证方式是指论证过程中所采用的推理形式,是一个从论据到论题的推演过程。

根据不同的分类标准,论证有不同的分类。根据论证所用的推理形式的不同,可分为演绎论证和归纳论证;根据论证的方法不同,可分为直接论证和间接论证。

在论证过程中,除了恰当运用论证方法外,还要遵循论证的基本规则。一是论题应明确清晰。不能含糊其辞,更不能有歧义;二是论题应始终保持同一。要遵守同一律的要求,始终围绕论题进行论证,并在整个论证过程中保持不变;三是保证论据的真实准确。所引用的论据必须是已证明了是正确的事实和道理;四是论据的真实性不应依赖论题的真实性来论证。论题的真实性是依赖论据的真实来论证的,反之,论题与论据互为论据、互为论题,等于没有论证;五是论据与论题之间必须有逻辑联系。

论证还有一种特殊的形式,即反驳。用正确的判断确定另一个判断的虚假性或对其论证不能成立的思维过程,也即揭露谬误的过程。反驳含反驳的论题、反驳的论据、反驳的方式三个部分。论证为"立",反驳为"破",二者是相辅相成的。但是,在通常的情况下,驳倒对方的论据,并不等于驳倒对方的论题,只能说明对方的论证还不能成立,其论题的真实性还不能确认;驳倒了对方的论证方式,也不等于驳倒了对方的论题,只能说明其论题的真实性还没有得到论证,而不能确定其论题一定是错误的;反驳论题可以确定对方论题的虚假性。因此,在反驳论题、反驳论据和反驳论证方式三者中,反驳论题是最主要的。反驳论题、反驳论据的最终目的都应归结到证明对方的论题是不符合客观存在和规律的。

一般而言,科学理论的形成是从基本要领和基本定律等抽象的规定性出发,进而推导出更具有普遍性的具体的要领和原理,通过实际观测加以验证。这个过程既需要抽象思维,又需要形象思维;既需要分析、综合,也需要归纳和演绎、假说和论证,各种思维方法相互依存,相得益彰。

二、系统科学方法

系统科学方法包括系统论、信息论与控制论三个理论的基本思想和方法,是探讨系统的结构和功能及其变化发展的理论。其核心思想认为，系统是由若干相互联系、相互作用的部分组成的具有一定结构与机能的整体，这个整体包含着若干部分的子系统，以及不同层次、不同水平和不同序列的亚系统。任何一个系统都是高一级系统的要素，同时任何一个系统的要素又是低一级系统，高层的系统整合着子系统，却有不同于子系统的特点。系统是多种多样的，可以根据不同的原则和情况来分类。按人类干预的情况可分为自然系统、人工系统和复合系统；按学科领域可分为自然系统、社会系统和思维系统；按范围划分可分为宏观系统、微观系统；按与环境的关系分则可分为开放系统、封闭系统、孤立系统；按规模划分可分为小型系统、中型系统、大型系统；按状态划分就有静态系统、动态系统等。系统方法论是把研究对象作为一个具有一定组成、结构和机能的整体来加以考察的方法，其任务不仅在于认识系统的特点和规律，更重要的还在于利用这些特点和规律去控制、管理、改造或创造一个系统，使它的存在与发展合乎人的目的需要和客观规律。

系统方法论的出现，使人类的思维方式发生了深刻的变化。以往研究问题人们最熟悉的思维方法就是将事物分解成若干部分，抽象出最简单的因素，然后再以部分的性质去说明整体的性质，用最简单的因素说明复杂的事物。在现代科学的整体化和高度综合化发展的趋势下，在人类面临许多规模巨大、关系复杂、参数众多的复杂问题面前，固有的思维方式就显得无能为力了。而系统方法论站在时代的高点，高屋建瓴，综观全局，为研究现代复杂问题提供了新颖、有效的思维方式，为解决现代社会中各个领域中各种复杂关系、复杂问题提供了方法论的基础。考试是社会系统中的一个子系统，同样地也是一个复杂的系统，运用系统论方法，有利于从多角度认识考试教育现象的本质和规律。在系统方法论的"三论"中，正式朝着"三归一"的方向发展，系统论是信息论、控制论基础。

（一）系统论

系统论是一种将对象作为系统进行定量、模型化和择优的研究方法。系统论建立在对系统的分析和综合、建立系统的模型以及系统的择优的基础上，从而揭示系统普遍性质和一般规律，并在此基础上实现对系统的合理控制。系统论有助于整体地把握研究对象，并有助于通过程序设计实现既定的目标。

系统论把事物作为一个整体来认识，对整体中的各部分作相互联系的分析；把事物作为一个系统，考察它与其他系统的关系；运用分析和综合的方法，考察事物中部分与整体的关系。因此,无论是对宏观问题研究,还是微观问题研究,系统论都有着直接的指导意义。世界上任何事物都可以看成是一个系统,考试领域中,考试机构、考试组织、考试目的、考试内容、考试方法、考试手段、考试程序、考试实施过程、考试监督、考试结果等都是系统,考试就是各个系统的集合。在考试理论研究中,必须运用系统论的方法,考察考试各个要素的性质、作用,还要考察各个要素的关系,考试系统和其他系统的相互关系。要素之间、系统和环境之间是相互作用的,没有这种相互作用就没有系统功能。系统整体质的规定性不等于要素质的规定性之和,又与要素性质有关。系统每一要素的变化必然引起其他要素的变化,导致系统整体上的运动。系统的行为依赖于要素的行为,要素的行为又受整体行为的控制。例如我们研究考试时,要研究与社会领域中其他系统的宏观关系,职称评定考试、资格认定考试、教育评估考试、人员录用考试都是与不同的社会大系统发生着关系,这些关系决定了不同类型的考试有着不同的对象、不同的特点、不同的要求和不同的操作方法,影响和决定着不同类型考试活动操作中的微观细节。反之,考试微观子系统的各个细节又影响着考试的最终结果和功用。

运用系统论的要求是:从系统论观点出发进行考试理论研究,必须坚持整体性、结构层次性、动态平衡性等基本原则。

1. 整体性。整体性是系统论的核心思想。任何系统都是一个有机的整体,它不是各个要素的机械组合或简单相加。系统中各要素互不是孤立地存在着,它们在系统中都处于一定的位置上,起着特定的作用。要素之间相互联系,构成了一个不可分割的整体。如果将要素从整体中割离出来,它将失去要素的作用。系统的整体功能是各要素在孤立状态下所没有的新性质,即我们常听说的"整体大于部分之和"。系统论认为,系统内各要素性能好不等于整体性能就一定好。各要素不是孤立存在的,每个要素在系统中都处于一定的位置上,起着特定的作用,要素之间的相互关联,构成了一个不可分割的整体。要素是整体中的要素,如果将要素从系统整体中割离出来,它就失去了要素的作用。最为典型的例子就是手与人体的关系。研究社会现象时,系统方法比其他方法更能将分析和综合、归纳和演绎等方法有机地结合起来,从整体出发,先综合后分析,最后再回到综合,利用要素之间的联系来提高整体功能。因此,研究时既要看到事物各部分要素的性质、作用,又要看到各要素之间的内在联系,坚持在整体与部分、整体与外部环境的相互联系、相互作用和关系中考察对象,从而从整体上认识和把握事物。系统的任务，不仅在于认识系统的特点和规律，更重要的还在于利用这些特点去控制、管理、改造或创造系统，使它的存在与发展合乎人的目的需要。也就是说，研究系统的目的在于调整系统结构和各要素关系，使系统达到优化目标。

2. 结构功能性。结构是指系统要素间的结合方式，是按一定顺序组合排列的方式。功能指系统外部环境相互作用的能力。任何系统都具有多层次的结构，结构决定功能，有什么样的结构就会发挥什么样的功能，系统功能取决于系统内部各要素结构的程序。因此，在要素确定、环境影响不变的情况下，合理安排系统内部各要素排列、组合的顺序和层次，是发挥系统功能的关键。但在实际事物中，往往又是功能引导结构，为了实现某种目标，而设计与之相匹配的结构，其结构运转以后就会发挥这一功能，实现目标。结构功能方法注重从考察事物内部各要素的关系的结构来考察事物的功能，或者从事物的功能来分析事物的结构，并使人们对事物的认识建立在整体性的定性与定量研究基础上。

运用结构与功能方法进行考试理论研究，要从结构与功能的相互联系上研究考试现象和过程。首先要研究考试系统的构成要素、内在结构以及为适应外在环境要求而引起的考试现象和考试活动的结构的变化，从而调整不合理的结构，实现系统结构优化。如对考试课程结构的研究、考试活动结构的研究、考试实施对象的素质结构的研究等。其次是在系统和环境的相互作用中把握考试系统的功能，具体揭示考试系统的结构与功能的内在关系，揭示考试活动、考试系统与其他系统之间的相互作用，以及这种作用的条件、作用方式和特点。

3. 动态平衡性。系统论认为，任何系统都有一个组建的过程，无论是系统整体与要素、结构与功能、反馈与调节、层次与层次、系统与环境等关系，都具有动态的性质。这种动态的变化在系统形成过程中，开始趋向于"稳定态"的方向发展，随着时间的推移，系统处于稳定封闭状态，当管理上要求过于规范化、模式化、标准化时，系统会出现貌似有序、实则混乱的情况。系统内部的熵（即混乱因素）不断增加，其演化的方向是趋于平衡、无序、混乱，结构和功能老化，衰退直至消失。这时原有的稳定态会发生变化，新的"稳定态"随之产生。在研究某个系统时，不仅要注意各系统变化发展的趋势、活动的速度和方式，而且要探讨它们变化发展的动力、原因和规律，从动态的观点来考察其变化，主动灵活地加以控制、调节，使各种系统充分发挥"自己运动"的功能。要使系统保持动态开放发展的过程，在动态发展的过程中紧跟事物运动的节奏和社会前进的步伐,达到新的平衡。自学考试理论研究应运用系统论,从自考规划到发展战略,从专业评估到课程内容改革,从人才的智能结构到素质培养,研究如何使自考保持与时俱进的动态开放性,不致因无法及时适应形势变化而导致僵化。

系统论的一般程序是:

(1) 某系统组成的要素以及要素之间的相互关系的初步分析;

(2) 构建数学和逻辑模型,分析系统的特点和研究采用的方法;

(3) 从多种可能的方案中选择最优方案;

(4) 判明系统结构的组成因素及相互关系。

(二) 信息论

信息论原为用数理统计方法来研究信息传递和信息处理的科学,后这一理论逐步扩大,形成了用信息论来研究和处理一切问题的系统性理论。

信息论的问世及广泛运用,给人们的观念、思维方式、思维方法等带来巨大的变化。它提供了一种把系统看作借助信息的获取、传送、加工、处理而实现其有目的的运动的一种研究方法。这种研究方法的特点是:(1)用信息概念作为分析和处理问题的基础,完全撇开对象的具体结构和运动形态来考察系统的信息变换过程;(2)把系统的有目的的运动抽象为一个信息双向互动的过程,在信息流动变换过程中,利用反馈信息来使得系统按预定目标实现调整和控制;

(3) 把两个系统之间的相互联系看做是依赖信息通道进行信息交换来实现。在考试理论研究中,运用信息方法,有利于阐述考试系统的结构和功能、过程和评价等问题。特别值得一提的是,信息反馈对系统的控制和稳定起着决定性作用,反馈是控制论的核心,它分为正反馈和负反馈。正反馈能放大控制作用,实现自组织控制。负反馈能纠正偏差,实现稳定控制。因此,对于信息传播来说,加快信息传播的速度,提高信息传播的质量是总目标。为达到这个目的,首先应建立一个畅通的信息传播途径,建立合理的传播流程,精简中间环节,以避免信息在传播过程中失控失真对预期目标控制的影响。如在考试测量调查中得到信息反馈,对试卷的编制进行最适当、最优化的调整的过程中,信息反馈不是单向的、线性的,在信息反馈的过程中,往往会掺入系统自身的因素和其他外界因素的作用,因此如何对考试信息进行分析与处理,如何分析考试系统中信息传播的特点和规律,是考试研究中应关注的问题,要注意尽可能减少不可靠的诱导性信息,建立信息反馈的纠偏机制,形成有效的反馈回路。

(三）控制论

控制是一个有组织的动态控制过程，它根据系统内部、外部各种变化着的条件而进行控制、调节、操纵和管理，不断克服某种不确定性，使系统保持某种特定的状态，以期达到预定的系统目标的目的。一个控制系统首先要有明确的预期目的，然后在多种可能中选择能够达到预期目的的那个因素，对这个因素进行作用，从而获得预期的结果。因此，在系统内，无论有多少要素相互作用都要服从于一个总目标，这个总目标就是预期的目的。没有目的，就没有控制。控制论的研究表明，无论是什么系统，都可以看作是一个自动控制系统。在这类系统中有专门的调节装置来控制系统的运转，维持自身的稳定和系统的目的功能。控制机构发出指令，作为控制信息传递到系统的各个部分（即控制对象）中去，由它们按指令执行之后再把执行情况作为反馈信息输送回来，并作为决定下一步调整控制的依据。

由此可见，整个控制过程就是一个信息流通的动态过程。控制就是通过信息的传输、变换、加工、处理来实现的。信息论为控制论奠定了理论基础。对控制系统而言，信息是最重要的，控制的基础在信息，没有信息，控制就会是盲目的，就不能够达到控制的目的，信息与控制是不可分的，控制正是要从有关的信息中寻找正确的方向和策略。一个控制系统总要有施控者与受控者，施控者对受控者施加的作用是控制作用，而受控者对施控者施加的作用则是反馈作用。施控者与受控者是在一定的环境或条件下互相产生作用的，因此二者之间的相互作用是很复杂的。任何系统只有通过反馈信息不断加以调节，才能有效地实现控制，缺乏反馈信息或反馈调节机制，要实现系统控制是不可能的。控制就是在不断地相互作用中，在变化中、运动中、发展过程中实现的。因此信息不但是控制的基础，同时又是控制的出发点、前提。信息系统中任何信息的传递、交换和处理都是为了系统的控制，改变控制对象的运动状态方式，使之适合于控制者设定的目的。而控制正是控制论系统的目的。所以，从某种意义上说，控制系统一定是一个信息系统。

控制论的方法主要有控制方法、信息方法、反馈方法、功能模拟方法和系统识别方法方法。

控制方法即撇开各门科学的质的物点，把它们看作是一个控制系统，分析它的信息流程、反机制和控制原理，寻找到使系统达到最佳状态的方法。

信息方法是把研究对象看作是一个信息系统，通过分析系统的信息流程来把握事物规律的方法。

反馈方法是运用反馈控制原理去分析和处理问题的研究方法。所谓反馈，是把输出的信息作用于被控制对象，产生结果后再输送回来，并对信息的再输出发生影响的过程，其控制行为的实施依靠反馈来实现。根据反馈的方式和特性的不同，反馈方法又可分为正反馈和负反馈。增加输入对输出的影响是正反馈，是使系统扩大或维持变化的行为，以实现系统预定目标。正反馈能放大控制作用，实现自组织控制，但也会产生系统的输出值与目标值的偏差增大，离目标越来越远的现象。与之相反的是负反馈，显示变异的错误信息，使系统通过减少或消除变异而做出调节，即要求系统在策略上做出改变，以缩短与预定目标的差距。负反馈的特点就是能检查出偏差来，然后通过矫正偏差，实现稳定控制，逐渐达到目标。但它容易减弱控制的作用。正反馈与负反馈是对立的统一，彼此相互作用。对于一个处于变革状态的系统来说，正反馈起主导作用。

功能模拟法是控制论的最基本的出发点，它是以原型和模型之间的功能相似为基础，用功能模型来模仿再现客体原型的功能和行为的方法。一个系统要成为模型，必须满足相似性、代表性、外推性三个条件。相似性指模型和原型之间具有相似的关系。相似性可以是纯粹表面的，也可以是内部结构的，还可以是行为的某些一般性质的相似。控制论观点认为，在两个系统之间导致原型--模型关系的最重要的相似性是行为上的相似性，它不仅撇开了组成系统的各个元素的不同本质，而且还撇开了这些元素彼此用以相互联结的具体方式，功能模拟主要是行为特征及规律的模拟。代表性指模型在具体的研究过程中要能代替原型。在一定的条件下，在形式结构不同的系统中去观察研究模型与原型相似的行为，并从行为中得出关于原型结构的知识。外推性指通过对模型的研究，能够得到关于原型的信息。功能模拟不仅展现与原型的行为相似的行为，在对模型的行为和结构进行研究的基础上，还可以揭示新的尚不知道的原型的特点和属性。

系统识别方法是通过考察系统的输入与输出关系认识系统功能的研究研究方法。它是探索复杂大系统的重要工具，又可分为黑箱方法和白箱方法。黑箱就是指那些不能打开箱盖，不能从外部观察内部状态的系统，不知其内部构造细节，只知其外部功能特性。它是通过给黑箱一系列的刺激（系统输入），观察黑箱的反映（系统输出），从而建立起输入和输出之间的规律性联系，最后把这种联系用数学的描述出来形成黑箱数学模型，即在输入、输出的基础上，从一类系统中确定一个与所测系统等价的系统。利用黑箱方法,可以研究那些难以黑箱,解剖其内部构造细节的系统。白箱方法研究系统的可观性和可控性,通过定量分析找出两者之间的关系。在考试理论系统中尚有许多问题都可称为黑箱。当然,黑箱的概念也是相对的,不仅取决于客体本身,同时也与认识主体有关认识。同一研究对象,对于不同的认识主体,由于主体拥有的经验、技术手段及认识任务的不同,可以是"黑箱",也可以不是。在不同的历史时期,由于人类认识能力的提高,开始是黑箱,逐渐变为"灰箱"(其内部结构可部分直接观测的系统),最后成为"白箱"。黑箱方法目的在于通过为黑箱建立模型,使黑箱变为白箱。

系统论、信息论、控制论各自都有自己的发展方向,同时又有内在的联系.在研究控制时,离不开系统;研究系统或控制时,又离不开信息.控制论的研究对象是系统,它对于进一步考察系统内部组织、控制和调节的功能是不可缺少的,信息是组织系统的一个重要特征,它使系统得以实现自我调节,是系统之间、系统与环境之间联系的主要方式。信息与控制方法是揭示事物系统运动过程中的信息联系,用信息概念和理论考察和研究系统的行为功能结构,从信息的获得、转换、传输和储存过程来研究控制系统的运动规律的方法。这是一种把握事物的复杂性、系统性、整体性不可缺少的一种方法。

第十一章 考试比较研究法

考试比较是一门理论性和应用性并重的学科，它是直接以各国考试的实际状况为研究对象的。从比较教育的奠基人朱利安开始，考试比较的研究者们一直都非常重视对科学的考试比较研究方法的探索和应用。特别是进入社会科学方法时代以后，考试比较的研究者们更是提出了多种多样的研究方法。掌握科学的研究方法，是从事考试比较研究的前提条件。

本章将探讨考试比较研究中的一些最基本的方法，作为抛砖引玉，以此激发考试比较研究活动的创造性展开。

第一节 考试比较研究的基本原则

在考试比较的科学研究中，应当以辩证唯物主义和历史唯物主义作为方法论基础。要真正贯彻这个科学的方法论基础，必须坚持以下几条基本原则。

一、联系性原则

唯物辩证法认为，物质世界的现象及其在思维中的反映具有普遍的相互联系的根本特性。事物或现象之间以及事物内部的要素之间普遍存在着相互联结、相互依存、相互影响、相互作用、相互转化等客观的联系。世界上不存在任何真正完全孤立的事物。只有在这种普遍的联系中，才有可能获得对某一事物的正确认识。忽视了该事物与其他事物的联系以及它的内部要素之间的联系，就难以避免认识的片面性，因而也就难以获得关于这一事物的正确、科学的认识。对考试现象的认识也是同样如此。

作为一种社会现象的考试，它也不可能是孤立存在的。在考试与其他社会现象之间、考试内部的各种要素之间、不同国家的考试现象之间，都存在着多种多样的联系。在考试比较研究中，必须注意分析研究这些丰富复杂的联系，才能保证研究得出的结论是全面的、科学的、正确的。

对这些有关考试现象的联系，可以从两个维度上来注意加以分析和把握。一是从纵向的历史维度来分析和把握这些联系。也就是通过历史的研究来弄清一种考试制度的发生发展过程，弄清这种历史发展过程中存在的来龙去脉和前因后果。二是从横向的共时维度，即从当前社会中各种社会现象之间的普遍联系的角度来加以分析和把握。考试作为一种社会现象，它与社会中政治、经济、文化等其他各种社会现象密切联系在一起，并且是相互影响、相互依存和互相制约的。不仅一国内部的考试现象如此，而且一个国家的考试还与其他国家的考试，以及其他国家的政治、经济、文化和对外政策等，往往也是紧密联系在一起，并且相互影响、互相制约的。在当代的国际化背景下，这种联系表现得更加明显，也更加重要。无论是研究某一个国家的考试，还是对不同国家的考试进行分析比较，或者就整个国际社会的考试状况进行比较的研究，都必须认真分析这些普遍存在的联系，切忌用孤立的观点看待问题，只见树木，不见森林。

二、发展性原则

与普遍联系的观点相关联，唯物辩证法的另一个重要的观点就是永恒发展的观点。唯物辩证法认为，世界上的一切事物都处于永恒的发展过程中，绝对静止的事物是不存在的。事物内部各种因素的相互联系、相互作用及其矛盾运动，是事物发展的最深刻的根源；一事物与它事物的相互联系和相互影响，则是事物发展的第二位的原因。事物发展过程的不同阶段、不同方面，以及这一发展过程与其他发展过程之间，也是相互联系、相互影响的。因此，我们要研究和认识某一事物，就不仅要用联系的眼光看问题，反对孤立片面的观点，而且还必须注意事物的发展过程。反对把事物看成静止的、永恒不变的东西。刻舟求剑，是不可能得出正确的科学认识的。

在考试比较研究中，当然也要坚持发展性原则，用唯物辩证法的发展观来看待各国的考试问题。这样说主要包含这样几层意思。一是要看到考试以及与之相关的其他社会因素都是在不断地发展变化之中。在分析各国的考试状况和考试问题时，一定要把一切都看成是动态的东西，从它们的动态发展过程中来说明问题的原因及其解决的途径。二是要把影响一个国家考试发展的内部因素和外部因素结合起来，从内外两个方面来解释考试的发展变化。唯物辩证法告诉我们，决定一个国家考试发展变化的主要是这一国家内部的各种相关因素，但同时也不可忽视来自其他国家的各种外部因素的影响和制约。仅仅以内部因素或者仅仅用外部因素，都难以全面合理地对一个国家的考试发展及其问题做出科学的解释。三是要根据不断变化着的历史条件和社会实际来考虑问题，不能不顾客观条件，脱离实际地谈论考试模式和考试经验的借鉴。一个国家的考试制度，总是在一定的社会环境中一定的社会生活发展到一定的历史阶段的产物。因此，某种考试模式或考试经验的有效性，总是有一定的前提条件的。在这个社会是有效的，换在另一个社会里并不一定有效；在某一历史时期有效的，到了另一个历史时期就往往失去了有效性，甚至变得会妨碍考试事业的发展。所以，考试比较研究在讨论这些问题的时候，都不能脱离社会生活的实际状况及其发展变化。四是要认识到在事物发展过程中的矛盾是可以相互转化的，在某一历史阶段对某个国家的考试发展来说是不利的因素，在一定条件下也可以转化为有利因素，反之亦然。看到这样一种规律，我们就应该一方面要注意联系具体社会的历史的条件来说明某种影响考试发展的因素是有利因素还是不利因素；另一方面还要积极探讨把不利因素转化为有利因素。或者防止有利因素向不利因素转变的方法，从而切实为考试的改革和发展服务。五是要看到任何国家的考试制度都是在不断地发展中逐步完善的，没有哪个国家的考试制度是已经尽善尽美、无须改变的。对任何一种考试制度或考试经验，包括对待那些先进国家的以及对我们自己的考试制度和考试经验，我们都应当既看到它的成功之处，又看到它有待完善的地方。在考试比较研究中，尤其要注意努力做到高瞻远瞩，把握世界考试发展的趋势，预见我国考试的未来发展方向，以及可能会出现的问题，为我国的考试改革与发展提供决策的科学依据。

三、本体性原则

唯物辩证法认为，世界上任何事物都是本质和现象的对立统一，透过现象把握事物的本质是科学的基本任务。同样，考试比较作为一种科学研究，也要透过一切考试现象来把握其本质，即通过对各种考试现象的分析和比较研究，最后应当抓住存在背后的本质和规律，也就是说要抓住考试这种存在的"本体"。

考试比较研究是直接以各个国家的考试现象为研究对象的。由于其研究对象的广泛性，而且对这些研究对象的社会历史背景往往也缺乏切身的体验，所以很容易使比较研究流于一般的现象层面的情况介绍，往往即没有深入的"研究"，也没有深刻的"比较"，只有肤浅的"介绍"。这种只知其然，而不知其所以然的"介绍"，常常给考试比较研究带来很多的局限性，甚至造成错误的理解和认识。因此，在考试比较研究中，我们一定要加强自身的理论修养，培养科学严谨的研究作风，努力透过各种考试现象来探讨其背后的本质和规律，以指导我国的考试实践。

四、实践性原则

实践的观点是辩证唯物主义认识论的一个基本观点。辩证唯物主义认识论认为，认识是主体对客体的一种观念的或理论的关系，它虽然是通过主体的意识、思维的活动实现和表现出来的，但它发生的基础却是主体和客体之间的物质的相互作用即实践。实践是认识的根本来源，同时也是检验真理的唯一标准。

比较考试是一门理论性和应用性并重的科学，实践性原则应当是考试比较研究的一条基本原则。考试比较研究的实践性原则主要包括这样三方面的内容：一是理论联系实际，搜集符合考试的实际发展情况的真实可靠的研究资料，并联系考试实践加以分析研究；二是通过比较研究得出的结论，还要在现实的考试实践中接受检验；三是要结合我国的考试实践来开展科学研究，从当前和以后的考试实践的需要出发来开展考试比较研究工作，并最终在考试实践中真正体现我国考试比较研究的科学价值。如果说实践性原则的第一方面可以保障我国对外国考试经验的认识的可靠性，那么这只是借鉴外国考试经验的第一步。更重要的是一开始就要从我国的考试实践出发，并最终在我国的考试实践中来鉴别外国的考试经验是否符合我国考试的实际情况，能否在我国的考试实践中取得预期的效果。

第二节　考试比较的基本研究方法

考试比较的研究方法是多种多样的，在不同的研究领域，面对不同的研究对象和研究课题，不同的研究者会采用不同的研究方法。所要进行的考试比较研究是属于外国考试研究的领域，还是国际考试研究的领域；是针对某一区域考试发展状况的研究，还是专门就某一考试问题进行的研究；以及所要研究的国家或区域的实际情况如何，包括研究者本人的知识背景和个人好恶，等等，这些问题都会影响具体采用哪一种研究方法。这里只是就一些最基本的研究方法做一些简单的介绍。

一、调查法

1. 实地考察。研究人员实地参观访问研究对象，从而获得第一手材料，这是了解外国考试实际情况的一种有效方法。由于通过这种方法得到的研究材料有感性认识基础，具有重要的参考价值，所以，在条件允许的情况下，应当尽量把这种方法当做具体考试比较研究中的一个基本的方法。这种方法其实是考试比较研究中最为传统的一种研究方法，在朱利安时代就已经被广泛采用。在当前的考试比较发展过程中，有些学者已经开始采用像人类学在田野研究中采用的那种细致的现场观察法，深入到课堂中去切实了解研究对象的具体情况。研究者深入需要研究的那个国家的考试实际，身临其境，直接进行较长期的观察研究，应该说这是最为可靠、最为基本的一种研究方法。这种研究方法的最大优点是材料真实可靠，但对我国考试比较研究者来说，限于客观条件，目前还是较难做到的一种研究方法。

应用实地考察的方法，也要讲求科学的安排，对整个观察研究的过程都要有周密、细致和科学的计划，每一个具体的观察都要做充分的研究准备，并且要进行科学的设计，必要时要采用一些适用的观察研究的科学手段和技巧。否则，即使身临其境，也不一定就能得出真实可靠的第一手材料，甚至反而造成对一些假象的盲目轻信。

2. 问卷法。问卷法是研究者用书面形式直接向研究对象收集研究材料的一种研究方法。这种方法可以与实地考察的方法配合使用，也可以采用通信的形式进行。问卷法也是考试比较研究中一个最为传统的基本方法。朱利安在他的《关于比较教育的工作纲要和初步意见》中就设计了很多调查问卷，早期的比较教育研究者也广泛采用了这种研究方法。目前，很多个人研究者和联合国教科文组织及其分支机构，在比较教育研究中仍然经常采用问卷的研究方法向各国了解其考试发展的实际情况。

在由于条件限制，难以去实地进行直接考察的情况下，问卷法往往是直接在研究对象中搜集第一手材料的最好的办法。它可以采用各种通信手段，在一定程度上突破时空限制，在研究者和他的研究对象之间建立某种直接的联系。虽然问卷法毕竟难以真正直接接触研究对象，也无法获得切身的身临其境的感性体验，因而无法取代实地考察，但是问卷法可以跨越国家的限制，涵盖多个国家和大量的研究对象，其作用和功能也是实地考察所不可替代的。

在调查法中获得的第一手材料，还要运用描述和统计的方法加以整理，并根据研究工作的需要进行深入具体的分析，以发挥这些第一手材料的科研价值。

二、文献法

通过分析重要的考试文献来了解考试情况是考试比较研究的一个重要研究方法。在其他学科的研究中，尤其是在一些实证科学的研究工作中，通过查阅和分析文献得来的材料，往往被认为是第二手材料。考试比较研究在这一方面却有些特殊。在考试比较研究中，通过查阅和分析重要的考试文献而获得的材料，视具体研究工作的情况而定，可以是第二手材料，也可以是第一手材料。要研究某个国家的考试，这个国家的重要考试法令、考试规章、教学大纲、教学计划、教科书、会议记录、报告书、统计年鉴等，都是进行考试比较研究的第一手材料。考试专家本人撰写的理论专著或自传等，是研究这个教育家的考试思想和考试活动的第一手材料。国际组织发布的一些调查统计材料和一些重要文件、手册等，也可以视为进行考试比较研究的第一手材料。国内外有关各国考试及其社会政治、经济、文化的书籍、报刊中经过加工整理的文字材料则属于第二手材料。第一手材料固然极为重要，第二手材料也有重要的参考价值。

运用文献分析的方法收集考试比较的研究资料，一般要经过查阅、抽样、鉴别和整理等阶段。在查阅过程中，要善于利用书目、索引、文摘、辞典、年鉴、手册、百科全书等各种工具书，并注意分析摘录重要资料，同时注意有关某种重要参考资料的线索，以利进一步的资料搜集。抽样是指根据研究工作的需要和掌握资料状况来选取需要仔细查阅的资料。这一点非常重要，不善于选择，就会在浩如烟海的文献资料中茫然不知所措。抽样通常可以从三个方面来考虑：一是考虑资料的来源，决定主要选取何种来源的资料，如选择哪些书籍、报刊中的文献，或选择哪一类社会组织机构发布的文献等；二是考虑资料的时间，决定主要选择哪一段时间以内的资料，由于考试比较研究主要以当代世界上不同国家、民族和地区以及国际社会的考试为研究对象，所以在时间选择上要侧重当代，尤其要侧重于当前最新的资料；三是考虑选取资料的哪一个或哪一些单元，以应用于具体的考试比较研究之中。譬如考虑是选择整本书，还是选取其中的一章，或者只是选用其中的某一图表等。鉴别就是分析和确定所搜集到的材料的真伪和可靠性，去粗取精，去伪存真，以确保考试比较研究结果有一个较高的信度。资料的鉴别可以采用对校法、本校法、他校法、理校法等方法进行，注意利用其他方面的可靠信息的佐证。整理是指根据具体研究工作的目的和资料本身的性质，按照某种统一的标准，对资料加以分类整理，并使之系统化。譬如理论和描述性的文字材料，可以按照问题加以归类。有关数量的材料，可以用统计的方法加以分析，并用列表、图示等方法加以整理。

不论是通过调查法还是文献法搜集材料，都要特别注意材料的客观性、典型性和充足性。材料的客观性有问题，研究就会失去可靠的根基。材料虽然是真实的，但不具有典型性，不足以代表研究对象的普遍情况，研究工作也会发生偏差。材料既是客观的，也是典型的，但如果搜集的材料不够充足，考试比较研究也就难以在充分的前提条件下得出具有足够说服力的结论。

三、比较法

考试比较，顾名思义，比较是其重要的研究方法之一。比较是人类确定事物异同关系，从而认识客观事物的一种重要思维过程和方法。根据一定的标准把彼此有某种联系的事物加以对照，以确定其相同之处和不同之处，我们便可以对事物做出初步的分类。在对事物的内外各种因素和各个方面进行了深入的分析和比较以后，就可以揭示事物之间的内在联系，认识事物的本质。比较并不是考试比较唯一的研究方法，也不是所有的考试比较研究都必须以比较作为主要的研究方法，但比较的确是考试比较较为重要的一种研究方法。

在考试比较研究中，大多是对相同历史时期不同国家或地区的考试进行比较，以确定它们之间的联系和区别，并从中发现考试发展的某种规律。有时，对那些尽管所处历史时期不同，但它们所处的社会历史条件有某种相似之处，或者是就考试事业发展的阶段性而言，它们有某种可比之处等，这些存在着可比性的不同国家和地区的考试现象，考试比较也可以对他们加以比较研究。很多横向的比较研究，也会联系相关的纵向历史因素来进行。但是，单纯的纵向比较，目前一般都认为是属于考试史的研究范围，不能算是严格意义上的考试比较研究。

四、分析法

分析是人类认识客观事物的一种重要思维过程和方法，通常与"综合"相对。作为考试比较的一种研究方法，我们所说的"分析"一般是一个包含了必要的综合过程在内的完整的认识过程，这是一个广义的"分析"概念。分析的目的，在于对进行比较的问题进行深入的研究，以便透过现象洞察事物的本质。分析有定量分析和定性分析两种具体的分析方法。在考试比较研究中，我们可以把这两种具体的分析方法结合起来灵活使用。

定量分析是指为确定研究对象的规模、速度、范围、程度等进行的有关数量关系的分析。定量分析可以通过精确、具体和细致的统计数据的分析处理，使我们对需要进行研究的考试现象的掌握更加精密化，从而更好地认识这些复杂的考试现象，通过数据揭示隐藏在现象背后的不同国家的考试之间以及考试与其他社会现象之间的联系，理解考试发展的内在规律，预测考试发展的未来趋势。凡是可以数量化的问题，一般都可以采用定量分析的方法。定量分析的主要优点在于具有严密的数理和逻辑方面的可靠依据，推导出来的结果也往往十分精确。但定量分析必须以定性分析为指导，盲目的定量分析是毫无意义的。

定性分析是一种为了判明事物的质的规定性所进行的分析。考试现象中有很多问题是很难仅仅用数量关系来加以说明的，譬如某一考试问题的实质是什么、某种考试理论的科学性如何、某种考试制度的合理性怎样等。像这一类难以进行定量分析的问题，都可以进行定性分析，通过运用哲学、教育学、心理学、社会学、历史学、经济学、文化学、国际关系学等有关学科的观点和方法，进行因素分析和假设验证，最终总结概括出关于某一考试问题的科学的、合乎逻辑的结论。定性分析一般要经过明确分析对象、拟定分析方案、提出研究假设、建立理论模型、验证假设和理论模型等必要的研究步骤。

实际上，比较的过程中总是包含着一定的分析过程。在考试比较研究中，比较和分析是两个紧密联系在一起的思维过程和研究方法。比较是在分析基础上的比较，分析是在比较主题下的分析。在初步分析的基础上进行比较，可以使比较的标准更加恰当，比较的内容更加明确可靠；在明确、恰当和可靠的比较框架内进行细致的分析，可以使比较的内容更加清晰，比较的过程及其结论更加科学和正确可信。

从考试比较研究的全过程来看，其基本的环节和步骤是：选择考试比较研究课题——广泛搜集相关资料——进行初步的分析比较——筛选、补充和整理材料——深入进行比较分析——做出比较研究的结论——验证结论，如果结论是准确、科学的，则这一考试比较研究告一段落；如果结论存在问题或疑点，则根据问题产生的原因反馈到与之相应的环节进行下一轮比较研究。从选择课题和收集材料出发，以分析比较为中介，以得出结论为归宿，整个研究过程既有一般考试科学研究的基本特性，也反映了考试比较研究自身的特点。

在考试比较发展史上，尤其是进入社会科学方法时代以后，很多考试比较研究者都提出了独特而有效的考试比较研究方法，如汉斯等人的因素分析法、马林逊（Vernon Mallinson）的民族性研究法、劳威瑞斯（Joseph Lauwerys）的哲学研究法、莫尔曼（Arthur Mehlman）的文化理论模式研究法、贝雷迪的比较四步法、诺亚与艾克斯坦的科学量化法、霍尔姆斯的问题法、金的教育决策五层次研究法等，这些研究方法都可运用于考试比较领域，有着重要的参照和借鉴作用。

第十二章 考试经验总结法

考试是根据一定社会、阶级或一定社会集团的客观要求，对应试者进行的一种有目的、有计划、有组织的测量其知识能力、素质、技能等个别差异的活动。任何一门科学的研究，若要从经验的一般概括升华为严密的理论体系，就必须有符合自身特点的研究原则与方法。考试科学研究也不例外。在人类社会几千年文明史的长河中，考试科学研究活动随着考试活动的发展而发展，随着社会物质文明、精神文明的进步而进步。经过一代又一代考试研究者和管理者的探索、研究和实践，人们提出了不同的、适合考试活动和考试科学的研究方法，经验总结法便是其中之一。

第一节 经验总结法概述

一、什么是经验总结法

经验总结就是一种有目的、有计划的，以发生过的事实为依据，通过现场观察、访问和调查来搜集经验性材料，对经验现象进行思维加工，从而获得比较深刻的规律性的认识。这种研究方法遵循实践——认识——再实践——再认识的客观规律，对所出现的、经历过的事物、现象进行深入、系统的归纳、综合、分析、提炼，寻找出有规律性的东西，并以此预测、指导今后的工作，改善工作质量，提高工作效率。考试科学研究的经验总结法就是通过对考试这一活动进行回溯性的分析和研究，揭示考试措施、考试现象和考试效果之间的必然或偶然的联系，发现或认识考试实践过程中存在的客观规律及作用，为以后的工作提供借鉴的一种常用方法。

二、经验总结法的特点

考试科学研究的经验总结法作为一种考试研究方法，从具体的研究过程和方法上看，有它自身的特点，具体体现如下。

1. 研究过程和方法是回溯性的。从考试经验总结法的性质来说，它具有追因研究的特点。因为它是根据已经发生的考试结果追溯其原因，从而揭示考试规律。它基本上不在考试实践活动中进行，而是在考试这一实践活动告一段落，实践成效已经显现，经验事实已经形成以后才进行回溯研究。当然这并不排斥在研究过程中将回溯研究与对现状的考察结合起来。这就是说，考试科学研究的经验总结法是对已经掌握的在自然状态下产生的事实、材料、感悟、体验进行"回溯式"研究，即事物发生在前，思考研究在后。

2. 研究的条件是自然状况。经验总结法不是刻意用事物之间的严格的数量关系来揭示事物的本质，而是以观察自然环境中的行为作为直接资料来源，依据揭示完全在自然状况下、已经发生过的事物的特征、发展过程、相关因素、影响机制来认识事物的本质。

3. 研究的结论与研究者的素质密切相关。经验总结法研究的对象是自然状态下发生的事实，具有人为性与自然性的统一，即从人的主观愿望出发去研究自然状态下的客观现象。所以研究的结果在很大程度上取决于经验总结者的理论修养水平。不同的研究者对同一个事实过程认识的程度不同，总结的深度就不同；不同的研究者对同一个事实过程的研究角度不同，总结的侧重点、研究的结论也不同。同一种现象、同一种活动，仁者见仁，智者见智是常见的事。

4. 研究的方法易于掌握。考试科学研究的经验总结法不要求实践者操纵各种研究变量，不用严格控制各种相关因素，所以这种方法易于被广大研究者所接受、所采纳。

5. 考试科学研究是一门新兴的交叉学科。与其他学科发展一样，借鉴了不少其他学科的研究方法。因此考试科学研究的经验总结法不是孤立存在的，既可以单独使用，又可配合其他方法一起完成研究的过程。

三、经验总结法在考试科学研究中的作用

1. 它是丰富和发展考试研究理论的重要手段。考试研究理论和所有的理论一样，不是凭空产生的，是经过几代人以可验证的方式对考试现象做出系统的解释，总结出有效的经验，再反复经过实践的验证才不断发展起来的。考试科学理论的水平和对考试实践的指导作用的大小，无不决定于考试实践经验的积

累及提炼的水平和层次。考试科学理论从考试实践中产生，考试实践又能有效地为考试理论的发展服务，这些无不借助于对考试经验的有效总结。因此，考试研究的经验总结就是从感性认识到理性认识的途径。考试研究是一种有组织、有目的的探索未知的活动。要探索未知就要立足于已知，就要用科学的态度对已经发生的考试现象进行研究，找出规律，突破难点，关注热点，总结有效的经验，弥补不足，以不断改进工作，为建立现代考试理论和实践服务。考试实践和理论不断提高的过程就是对未知不断探索的过程，也就是考试实践不断改善的过程，同时也是考试理论不断丰富的过程。

2. 考试科学研究的经验总结法有助于教育行政部门和领导者深入实际，把握实际，形成正确的指导思想、科学的评价标准和方法，正确地贯彻执行有关考试实践活动的方针政策。通过总结历史的经验，改革现在的考试，创造未来的考试。同时，通过考试科学研究的经验总结，不断提高考试专业工作人员的业务水平和从事考试科学研究工作的能力，促进考试专业人才的成长，也可因此推动考试制度的完善，有利于促进人才的培养和选拔。

3. 它是推进考试改革，提高考试实践水平的有效保证。考试的改革与发展不是自发地进行的，更不能盲目地推进。要保证各项新事物、新思路、新措施的实施，必须在一定的范围内进行试点性的实践，验证它的科学性、先进性、可行性以及可操作性。在试点过程中，经验总结法是最重要的研究方法之一。总结考试经验有助于经验的推广，大量事实表明，对经验进行认真总结，使之上升到理论高度，就可以使经验在更大范围内得到推广，发挥经验应有的作用。经验总结法是一种实证性、操作化的研究活动，它是通过总结试点工作的有效经验，探索实施的途径、方法，所以，能有效地为各项考试改革措施的出台提供实践的依据，为考试的改革与发展提供了有效的保证。

第二节 经验总结法的实施

一、考试科学研究经验总结的实施步骤

（一）准备工作

1. 确定研究课题。首先要根据考试实践中存在的问题，或是迫切需要解决的问题确定总结经验的题目，否则就没有总结意义。其次要求从实际出发，从

总结对象的实际情况出发，否则总结就没有基础。

2．选定对象。研究对象的选定主要是看对象是否具有代表性。所选对象应包括多种类型，以便获得完整的经验。同时，选定对象要从实际出发，采取优选的办法。选定对象的过程也弄清对象的过程。

3．查阅有关文献资料。总结题目和确立对象后，就要围绕总结的中心内容，广泛翻阅收集有关资料，包括有关方针政策、上级的文件指示、国内外研究动态，以及总结对象的相关历史和现实资料等。这不仅对于进一步明确总结经验的指导思想、目的任务和方法步骤等很重要，而且可以避免盲目摸索或重复已有成果，提高总结的效率。

4．制订计划。根据总结任务和对象的性质、特点，结合具备的条件和力量，对总结的过程进行构想，这就是制订计划。计划应包括：总结的目的、任务和基本要求；工作进展的轮廓；人员的组织和分工；总结的验证等。计划要留有余地，要充分考虑实施的可行性，并对可能出现的难以预料的问题做出应变的考虑。

（二）收集材料

总结经验要以具体事实为基础，如实地反映事物的本来面目，因此，通过各种方法全面收集能反映先进经验的材料，这是总结工作的基础和主要阶段。

（三）分析和综合

分析和综合是总结先进经验的重要环节。充分占有事实材料，这是产生先进经验的基础。然而，对收集的材料不进行分析和综合，使之条理化、系统化，那么，材料再多，无论是对理论还是对实践都不会有多少意义。

（四）确定成果形式

确定成果形式即确定研究总结出的经验的载体是什么形式，一般有论文、著作、音像制品等。

经验总结本身具有广泛性、群众性和多样性的特点，总结可以有不同的规模，可以采用各种不同的形式。因此，一般不可能控制在特定条件下进行总结，也难以制订统一的方法步骤。我们只能根据经验总结的经验或具体实践过程，提出大概的方法步骤，在实际运用时应根据条件，灵活采用。

二、选题中应注意的问题

由于所选的经验总结的内容别人也可能进行过研究，所以在选题中必须注意：

1. 要选择事实材料掌握得比较丰富，认识清晰而且深刻，成绩效果比较明显的问题进行总结。这样的问题容易考虑成熟，容易理出规律，也较有说服力。肤浅的认识，一般的工作总结是没有研究价值的。

2. 要注意选择大家关注的、亟待解决的热点、难点问题，即大家都想做或必须做而又不知该怎么做的问题进行研究总结，对这些问题的实践情况及时分析、归纳、提炼、总结，可以为这类问题的解决提供有益的经验。

3. 对同样的问题要从不同的的角度，提出自己的创见。对同一事物、同样的问题如果从不同的侧面、不同的角度研究总结，就可以得出不同的结果。对别人总结过的问题或已经有了成熟经验的问题，还能不能再研究？答案是肯定的。因为事物是在不断地发展着的，客观的环境条件也是不断变化的，没有任何一个问题、事物是一成不变的。关键是研究总结要针对当前的考试科学研究的实际，不能重复以前的或他人的观点、做法，否则这样的研究总结是没有意义的。

4. 注意多方面的联系，正确区分现象与本质，得出规律性的结论，要有创造革新精神。

三、考试科学经验材料的搜集、整理与分析

考试科学研究的经验总结法就是要以考试这一实践过程的具体事实为基础。要如实地反映考试实践活动过程的客观规律，离开了对考试实践活动的事实和资料的搜集与分析，经验总结就成为一句空话。

（一）资料的搜集

首先要根据研究的目的确定材料收集的内容和角度。即选择能反映事物全貌，容易介入的，材料比较丰富的角度。资料的搜集一般有如下途径。

1. 观察和考察。即直接参与被总结对象的实际活动，通过参加活动，亲身体验、感受整体的氛围，获得最直接的感性材料。

2. 调查法。调查法就是采用问卷、座谈或访谈的方式了解所需要的资料。调查人员应注意选择了解熟悉情况、掌握材料丰富、能全面反映事物面貌的各个层面的人员作为被调查、被访问的对象，目的是保证调查的材料真实、具体、全面；无论用何种方法进行调查，调查者都要十分注意消除被调查者的顾虑，使他们能客观地、全面地反映出真实的情况。

3. 文献资料。查阅文献资料就是对过去的考试科学研究的文献资料进行挖掘和分析，通过了解前人在考试理论和方法上做出了什么，从而确定历史上考试发展的进程，在总结前人已有的经验基础上，对历史上的考试理论和方法进行归纳整理，提取符合考试规律的部分，为建立新的，先进的考试理论和实践服务。

（二）资料的整理与分析

原始资料只是一些杂乱无章的表象资料，不经过整理分析是不能反映出事物的顺序和实质，也就发现不了事物的本来面貌和发展规律，当然也就提炼不出任何经验。同时，资料整理分析方法的科学程度决定了总结出的考试科学研究经验成果的价值。一般来说，资料的整理与分析要完成如下的工作。

1．资料的整理。资料整理是从收集材料阶段过渡到研究阶段，由感性认识上升到理性认识的重要环节，直接关系到考试科学研究经验的可信度与准确性。首先，要对杂乱无章的事实资料进行检查、判断、比较、选择，以达到去粗取精、去伪存真，使事实资料系统化、条理化的目的。对事实资料进行认真细致的检查，检查资料的准确性和完整性，避免将一些微小的、表面的、不易引起人们注意的材料盲目删除，有时这些细微的材料恰能反映事物的一些关键点。同时切忌凭个人主观感受对材料进行取舍，以保证材料的客观性。其次，从研究的目的出发，根据研究对象的特点，将收集来的资料按时间顺序或事物发展的顺序，或按事物的不同性质分门别类地进行归纳，使这些资料能够较清楚、较明显地反映出事物的全貌或发展的全过程。经过以上的整理，这些资料就会给总结者留下一个清晰的事物的表象。

2．材料的分析。首先要从整理后的事实材料中找出那些个别的、单独的事物之间的联系，从具有相同属性的事物中，抽取其共同的特征，归纳出其内部的联系性、有序性、因果性；进而概括、抽象出事物发展的规律，并寻找事物发展的内在机制。用材料说明事物是如何发展变化的，为什么会如此发展变化，并通过归纳出的因果关系寻找出事物发展的趋向和条件。

（三）在搜集分析资料时应注意的问题

1．研究者一定要有实事求是的科学态度，以保证材料的全面性、真实性、客观性。

2．研究者要具有相关的考试专业知识，以科学的理论为指导。研究者理论水平的高低决定了其观察、认识、分析问题的态度、角度和水平。

3. 分析过程中不能轻易地盲目下结论，要听取多种意见，经过反复研究讨论，最后寻找出结果，这样的结果才能被大家所接受。

四、经验的提炼、筛选与验证

经过对经验材料的整理与分析，就可以概括出经验性的命题。如，通过对大学英语四、六级考试试卷的分析，以及对通过四、六级考试的学生的观察、访谈，发现虽然许多学生通过了卷面考试，但他们的听说能力却不能达到要求。从中可以总结出经验，现行的大学英语教学大纲、课程教学和考试方式，不能有效地促进学生英语的实际运用能力，必须对某些环节进行改革。这就是经验的提炼和总结。由于经验是在自然条件下产生的，受到时间、环境、总结者的主观愿望等因素的影响，很难一下子就准确地揭示出事物之间的因果关系。另外，总结出的经验并不一定能完全揭示考试规律，因此就要对经验进行不断的筛选，提取其本质的东西，抛弃非本质的、附加的东西，从而使经验上升到有普遍意义的理性认识，揭示考试规律。筛选经验的主要方法是对总结出的经验进行验证，即将经验再运用到实践中进行考察和评价。如，上面提到了大学英语四、六级考试存在缺陷，教育部对考试的部分内容进行了调整，并在一些试点实行新的考试。这就是对经验进行验证的过程。

第三节 经验总结报告的撰写

经验总结报告的撰写程序、格式与论文的撰写基本一致，但内容的层次和深度与科学研究论文是不一致的。科学研究论文一般是指理论研究的成果，说明作者理论上的新概念、新观点；而经验总结是以改进实践为目的，通过对以往实践情况的分析提炼，总结出规律，为别人或今后的实践提供可操作的借鉴。

一、经验总结报告撰写的内容及要求

由于经验总结是对已经发生过的事物进行回想反思式的研究，目的是要寻求规律，为人们提供可以借鉴的经验。所以，考试研究的经验总结报告必须具备如下内容：

1．从客观的需求说明经验总结的目的、内容以及寻求经验的价值、意义；

2．归纳概括出事物的共同规律和本质即经验；

3．通过对资料的介绍和分析，说明经验结果产生的过程及条件，阐明每种经验的因果关系；

4．阐明作者对经验及其产生发展过程的认识、看法和理由，目的是提高经验的理论层次和被认可的程度；

5．提出作者对推广使用经验的意见和建议。

二、对经验总结报告的整体要求

一是经验必须明确，让人知道到底应如何做，为什么这样做，给人以清晰感；二是经验要先进，一定要有层次，有理论依据，理由充足，使人能够对此经验产生认同感；三是经验要突出自身的特点，不停留在一般性的描述，看问题有新的角度，给人以新鲜感；四是经验必须与当前的实际相吻合，能够推广和使用，给人以可操作感，而不是以凭空设想代替经验。

三、经验总结报告撰写的格式

经验总结报告的撰写没有固定的格式，但从经验总结报告写作的思路上讲，一般有如下的顺序。

1．题目。题目是一篇文章的标志，也是文章主题的高度概括。经验总结报告的题目可以有多种表达方式，但以能最简明地表达出因果关系的语言作为题目是最明了的。题目一般有如下几种类型：（1）说明经验的内容，如《大学英语四、六级考试要注重对学生的听说测试》；（2）介绍主要的做法，如《修改英语教学大纲和课程教学要求，注重学生听说能力的培养》；（3）直接说明经验的意义或作用，如《大学英语四、六级考试听说测试，有助于提高学生的英语实际应用能力》。

2．介绍研究概况。一般设在文章的前言部分，本部分要说明该项研究的整体情况，即该问题是如何提出来的，要解决的现实问题是什么。为突出研究的价值，还要介绍对该问题已有的研究情况、水平及本次研究的特点及创新之处。另外，要突出说明该项经验总结的研究结果、结果产生的基本过程以及经验的使用价值。通过本部分的阐述，要使读者产生对该项研究过程及成果形成一个完整的概念。

3. 阐述主要的经验和依据。该部分是经验总结报告的核心部分，目的是明确地把从事实材料中经过分析研究后所提炼出的共性的东西、发现的规律、所要说明的观点明明白白地告诉大家。经验水平的高低，使用价值的大小与本部分对经验表述得是否准确、原因分析得是否透彻有很大关系。经验概括的思路要清晰，每一条经验与说明经验的资料要一一对应，让人一看就知道经验是什么，经验产生的依据是什么。对经验的表述要明确、具体、全面，要以概括、精炼、有高度认识的语言进行描述。经验概括得要准确，与研究的实际情况相吻合。经验的表述要突出比以往的或同类的经验更有特点的地方，即突出其独到之处，避免雷同，这样才能体现经验的价值，体现经验总结研究的价值。对概括出的经验，要寻找到能解释它的理论依据，即从理论上寻找经验的支撑点，使经验在理论的支撑下更新颖、更精确、更清晰、更有深度。经验表述过程中使用事实资料时要适量。事实太少或过于简单则显得空洞，使经验缺乏信度；事实过多过杂就会成为累赘，削弱了要说明的主题。对那些有说服力、与经验的产生有明确因果关系的资料应重点说明，使经验产生的理由充分合理，使别人读后不仅知其然，更知其所以然。对经验材料要提炼加工，要与原有的经验事实加以比较，以突出经验的先进性和合理性。

4. 说明存在问题。对已经发现或掌握的研究过程的不完善之处，事实材料的不充分之处，问题解决的欠缺之处以及研究的难点或困难都应加以实事求是地说明，为读者在继续研究或在今后的工作中提供借鉴，不能刻意夸大经验价值，掩盖缺陷甚至存在的重大问题。应该说，任何一项研究都不可能十全十美，指出存在的问题或困难本身就是研究成果的一部分。

5. 建议或小结。一般是指经验总结的结尾部分，该部分有两个功能：一是对所论述的经验再简要地进行总体概括，突出对效果的描述，即以浓墨重彩强调经验总结的意义和经验的价值；二是表达研究者的体会及对经验发展的看法，并对今后经验的推广及使用提出建议，对经验的使用前景及效果做出推断。本部分虽然篇幅不长，但不可或缺，代表经验总结报告达到的实际高度，表达研究者对该经验的价值取向。

四、撰写经验总结报告必须注意的问题

1. 切勿将工作总结与经验总结相混淆。工作总结虽然也是使用回想的思考

方式，但思考的内容侧重于对工作过程、工作方法的介绍，并通过量化的方式表示工作的成绩，目的是让他人了解你的工作情况。工作总结要回答的是"干的什么"和"怎么干的"的问题，而经验总结则侧重于对事物发展情况的研究，并通过事物的最后结果查找原因、机制，寻求共同的规律，即通过对客观存在的教育事实的研究，获得某一方面的系统的认识，回答"是什么"和"为什么"的问题。这种认识可以对今后的工作起到指导和借鉴的作用。

2．选用资料时，一定要实事求是，尊重客观实际，不能从总结者的主观愿望出发进行取舍，甚至捏造事实。经验有成功的也有失败的，无论成功的还是失败的，对今后的工作具有同样的借鉴作用。总结者不能从个人的感情、好恶或良好的愿望出发，只愿意接受好的事实，不愿意接受坏的，或只往好处看，不往坏处想。这样总结出的经验，对问题的看法不但是主观片面的，而且会对别人产生误导，对决策产生误导。

3．为说明经验的有效性，一定要选择那些与经验的因果关系密切、有说服力的研究成果，尤其要着重介绍经验总结对考试改革和发展所起的促进作用。也就是说，介绍成果时，不仅要说明"果"，更要说明"因"。一般情况下，体会只是一些感性认识。对这些体会要归纳，要提炼，要升华，要寻求根源，最后上升到理性认识，体会才能上升为经验。

4．要防止就事论事，理论层次不高。所谓的理论层次是指认识的程度和对道理阐述的深度。提高理论层次的关键是要把从感性到理性的认识过程描述清楚，也就是说，要把研究者对经验总结过程的指导思想、思考过程、原因道理讲清说透。

五、经验的推广运用

经验的推广运用是在理解先进经验本质的基础上，再将先进经验创造性地运用，把先进经验变成实际工作的有机组成部分。它实际上是一个再实践的过程，同时也是再认识的起点。例如：通过对大学英语四、六级考试的经验总结，发现经过十几年的发展，我国的英语教学取得了很大的进步，原来的大学英语四、六级考试偏重测试的是学生的语言知识和阅读能力，不能适应社会对学生实际应用英语的要求，通过这一经验总结，教育部对四、六级考试从考试内容和形式上进行改革，更加注重检测学生以听、说能力为主的英语实际应用能力，并于 2005 年 6 月在一些高校试点开始了新题型的英语四、六级考试，并逐渐推广。在推广新的考试制度的同时，我们又在新的实践中产生新的认识，总结新的经验，不断对其进行完善。这就是一个实践——认识——再实践——再认识的过程。

考试科学研究是一门新兴的交叉学科，它所涉及的问题十分复杂，仅仅靠一种研究方法显然是不够的，所以在考试科学研究过程中，我们不必拘泥于某种特定的方法。作为一种科学研究方法，经验总结法可以与其他方法综合应用，使其在考试研究过程中发挥应有的作用。

第十三章　考试统计分析法

统计是社会认识的最有力的武器之一。认识的根本任务在于认识事物的本质和规律性。然而，社会现象是非常复杂的，其存在和发展是以诸种因素相互依存、相互制约、相互联系为条件的。如果只运用一种方法，仅从表面现象来认识，或者只从几个指标数值而不是从联系中综合分析，就不能全面深入地认识事物。所以，通过搜集了所需要的材料并经过整理之后，必须进行分析。

统计分析，就是指根据分析研究的目的，运用统计方法，以统计资料为依据，结合具体情况，对客观事物进行科学的分析和综合的研究，揭示其本质和规律性，提出解决矛盾的办法的一种活动。统计分析的主要特点是以统计数据为基础，运用科学的统计方法，对所研究的事物进行剖析，从有关统计指标数值及其联系中，摆情况、讲道理、揭矛盾、找措施、提建议。所以，统计分析离不开数字。然而，统计分析也并非单纯的数字罗列，而是将真实的数据和生动的情况相结合，通过逻辑思维、判断、推理，来反映事物的表象，揭示事物的本质。

考试统计分析是指对经过加工整理的各项统计资料，应用各种统计分析方法，从静态和动态方面进行基本的数量分析，认识和揭示所研究的考试现象的本质和规律性，做出科学的结论，进而提出建议并进行预测的活动过程。它是运用统计方法对资料进行比较、判断、推理、评价，揭示考试现象的本质和规律性的重要途径之一，也是进行考试科学研究的基本方法之一。

其中最常用的就是考试统计分析，它是根据分析研究的目的，运用统计方法，以统计资料为依据，结合试卷及考试情况，对试题进行科学的分析和综合的研究，从而提出解决问题的办法的一种活动。

考试统计分析是人们获取考试活动有关信息、正确处理考试结果的必要措施，是进行考试质量评价的基础和前提。特别是，由于试卷提供的材料详尽、具体，除可供定性分析外，还可以进行定量分析，从而得出比其他方法更精确的评价，因而，试卷统计分析就成为评价考试质量的最重要、最有效的方法。

第一节 考试统计分析的意义和方法

考试作为一种有目的、有计划地对人的知识、技能和能力等方面个别差异进行测度和甄别的社会活动，与人类其他社会活动一样，在考试活动实施之前，就已对考试欲达到的结果进行了预期和设计，对考试活动开展的途径、方法、手段和措施进行了选择和规划。由于人的认识能力的局限性、客观控制水平的限制和环境条件变化的影响，人们在实际考试活动中难免出现各种偏差，造成活动的实际结果与考试目标之间的差距。因此，对考试试卷进行科学统计分析，探明考试造成偏差的原因，明确考试结果与考试目标间距离的大小，对于改进和完善命题工作，合理解释和正确使用考试结果等都至关重要。

一、试卷统计分析的意义

（一）有利于改进和完善考试工作

考试统计分析是把考试活动的各部分、各方面、各层次和各种现象进行系统考察并做出解释的过程。这种多维度、多层次、多侧面的剖析，使我们准确了解考试活动中各环节的真实运行状况，探明这些环节中哪些方面情况较好，哪些方面存在问题，存在什么问题，出现这些问题的原因是什么，对考试结果产生什么影响等。若不进行试卷分析，就只能凭主观经验进行推测，相反，若能在考后进行分析，并对不同考法的结果进行比较，设计的方案将会更合理、更符合实际，从而及时总结经验和教训，改进和完善考试工作，不断提高考试质量。

（二）有利于为改进命题工作提供大量信息，提高试题和试卷的编制质量

试卷统计分析，主要是通过对考生答卷情况的分析，评价试卷和每道试题的质量，它提供的主要是试题和试卷编制效果方面的信息，因而，提高试题和试卷的编制质量，是试卷分析的主要作用。对于将要开展的同课程考试来说，进行过的考试是一次最真实的试测。虽然将来考试的试题不可能完全等同于用过的试题，但同类考试，考试内容和考试标准应该是稳定的，试卷的设计蓝图也是大体相同的，因而具有很大的可比性。虽然对于考过的试卷的分析没有专门试测的针对性强，但由于正式考试的规模更大，情景更"逼真"，对它的分析往往能够收到试测所不具有的效果。

如果考试使用的是考试题库或试卷库中的试题，那么，对于题库的提高和完善来说，它就是一次理想的试测，试卷分析对于改进试题和试卷编制工作的作用将更直接，价值也更大。

（三）为客观评价考试质量提供依据，有利于正确使用考试结果

考试统计分析的过程，也是将考试活动中各环节运行结果与考试标准进行比较的过程。通过这种比较，可以看清考试结果与考试标准之间在哪些方面有差距、有多大差距，为客观评价考试结果的价值提供依据，以便正确使用考试结果。

（四）为科学研究积累素材，有利于促进考试科学化的实现

考试统计分析的过程，还是获取大量考试信息的过程。通过对每次考试统计分析所获信息的整理、研究，能够从各种繁杂的考试现象中总结出考试活动的规律，从而提高考试实践的科学化程度，加快实现科学化考试的步伐。

（五）试卷统计分析也有利于改进个人学习方法方式

试卷统计分析，是对试卷中储存的信息的进一步发掘和利用，这信息不仅对检查和改进考试工作有重要的价值，对改进考生的学习方法方式也有重要的价值。如分析考生答卷中错误所在，找出带有普遍性的问题，对先后举行的同课程考试的试卷进行对比研究，分析考生的具体问题，对不同地区、不同助学单位的考生试卷进行对比，分析学习质量的差异等等，对于改进学习方法方式是大有益处的。

总之，试卷统计分析是整个考试统计工作的一个重要阶段，是考试统计工作的最终环节，其好坏直接影响统计的质量。在考试统计实践中，只有开展统计分析，才能更好地发挥统计的作用，为各级领导提供有数据、有情况、有分析的资料，为制订计划和规划，决定有关政策、方针，提供科学依据，扩大社会影响。

二、考试统计分析的基本方法

考试统计分析主要任务就是"占有资料，加以分析，找出矛盾，提出办法"。它和其他各阶段不同之处，在于：第一，考试统计分析提供的资料，不是原始的，而是经过整理加工提炼的资料；第二，不仅有整理的资料，而且有综合分析，形成一定观点的材料；第三，不仅提出问题，剖析问题，而且提出解决考

试矛盾的措施、办法和建议。

考试统计分析从选题到形成报告，一般程序是：确定题目，拟订提纲；搜集、积累与鉴别资料；进行系统周密分析；得出结论，提出建议；根据分析结果形成报告。

（一）确定题目，拟定提纲

考试统计分析要有针对性，这是进行考试统计分析首先需要解决的问题，它集中体现在题目上。题目体现着考试分析的目的和所要分析的问题。确定分析题目要从实际出发，可根据政府和教育部门以及其他考试部门在各时期的政策和工作重心的要求，根据考试管理工作中的问题来选题。在选题中要正确处理需要与可能的关系。题目虽好，很适时，但尚无条件，可暂时不搞；题目虽不大好，不太适时，但已掌握充分材料，只要能够反映出一个值得重视的问题也可以搞。前种情况可积极创造条件，后种情况可进一步努力提高质量。在选题中还要处理好综合分析和专题分析的关系。

选定题目之后，接着就要拟订提纲。分析提纲的内容，一般包括分析目的要求；所要研究的各种考试问题及其各个方面；分析研究所需要的各种考试材料及其来源。分析提纲不是一成不变的，在拟订之后，还要根据分析中所发现的新情况和新问题，进行修改补充。

（二）搜集、积累与鉴别资料

考试统计分析以统计考试数据为基础，必须占有大量相关考试资料，不仅要搞好各种考试统计和年报资料的整理与积累，还要经常搜集各种有关考试会议报告、文件、计划、总结和各种简报资料。在分析研究过程中，除了平时掌握比较丰富的资料外，还要深入实际，进行调查研究，掌握典型材料，补充新材料，增加新认识，探索解决矛盾的切实办法。在进行分析过程中，要对资料的正确性和可比性加以鉴别，在运用历史资料时，要特别注意资料的范围、口径、计算方法是否一致。

（三）运用统计方法进行系统周密的分析

方法是达到目的的手段，了解并掌握每种方法的作用、计算过程和应用条件对于搞好考试统计分析是十分重要的。这里仅从进行系统周密分析角度，却有必要从总体上，研究其运用问题。第一，要根据所研究对象特点和分析的任务来选用适当的有效方法，可以是几种方法有机结合，也可以是多种方法综合运用。第二，从各种方法特点出发，灵活运用比较和对照，可进行纵向对比，也可进行横向对比，综合分析错综复杂的现象。因为比较法是存在于各种方法中的共性，在比较时，要注意比得合理，比得恰当，比得有效。第三，从统计认识活动总任务出发，深刻认识考试的本质和规律性，要把比较法、剖析法、分解法结合起来。为认识考试本质要比较对照，层层剖析，细细分解，以便揭露矛盾，抓住症结。第四，运用一般分析方法进行逻辑分析、推理和判断，准确分清一般与个别，正确划分正常与非正常、主要与次要、必然与偶然、系统与非系统，综合概括，做出正确的结论。第五，在运用统计方法时，切忌单纯用统计方法反复计算纷繁的数字，就数字论数字，脱离实际，无视生动情况，草率下结论。

（四）得出结论，提出建议

这是系统周密分析的结果。结论与建议并非凭空臆想，而是以实际资料为依据，将丰富的感性材料去粗取精，去伪存真，由此及彼，由表及里，从感性认识上升到理性认识。这就要抓住主要矛盾，透过现象看本质，通过数据的变化看趋势，得出结论预测未来，提出积极建议。

（五）根据分析结果形成报告

考试分析报告是分析结果的重要表现形式。应根据研究目的和内容，采用灵活多样的形式来表现，以供有关方面使用或参考。一般来说，考试统计分析关键是要有丰富的材料、完整的内容和正确的观点。但恰当的表现形式也是考试统计分析发挥作用的重要方面，统计分析结果表现形式有多种，其中分析报告是主要的。

第二节 整理考试数据

统计整理是根据统计研究的目的，对调查阶段搜集的原始资料，按照一定标志进行科学的分组和汇总，使之条理化、系统化，将反映各个考生的个别特征的资料转化为反映总体和各组数量特征的综合资料的工作过程。

统计整理是使我们对社会考试现象的认识，由对个体的认识过渡到对总体的认识、由感性认识上升到理性认识的必经阶段，是考试分析的必要前提。

考试结果是人们从事考试活动的结晶。考试结果质量优劣，直接决定了考试结果可利用价值的大小，因此对其进行质量分析、有重要意义。分析考试结果质量优劣,主要是探明其结果的有效性和可靠性,一般包括考生分数分布状况、效度、信度、难度、区分度、考生答题情况等。但是,事实上它的内容是非常庞杂的,必须结合具体的分析加以讨论。如仅就试题质量分析而言,就包括陈述是否准确、清晰;内容是否科学、有代表性;选项是否新颖、富于引导力;答案是否准确、无歧义;难度、区分度是否适宜等等。因此,我们对考试试卷统计分析是主要为研究试卷和试题质量而进行的统计分析,主要包括以下项目:考试成绩分布的统计估计、考试的信度分析、考试的效度分析、试题的难度分析、试题的区分度分析。

试卷统计分析是一项复杂而细致的工作,必须针对一定的考试目的和类型,选择适当的方法,按照一定的程序规范进行,否则就可能出现差错。考试试卷统计分析通常采取下述的工作步骤。

一、抽样

选取分析对象是统计分析的第一步,是开展分析的起点。对于规模较小的考试,考试结果质量的分析一般以全体考生的考试成绩为对象。在试卷数量较大的情况下,我们不能对每一份试卷都进行分析,这样,人力、财力消耗太大,时间也不允许。统计学为我们提供了一个由部分推断总体的科学方法,从而使我们可以通过对部分试卷特征的研究,推断出试卷总体的特征。但是,并不是随便选取若干份试卷,由它们的特征就可以推断出试卷总体的特征。我们抽取的试卷(称作"样本")需要具备两个条件:一是它们是随机抽取出来的;二是它们的数量足够大。这样,样本对于总体才能具有较好的代表性。所谓随机抽取,就是试卷总体中各份试卷都有同样被抽取的机会。随机抽样,是科学推断的前提。

随机抽样的具体方法较多,下面介绍几种最常用的方法。

(一)简单随机抽样

这种抽样是所有随机抽样中最简单易行的方法。简单随机抽样又分为抽签法和随机数表法。

1. 抽签法

首先将研究总体中每个个体统一编号,然后将这些编有号码的卡片置入箱内,摇匀后再随机抽取卡片,直到抽满预定数额为止。这些被抽卡片即为分析样本。此法多用于总体不太大的分析。

2. 随机数表法

随机数表是由一些任意数字毫无规律地排列而成的数字表。抽取时可从表中任一数字开始依次往下数数字（正数或倒数均可），并将数字与总体中统一编号后的个体的编号数对照，凡个体编号数与随机数表上数相同时，该个体即为一个样本。若遇到重复号码时，应放弃不用，再查下一号码，直到抽满为止。

（二）等距随机抽样

这是在研究总体中，按相等间距抽取样本的方法。这种抽样方法的步骤如下。首先，确定间隔距离，其计算公式为：

$$R=N/n \tag{13-1}$$

式中，R 为间隔距离；N 为总体个数；n 为样本个数。

然后，将总体中所有个体按分数从高到低排列编号，以第 K 个个体为第一个样本。第二个样本则为 $K+R$，依此类推。第 n 个样本则为 $K+(n-1)R$。其中，K 作为选样起点，按随机原则决定。此法在实际中最常用。

（三）分层随机抽样

这种方法是研究者根据某种标准首先将总体中所有个体分成若干类，每类称之为一层，然后在各类中按比例抽选样本。如：将考生分数分为好、较好、一般、较差、差五类，然后按比例从每类中用简单随机或等距随机抽样方法抽取样本。当考生分数分布情况已知时，常用这种方法。

为了不增加不必要的工作量，样本量的选取不宜太大。一般来说，若一次考生人数达到千人以上，可取 300 人左右作为分析的样本。检验抽取样本是否具有代表性，样本量确定是否合理，常用以下两种方法：第一，检验样本各分数段分数的分布比例，看其是否接近总体各分数段分数的分布比例；第二，检验样本的平均值、标准差与总体的平均值、标准差是否无显著差异。若上述条件不符合，则要重新确定样本容量和抽样方法，重新进行抽样。

二、记录并整理样本有关资料

分析对象确定后，便开始收集整理对分析有用的资料，一般包括：考生答卷；考场动态记录；阅卷评分记录；效标分数等。

（一）考生答卷收集与整理

考生答卷是反映考生考试情况的最主要的原始资料，也是考试结果统计分析的核心部分，是资料收集与整理的重点。因存在纸笔作答和实践考核两种考试方式，故考生答卷的形式有答卷纸和实物两种，因而收集整理的内容与方法略有出入。对于纸笔考试，考生答题信息都反映在答卷纸上，故只需收集答卷纸即可。其具体过程为：先从考生总体中将分析对象的已评阅答卷抽取出来，然后将每个考生答卷纸上得分情况、选择题备选答案选择情况、非客观性试题所出错误情况等，分门别类造表登记和汇总，以备分析之用。

在实践考核中，由于考生以实物为答题对象，答题的情况反映在操作的过程与被操作的实物中，因而对考生答卷的收集只能利用评分者的评分表作为对象，即收集评分者为考生所打分数的评分表。获得评分表后，可以分别进行登分造表。

（二）考场动态记录收集与整理

考场动态记录如实反映了考生应考的情况，是考试统计分析的重要参考依据，也应收集和整理。考场动态记录不以某个考生为对象，而是以各个考场为对象，综合记录其考生整体的应考气氛、考试纪律、答题速度等内容，因而应尽可能将全部考场记录收集汇总，然后整理归纳出一些共性的、对整个考试质量有较大影响的问题，以备分析结论时用。

（三）阅卷评分记录收集与整理

阅卷评分记录是反映考生答题情况和评分误差，以及进行质量分析的关键材料。通过对这些资料的收集与整理，我们可以找到考生答题中普遍存在的问题，也可以知道考生答题中的优点之所在，还可以弄清评阅试卷时评分误差情况，为对统计分析作结论提供准确依据。由于阅卷评分记录也是针对阅卷整体的，因而在收集时也应尽量全部收集，包括评阅的记录（主要反映主观性试题中考生存在的问题）、答卷评阅情况抽样记录（主要反映评卷质量）等，再将这些记录归类后总结出带共性的问题，以备分析结论时用。

（四）效标分数收集和整理

效标分数是指能反映考试目的、独立于本次考试之外、用来作为本次考试参照标准的考试分数。效标分数收集是一件复杂的工作，一方面它要求效标考试与本次考试应具有同质性，也就是说两次考试的内容、目标指向应相同，这在实际中是难以办到的；另一方面效标分数收集周期较长，如全国高等教育自学考试统一命题考试试卷的效标分数要等一年后才能收集到，而且收集的工作量大。因此，要认真做好效标分数收集整理工作。效标分数主要用来对考试结果作统计分析。

以上几种资料是考试结果统计分析应收集的主要资料。还有一些其他资料，如考生基本情况等，也应视其情况进行收集整理。

第三节 试卷统计分析主要内容

获取分析资料后，便要着手对这些资料进行全面细致的分析。分析一般采取定性与定量相结合的方式进行。定性主要是从考试结果质的方面对考试质量进行考察，定量主要是对考试质量进行把握。定性、定量分析过程是考试质量分析过程中最复杂、最困难的步骤，同时也是最核心的步骤。为叙述方便，下面先讨论定量分析方法。

对考试结果进行定量分析，主要借助数理统计的方法。分析的内容主要有：考试统计描述；样本特征量计算；考试成绩分布统计估计，试题和试卷难度与区分度分析；选择题备选答案选择情况分析；考试信度分析；考试效度分析等。

一、考试统计描述

（一）考试统计表

1. 考试统计表的定义和结构

对考试统计调查所获得的原始资料进行整理，得到说明考试现象及考试过程的数据，把这些数据按一定的顺序排列在表格上，就形成了考试统计表。考试统计表包括考试统计工作各个阶段中所用的表格。但本章所指考试统计表专指考试分析表和容纳各种统计资料的表格，也就是通常所说的考试统计表，它清楚地、有条理地显示对考试的统计资料，直观地反映考试统计分布特征，是考试统计分析的重要工具。考试统计表的结构，可以从表式和内容两个方面来认识。

（1）从表式上看，考试统计表是由纵横交叉的线条组成的一种表格，表格包括总标题、横行标题、纵栏标题和指标数值四个部分。总标题是考试统计表的名称，它扼要地说明该表的基本内容，并指明时间和范围。它置于考试统计表格的正上方。横行标题是横行的名称，一般放在表格的左方。纵栏标题是纵栏的名称，一般放在表格的上方。横行标题和纵栏标题共同说明填入表格中的考试统计数字所指的内容。指标数值列在横行和纵栏的交叉处，用来说明考试总体及其组成部分的数量特征，它是考试统计表格的核心部分。具体表式如表13-1 所示。

表 13-1　某校 2005-2007 年学生参加全国计算机等级考试通过率统计表

统计时间：2007 年 11 月 10 日

考次	考试时间	报名人数	笔试 通过人数/通过率	上机 通过人数/通过率	通过总人数/通过率
21 次	2005 年 4 月	859 人	341 人/39.70%	303 人/35.27%	257 人/29.92%
22 次	2005 年 9 月	1438 人	434 人/30.18%	521 人/36.23%	311 人/21.63%
23 次	2006 年 4 月	2513 人	1320 人/52.53%	1107 人/44.05%	1093 人/43.50%
24 次	2006 年 9 月	2094 人	1257 人/60.03%	1244 人/59.41%	1136 人/54.25%
25 次	2007 年 4 月	3558 人	1916 人/53.85%	2179 人/61.24%	1749 人/49.16%
26 次	2007 年 9 月	3747 人	2375 人/63.38%	2146 人/57.27%	2039 人/54.00%
总计		14209 人	7643 人/53.79%	7500 人/52.78%	6585 人/46.35%

说明某校 2005—2007 年学生参加全国计算机等级考试报名人数逐年增加，通过率逐年提高。

（2）从内容上看，考试统计表由主词栏和宾词栏两个部分组成。主词栏是考试统计表所要说明的总体及其组成部分；宾词栏是考试统计表用来说明考试总体数量特征的各个统计指标，如表 13-1 所示。主词一般列在表的左方，宾词一般列在表的右方。必要时，主宾词可以变换位置或合并排列。此外，考试统计表还有补充资料、注解、资料来源、填表单位、填表人等。

2. 考试统计表的设计

考试统计表设计总的要求是：简练、明确、实用、美观，便于比较。考试统计表的设计应注意如下事项：

（1）线条的绘制。表的上下端应以粗线绘制，表内纵横线以细线绘制。表格的左右两端一般不画线，采用"开口式"。

（2）合计栏的设置。考试统计表各纵列若需合计时，一般应将合计列在最后一行，各横行若需要合计时，可将合计列在最前一栏或最后一栏。

（3）标题设计。考试统计表的总标题，横栏、纵栏标题应简明扼要，以简练而又准确的文字表述统计资料的内容、资料所属的空间和时间范围。

（4）指标数值。表中数字应该填写整齐，对准位数。当数字小且可略而不计时，可写上"0"；当缺某项数字资料时，可用符号"…"表示；不应有数字时用符号"——"表示。

（5）计量单位。考试统计表必须注明数字资料的计量单位。当全表只有一种计量单位时，可以把它写在表头的右上方。如果表中各格的指标数值计量单位不同，可在横行标题后添一列计量单位。

（6）注解或资料来源。必要时，在考试统计表下应加注解或说明，以便查考。

（二）考试统计图

运用统计图形可以直观地描述次数分布的类型特征，常用的图形有三种。

1. 直方图

直方图是用直方形的宽度和高度来表示次数分布的图形。绘制直方图时，横轴表示各组组限，纵轴表示次数（一般标在左方）和比率（或频率，一般标在右方），若没有比率，直方图只保留左侧的次数。依据各组组距的宽度与次数的高度绘成直方形（图13-5）。

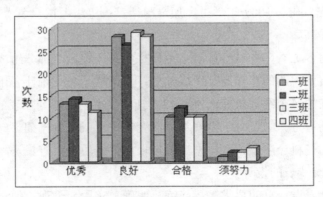

图13-5 某校某年级考试成绩统计直方图

2. 折线图

折线图是以线段的起伏表示其数量分布的特征。绘图时，可以在直方图的基础上，用折线将各组次数高度的坐标连接而成，也可以用组中值与次数求坐标点连接而成。

3. 曲线图

当变量数列的组数无限多时，折线便表现为一条平滑曲线。曲线图的绘制方法与折线图基本相同，只是在连接各组次数坐标点时应当用平滑曲线。

注：例子见国家考试中心每年的年鉴统计图。

二、样本特征数计算

样本特征数是用来反映样本典型水平的量数，有集中量数和差异量数两类。集中量数用来描述样本分数的集中趋势，最常用的是算术平均数、中数和众数；差异量数用来描述样本分数的离中趋势，最常用的有标准差和标准差系数。其计算方法如下。

1. 算术平均数计算公式为：

$$\overline{X} = \frac{\sum X_i}{N} \qquad (13-2)$$

式中 $\overline{X}$ 为某考生某题或试卷得分平均数；X_i 为某考生在该题或试卷中得分；N 为考生数；$\sum$ 为求和符号。

平均数是一次考试分数的平均值，它使用最广而又最能反映一组分数情形的量数，有了平均数，不仅能对同一组分数中的每一分数做出评价，而且可将一组分数与其他各组分数进行比较（在分数等值的情况下），它总的反映出一个考试总体的平均水平。

2. 中数（M_d）的计算方法为：将考生成绩从高分到低分排列，处于正中间的考试分数即为中数。其具体含义为：若考生数为奇数，正中间分数与两边分数不重复，则该分数为中数；正中间分数与两边分数有重复（如1、3、7、7、8），则需先假设位于中间的几个重复数目为连续数目，取序列中上下各 $N/2$ 那一点上的数值为中数（限于篇幅、具体计算方法可参阅有关书籍）。若考生数为偶数，则取正中间两分数的平均值为中数；若正中间数与两边数重复时，应采用将数目当连续值看待再求中数的方法进行，方法与奇数情况时相同。

中数是处于一组数据中间位置的那个数，在考试分数的次数成标准正态分布的情况下，中数具有平均数同等的意义。

3. 众数（M_o）的计算方法为：将考生成绩归组做频数分布表，取人数最多的一组分数的中值为众数。

4．标准差计算公式为：

$$S = \sqrt{\frac{\sum(X_i - \overline{X})^2}{N}} \qquad (13-3)$$

式中 S 为某题或试卷全体考生标准差；$\overline{X}$、X_i、N 含义同公式（13-2）。

5．标准差系数计算公式为：

$$CV = \frac{S}{\overline{X}} \cdot 100\% \qquad (13-4)$$

式中 CV 为标准差系数；S、$\overline{X}$ 含义同公式（13-3）。

上述各种特征量，平均数 $\overline{X}$ 用来表示一组考试分数的分布中心，标准差 S 用来表示一组考试分数的离散程度。而中数 M_d、众数 M_o 则多用来计算考试成绩分布的偏态值和峰态值，标准差系数用来比较两组单位不同或平均数不同的离散程度，如比较一组考生在高等教育自学考试中应知考试和应会考试的离散程度。

三、考试成绩分布的统计估计

对于大样本量考生的考试，考生考试成绩分布一般都遵循一定的统计规律。最常见的是正态分布和偏态分布。

正态分布是以平均数为中心，愈接近平均数考生人数愈多，愈远离平均数考生人数愈少，呈现中间多、两头少的情形，其曲线为钟形状（如图 13-5（Ⅰ））；偏态又分为正偏态和负偏态，其曲线以众数为中线，两边呈不对称状（如图 13-5（Ⅱ）和图 13-5（Ⅲ））。

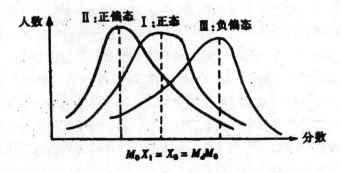

图 13-6　正态与偏态曲线图

对考生考试成绩分布进行估计，就是检验其分布曲线符合何种形状。检验的方法常用偏态量和峰态量进行。

（一）偏态量计算

成绩分布曲线中，在集中量（众数 M_o）左、右两侧成绩分布对称情况的量，就是偏态量，即偏度。其计算公式为：

$$S_k = \frac{(\overline{X} - M_0)}{S} \qquad (13-6)$$

式中 M_o、$\overline{X}$、S 分别为众数、平均数和标准差。

当 $\overline{X} = M_o$ 时，$S_k = 0$，分数分布为正态；

当 $\overline{X} > M_o$（且 M_d 处于 $\overline{X}$ 与 M_o 中间）时，S_k 大于零，分数分布为正偏态。出现正偏态说明大多数考生成绩在平均水平之下，可能是大部分考生成绩较差或者是试题偏难；在高等教育自学考试某课程考试中说明大部分考生都没有达到同专业同课程的相当水平或课程考试试题过难，以致考生成绩不高。

当 $\overline{X} < M_o$（且 M_d 处于 $\overline{X}$ 与 M_o 中间）时，S_k 小于零，分数分布呈现负偏态。出现考试分数呈负偏态，说明大部分考生成绩在平均水平之上，可能是试题较易或考生水平普遍较高。在高等教育自学考试某课程考试中说明大部分考生都达到同专业同课程的相当水平或课程考试试题过易，以致考生成绩过高。

（二）峰态量计算

成绩分布曲线中，反映峰态陡峭程度的量，就是峰态量。其计算公式为：

$$E = \frac{\sum (X_i - \overline{X})^4}{NS^4} - 3 \qquad (13-7)$$

式中 $\sum (X_i - \overline{X})^4$ 是各考生分数与平均数差的四次方和；S 为标准差；N 为考生数。

当 $E = 0$ 时，分数呈现正态峰态，峰态正常；

当 $E > 0$ 时，分数分布曲线呈尖峰态，分数间离差较小，如图 13-8 所示；

当 $E < 0$ 时，分数分布曲线呈低峰态，分数间离差较大，如图 13-9 所示。

一般而言，对常模参照性考试，因考试主要目的是为了比较考生间考试成绩的优劣，故要求考生间成绩离差尽可能大些，以便于区分，所以要求考生考试成绩尽量呈现正态分布。而对属于标准参照性考试如高等教育自学考试，因考试目的主要是检验考生是否达到一定标准，并不要求比较考生间的成绩优劣，故考生成绩分布并不要求呈现正态分布，只要满足考试目标要求即可。但要注意的是，分布曲线规律是对大量考生样本的统计估计，对于较少的样本，即使不满足一定统计分布，也不能因此就认为考试质量有问题。

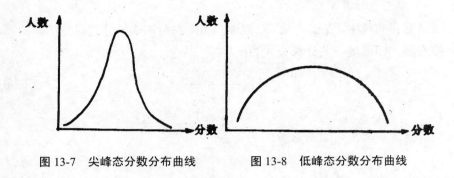

图 13-7　尖峰态分数分布曲线　　图 13-8　低峰态分数分布曲线

四、其他分析

试题和试卷难度与区分度分析；选择题备选答案选择情况分析；考试信度分析；考试效度分析等，见第四节试卷质量指标分析。

五、得出结论

经过统计分析后，要结合定性分析对考试结果质量做出分析结论。定性分析是对考试结果质的分析，是运用分析和综合、比较和分类、归纳和演绎等逻辑分析方法，对考试结果有关资料进行思维加工，从而认识考试结果的本质内容，为正确解释结果提供依据。

对考试结果进行定性分析的内容较多，概括起来有以下几个方面：试卷质量；答卷质量；考试管理质量。

（一）试卷质量定性分析

在统计分析的基础上，对试卷质量进行系统而综合的分析，不仅可以进一步把握考试命题质量，而且可以找到考生答题存在问题的原因。试卷质量定性分析又包含两个内容：试题和试卷配制质量分析。

1. 试题质量定性分析。试题是组成考试试卷的基本单元。试题质量高低直接影响考试质量优劣。对试题质量进行定性分析，主要是判断试题形式是否科学、规范；试题内容是否科学、合理、具有代表性；试题陈述是否准确、清晰、富有新意；试题答案是否准确、无歧义；试题难度、区分度是否适宜等。

2. 试卷配制质量定性分析。有好的试题,不一定能有好的考试结果,要想获得好的考试结果,合理进行试题组合,科学配制试卷是必要条件。定性分析试卷配制质量,也就是考察试题组合的合理化程度。其分析的具体内容有:试卷题型结构、题量、答题时限是否合理;试卷是否覆盖了考试目标所要求的知识点、能力点和技能点;试题的代表性是否强;试题编排是否恰当;各试题之间是否有重复或提供考生作答线索;试卷是否有合理的难度分布;试题赋分和各部分权重是否合理等。

(二) 试卷答题质量定性分析

考生考试信息主要集中在答卷之中。除了对答卷中考生答题状况进行定量分析外,还必须对其进行定性分析。只有这样,才能全部挖掘出考试反映考生水平的信息。答卷分析主要是在定量分析的基础上,就考生在考试中反映出来的问题进行探索,以探明考生在掌握考试内容方面主要有哪些成绩,存在哪些问题,造成这些问题的原因可能是什么等。分析的具体内容包括:对答卷的总体分析;对答卷的逐题分析。

1. 对答卷的总体分析。通过定量分析提供的考试平均值、方差、试卷难度、区分度等指标,结合试卷本身的知识点、能力点和技能点的考察要求,分析考生掌握考试内容的程度、存在的主要问题,弄清哪些是因试卷本身的难度水平造成考生成绩高或低的,哪些是由考生自身原因造成成绩好或坏的。

2. 答卷逐题分析。总体分析可以从宏观上把握考生答题情况质量,而对试题逐题分析则能从微观上把握考生答题情况质量,两者是相辅相成、互为依托的。逐题分析,主要是就考生对试题的适应情况、掌握试题内容的程度、出现差错的原因进行一一分析。它也是在定量分析的基础上进行的,带有综合性质。

(三) 考试管理质量定性分析

考试管理质量对考试结果质量有极大影响。如果考试测试过程管理不规范、评阅试卷不客观,即使考试工具(试卷)再精确,考试结果的质量也不会高。对考试管理质量进行定性分析,就是要找出管理中存在对考试结果产生不良影响的因素及影响的程度大小,如考生是否舞弊、舞弊范围多大,评阅试卷误差比例多大、对结果造成多大影响等。对考试管理质量分析,主要借助于已收集整理到的考场动态记录和阅卷评分记录来进行。

定性分析是考试质量分析的重要环节,涉及面广、难度大,需要通过深入细致的理论分析和正确的推断才能得出科学结论。因此,分析时一定要抓住考生考试中带共性的关键问题着手,防止被枝节所缠绕。同时也不能放弃非主流问题,同样要弄清产生这些问题的原因。只有这样,分析才有层次、有深度,才能做到问题清楚、原因明了、分析中肯。

在对考试结果质量进行定性、定量分析后,最后要进行归纳、整理,做出分析结论,并写出分析报告。有关这一问题,后面将具体论述。

考试质量分析是一个浩大的系统工程,除了要有科学的分析方法、严密的分析程序外,还应有相应的技术条件才能使分析工作顺利开展。传统的考试质量分析主要采取手工方式进行,不仅速度慢、计算繁杂、易出错,而且能分析的考生数少,难以满足大规模考试的质量分析需要,不适应现代考试发展的要求。随着计算机在考试中的应用,特别是统计分析软件包的开发和运用,使考试质量分析步入现代化轨道。高精度、大容量的分析,不仅成为可能,而且变为现实。电子计算机以其高速运算能力、高精度计算、高度灵活性和通用性的优点,已成为考试质量分析的重要技术手段。

六、试卷统计分析报告的内容结构及要求

统计分析结果可以通过表格式、图形式和文章式等多种形式表现出来,文章的主要形式是统计分析报告,故统计分析报告就是指运用统计资料和统计分析方法,以独特的表达方法和结构特点,表现所研究事物本质和规律性的一种应用性文章,它是统计分析研究过程中所形成的论点、论据、结论的集中表现。

获得考试统计分析的结果后,应撰写考试统计分析报告,以作为考试质量评价和考试结果使用的依据。针对不同的考试目的和要求及不同的被报告对象,考试统计分析报告的具体写法不尽相同,但基本内容结构和写作要求是基本一致的。下面就对考试统计分析报告的一般内容结构及写作要求作扼要叙述。

(一)考试统计分析报告的内容结构

考试统计分析报告的内容结构一般包括标题、前言、正文、结尾和附录等部分。

1. 标题。它是考试统计分析报告内容的高度概括,说明分析的主要变量和范围。如"2004年上半年高等教育自学考试全国统一命题考试某某课程统计分析报告"。

2. 前言。即考试统计分析报告的引语部分。主要用简明扼要的文字对考试

时间、地点、对象、过程、方式、方法、抽样原则、样本情况进行介绍。

3．正文。这是考试统计分析报告的主体部分，主要对本次考试的质量作详细的分析说明。

（1）考试的命题原则。具体说明考试的目标和内容范围。

（2）命题质量分析。用统计数据论证考试的信度与效度、试题的难度与区分度。

（3）考生答题质量分析。对考生成绩进行总体描述，如平均分、标准差、成绩分布曲线，考生薄弱环节分析，考生答题典范失误分析。

（4）考务管理质量分析。就试卷印制、保管、施测、阅卷评分等情况进行分析。

4．结尾。即根据分析得出结论，对考试工作的经验和教训进行总结，指出值得重视的问题，并提出切实可行的建议。

5．附录。对于分析中篇幅较长而又很重要的图、表和文字说明资料，可作为附录放在报告之后。

（二）考试质量分析报告的写作要求

撰写考试质量分析报告除按一定的内容结构进行外，还应要求：第一，准确性。就是依据数据分析、判断准确，情况真实，观点正确；第二，时效性。要适时地提供有关方面，以保证统计分析的价值；同时，统计分析报告是文字与数字相结合的一种特定文体。

1．行文简洁明了。考试质量分析报告应清晰、简洁，避免繁琐冗长。虽然其措辞要求严谨、直接明了，但并不意味着单调、呆板，而应该清新明快。

2．统计分析报告要以统计数据为主体，以科学的指标体系和统计方法来进行分析研究说明。

3．分析要具体、客观，力求科学。考试统计分析报告要重在"分析"二字。应避免简单的统计数字或考试情况的罗列，而应通过这些具体材料深入分析、探求考试中带规律性的问题，总结出成功的经验和失败的教训。分析时既要全面考虑，又不能面面俱到、平均用力，而应抓住主要问题；既要有自己的观点，又不能主观臆断，必须在客观事实的基础上得出合乎逻辑的结论；既要考虑层次性，又要注意系统性，防止零乱。这就要求在分析之前就要注重积累典型材料，以备分析之用。

4．建议要合理可行。在分析报告中提出的建议，要从实际出发，考虑其合理性和可行性，即在现实条件下，通过努力可以办到，而不是脱离实际的主观意愿。

第四节 考试质量分析

衡量考试质量特性的指标主要有四度：即信度、效度、难度、区分度。

信度指的是测量结果的稳定性程度，是指对无系统的随机误差的控制。考试信度是对测验工具及其操作的整体质量的一种量度，是测验性能的重要质量指标。信度的估计方法有多种，其适用的条件不同，这是使用中应注意的问题。由于标准参照测验的特点，其信度的估计方法有其特殊性。评分者信度指的是多个评分者给同一批人的答卷进行评分的一致性程度。

效度是指一个测验或量表实际能测出所要测量的特性的程度。效度是考试质量的一个极其重要的指标，由于教育测量与评价对象的特殊性，效度的重要性更为突出。效度评价的方法主要有内容效度、结构效度和效标关联效度，这三种方法指明了效度验证过程的差异。每种方法框架内有一些具体的方法，可视具体情况而采用。

难度与区分度是题目质量的两个重要指标。它们可为编制测验或编制测量量表提供有效的信息。题目的难度，就是被试完成题目作答任务时所遇到的困难程度。定量刻画一个测验项目的被试作答困难程度的量数，称为题目的难度系数。题目区分度就是题目区别被试水平能力的量度，是测验项目有效性的指标。区分度的计算有外在效度法和内部一致性分析法，实际应用中主要是后者，其实质就是题分与总分的相关一致性程度。标准参照考试的题目难度分析，方法上没有什么特殊性，但在理解其意义上应有所不同，而且对其分析的必要性不大。标准参照考试的题目区分度分析比难度分析更重要，因为这类考试的目的就是要区分合格与不合格被试考生，这也使得分析方法与常模参照考试有所不同。

一、考试信度

信度简单地说就是测量结果的可信程度。例如量一个物体的长度，人们用标准的钢尺和弹性很大的橡皮尺子分别去测量，显然用钢尺去量的可信程度更高。因为它测量的结果更接近物体的实际长度，每次量的结果出入不会太大。而橡皮尺子测量结果不可信，因其弹性大，所以每次测量结果都会因拉力不同而有较大的出入，与物体的实际长度有较大差异。由此可见，信度（reliability）指的是测量结果的稳定性程度。也就是说，如果用同一测量工具反复测量同一种特质对象，则多次测量结果间的一致性程度就叫信度。

各种类型的测量，无论是物理测量还是教育与心理测试，先后向同一对象施测后，所得测值很难做到绝对一致。比如，测量一个人的身高，由于每次施测时被试姿势（如头的仰起程度）、读数时主试的观察角度等，都会引起施测结果的彼此不一。由此可见，每次测量结果实际上包含了被测量特质对象的实际水平（如实际身高）和测量误差两部分。如果每次测量结果中误差部分都很小，那么测量结果必然是稳定的。教育与心理测试，由于对象的特殊性，出现测量误差的可能性更大，如施测环境、完成时限、主被试关系、被试的动机和情绪等因素都可能影响到测量的结果。大量不肯定的、作用方向各异的非系统因素的影响，就会造成所得测值的不规则的随机起伏。信度的追求，就是指对这种无系统的随机误差的控制。测验本身抗干扰能力强，测验实施过程各方面误差因素都控制得好，多次施测所得分数（测值）的一致性就高，这就叫测量信度高，人们在使用所得测值时就会感觉可靠。测验信度是对测验工具及其操作的整体质量的一种量度，是测验性能的重要质量指标。

对于同一个考试或测验（或相等的两个、多个考试）对同一批学生施测两次或多次，所得结果的一致性程度，也即考试结果的可靠性。如果考试的施行及评分都很准确，那么学生成绩前后一致性就高，这种考试的信度就高。而如果几次考试结果学生得分很不一致，人们当然会怀疑这种考试本身的可靠性。一个考试的信度一般是以两次测试结果的相关系数来表示。

根据制订信度的方法，有多种信度。

第一，重测信度（又称稳定性系数——一个测验或考试先后进行两次，求两次结果的积差相关），表示测验在不同时间的一致性；

第二，复本信度（复本测验中所得结果之间的相关系数——所谓复本是指由等值平行的试题所组成的试卷。复本信度，又称为等值性系数），则表示测验的不同形式的一致性；

第三，折半信度（把考试或测验试题分成等质量——如按题目奇偶数分成内容、形式、难度等方面都是等值的两半，再求两半结果的自身积差相关）表示的是测验试题之间的一致性即内在一致性；

第四，评分者信度则表示两个或几个评分者之间对同一批测验结果评定的一致性程度，其可用相关系数来表示，也可用系数来估计。这四种信度中，复本信度和内部一致性系数反映的是测验的信度，而重测信度则反映了被试的信度。

（一）内部一致性信度

考试内部试题之间的一致性信度有以下几种估计方法。

1．折半法

折半法是在命题时有意识地把试卷分成等效的两半，这样就相当于把其中的一半试卷在相同条件下对同一批学生考察两次，从而考查学生在两半试卷上得分的一致性程度。这种方法较适合分析一次性完成的考试，如大学入学考试。但由于折了半，求出的实际上是半个测验的信度系数，故还必须用下面的 Spearman-Brown 公式进行校正：

$$r_{S-B} = \frac{2r_h}{1+r_h} \qquad (13\text{-}10)$$

上式中，r_h 为两半测验的相关系数，r_{S-B} 是整个测验信度的估计值。作这样校正的理论依据是：考生在规定时间内基本完成的试卷题目越多，在每个题目上的随机误差可以互相抵消，测验信度值就越高，亦即测验越长，信度就越高。

这种方法要求两个半测验分数的方差相接近或相等，否则计算的信度值偏高。若这种要求未能满足，可用 Rulon（卢伦）公式直接求得折半信度值 r。

$$r_R = 1 - \frac{S_d^2}{S_t^2} \qquad (13\text{-}11)$$

式中 s_d^2 表示每个学生在两个半测验上所得分数之差的方差 $d = (x_1 - x_2)$，s_t^2 则为学生在整个考试中所得总分的方差。

还有人（Guttman，加特曼）也提出了估计折半信度的公式，同样不要求两半测验分数的方差相等。公式为：

$$r_G = 2\left(1 - \frac{S_1^2 + S_2^2}{S_t^2}\right) \qquad (13\text{-}12)$$

式中 s_1^2 和 s_2^2 分别表示两个半测验分数的方差。可以证明公式（13-11）和（13-12）是等价的。而当 $s_1^2 = s_2^2$ 时，折半信度的三种估计方法所得结果是一致的。折半法的缺点是分半的方法不同，求出的信度系数也不同。

2. 库——李法

实际工作中，当两个半测验的等效性无法保证时，若试题全部为二值计分题（即只有答对、答错两种结果），可使用库一李法（Kuder-Richardson）。具体公式如下：

$$r_{K-R20} = \frac{k}{k-1}\left(1 - \frac{\sum p_i q_i}{S_t^2}\right) \quad (13-13)$$

式中 p_i 为考生在第 i 题通过的比率，$q_i=1-P_i$；k 为考试题数，其余符号意义和前式相同。此法实质上是根据所有题目的一致性来估计信度值的，因为一致性高，信度也就高。库一李法的另一个较为实用的公式是：

$$r'_{K-R21} = \frac{k}{k-1}\left[1 - \frac{0.8M_t(k-M_t)}{kS_t^2}\right] \quad (13-14)$$

式中 M_t 为学生在考试中所得总分的均数，其余符号意义同前。式（13-14）比式（13-13）简单一些，它只需要计算考生所得总分的均数和方差。

3. α 系数法

L. J. Cronbach（克伦巴赫）于 1951 年为非二值计分题考试的信度设计了 α 系数法。公式为：

$$r_a = \frac{k}{k-1}\left(1 - \frac{\sum S_i^2}{S_t^2}\right) \quad (13-15)$$

式中 S_i^2 为考生在第 i 题上得分的方差。此式和库一李法中的 K-R20 公式（13-13）很相似——以 $\sum S_i^2$ 代替了 $\sum pq$。在一份试卷中既有二值性试题又有非二值性试题时，也可以使用 α 系数法来计算考试的信度。一般说来，由 α 系数法估计的信度是考试信度的最低限。

内部一致性信度适用于同质性测验（即测验的各部分同等程度测量着被试的同一种属性，试题之间存在着高的相关），故其又被称为同质性信度。此外它适用于难度测验而不适用于速度测验。

当试题全部为二值性试题时，大规模考试的信度要求在 0.90 以上，教师自编的一般教学班级考试的信度要求在 0.55 以上。

从根本上说，随机误差是影响信度的主要原因——信度的高低主要反映在测验过程中随机因素影响的大小。一般的，由于误差不可避免，考生的考分很难与其真实水平完全一致。他的真实水平实际上是用包括其考分所代表的那个点在内的一小段分数区间来解释的。但是，偶然因素的干扰（如考生情绪和身体状况、考生对考场环境的适应、测验的指导语、评分标准等）越少，这个分数区间就越小，考生的考分就越接近于其真实水平。测验的长度、考生考分的分布情况、测验的难度、评分的客观性以及制订信度的方法等因素都影响信度的高低。提高信度的基本方法有增加考试的长度、扩大分数的分布范围、尽量使考试内容为同一特质（不要在一个考试中罗列许多性质不同的内容）、考试的实施要标准、评分要客观等。

（二）评分者信度

有些考试由于某种原因，难以采用客观的记分方法，这样评分者的主观因素会影响结果。这时，人们用不同评分者所评分数之间的相关系数来表示这些不同评分者评判同一批试卷的可靠性，称为评分者信度。评分者信度主要用于论文式的考试以及情感领域和动作技能领域，需要不止 1 人观测、评判学生成绩的情形。

如果评分者只有两人，当每一个考试结果都被评分者按照自己的评分标准记以分数或等级时，可以使用积差相关系数公式或等级相关系数公式来计算评分者信度。

当评分者为两人以上时，如果他们以连续记分法表示每一个考试结果，则可以使用式（13-15）求取 α 系数来表示评分者信度。这时式中的 s_i^2 为第 i 位评分者所评分数的方差，s_t^2 为所有评分者所给出分数之和（所评总分）的方差，k 为评分者人数。如果评分者给出的是等级成绩，则可用 Kendall（肯德尔）一致性系数来表示评分者信度。

评分者信度表示了两个或几个评分者之间对于同一组考试结果评定的一致性程度。评分者信度高，则说明评分结果有良好的一致性；反之，则说明评分误差比较大。评分者信度与复本信度、内在一致性信度等测验信度不同，有时考试信度不同，但评分者信度可以很高。

（三）提高信度的方法

考试信度是考试结果的可靠性指标，它是在考试中因偶然因素引起的随机误差的控制程度。只要测量对象本身没有变化，用同样的[尺子]去测量，总可以得到相同的结果。

提高考试的信度，就是减少测试误差，增加考试的客观性和准确性，这对于提高考试的质量无疑是十分重要的。提高考试信度的基本方法如下。

1. 增加试题的数量，扩大试题覆盖面

关于试题数量和考试信度的关系，斯皮尔曼——布朗曾经给出下面的公式。

$$r_a = \frac{nr}{(n+1)r+1} \qquad (13\text{-}16)$$

式中，r 为试题数量较少的考试的信度值，r_n 是题量增加到 n 倍后的考试的信度值。如果一项由 10 道题组成的考试的信度值为 0.50，将它的题目增加到 90 道，增加的试题质量与原题相当，那么，题目增加后的考试的信度值：

$$r_a = \frac{9 \times 0.5}{(9-1) \times 0.5 + 1} = 0.90 \qquad (13\text{-}17)$$

这说明，成倍增加题量能使考试信度明显提高；也说明，信度值为 0.90 的考试，它的测量效果相当于九次信度值为 0.50 的考试的累加效果。这就是在规定的考试时间内、考生可能答完的条件下，尽量增加试题数量的主要原因。增加题量能够提高考试的信度，其道理在于：题量增大，实际考核的内容对考核的全部内容就有了更好的代表性，就能减少由于抽样特殊而带来的测试误差。当然，增加题量，分布要合理，要尽量扩大对待考内容的覆盖面，否则，对于提高信度的作用是不大的。增加题量，注意不要出偏题、怪题和没有考查意义的题目，否则，可能减小考试的信度。总之，增加题量，不降低题质，是提高考试信度的重要方法。

2. 提高试题的区分能力，准确反映不同水平考生分数的差异

考试信度描述的是两次等价考试分数分布的一致程度。如果同一个考生两次考试的分数差异，相对地小于不同考生分数之间的差异，各考生的成绩大小排列的次序就不会打乱，就能够获得较高的信度。相反的，如果同一个考生的分数变动，相对大于不同考生间分数的差异，考生成绩的分布状况就要发生大的变动，就可能导致考试信度降低。

怎样才能加大不同水平考生间的分数差异呢？考生间的水平差异是客观的，我们不能人为地制造或扩大客观上不存在的差异，只能采用提高试题区分能力的方法，把不同考生的差异尽量明显地显示出来。

试题的区分能力，就是试题在用于考试时使水平高的考生得高分、水平低的考生得低分的倾向力。我们可以用区分度这一指标来定量地表示它。

3. 尽量消除测试中的干扰因素，减小随机误差

考试过程中，考生的过分紧张、疲劳，考生碰巧押到某题或没准备到某题，题目用语不准使考生不知所问，特别是考场纪律松弛，考生有作弊行为，是对客观测试的一种干扰，是考试随机误差产生的重要原因。努力消除这些因素的

干扰,是提高考试信度的重要措施。

4．提高评卷给分的客观性、准确性

评卷中的错漏,给分的宽严不当,评分中评卷人所持标准的不同,是降低考试信度的重要因素。改进评卷工作,提高评卷质量,使给分客观、准确,这也是提高考试信度的重要方面。

二、考试效度

效度（Validity）是一个考试（或测验）对于它所要测得的属性所能够考查到的程度。它是考试的最基本条件,反映了考试的正确性和考试结果的有效性。严格地说,效度是指一个测验或量表实际能测出其所要测量的特性的程度。测验或量表就是测量使用的工具。如果一次测量能测出其所要测的特性,那么我们就认为这个测验或量表是有效的。显然,效度是测量质量的一个极其重要的方面,测量工具如果无效或效度太低,就失去了存在价值。

任何测量都存在效度问题。物理测量工具也存在效度问题,比如,用尺子来测量一个人的体重,就不如用秤来测量一个人的体重有效。但是,由于物理测量基本是直接测量,工具的有效或无效是一个相对容易判明的问题。所以,在物理测量中效度问题虽然客观上也是一个重要的问题,但并不十分引人注目。教育和心理测试却不同,它们是间接测量,所测量的是被试内部心理特性,测量工具是否真正测到了这些特性,绝非一目了然的事情。例如一项英语成就测验,教师本打算检查学生语法知识,但实际所测的情况是否真的是学生的语法知识呢?这不是一件十分容易的事情,可能在测验中有大量题目是考查动词短语的,那么这次测量是否真正有效就值得怀疑。因此,在教育测量与评价过程中,效度问题尤为重要。要正确理解效度的概念,应特别注意以下几点:

1．效度始终是针对一定测量目的而言的

一个考试（或测验）的有效性（实际上是其结果的有效性）是对于其特定的目的、功能和适用范围而言的,不可能存在着对任何一种目的、功能和范围都有效的考试。所以,效度具有相对性而不具普遍性。一般来说,一项测量活动总是针对一定目的实施的,其有效性如何,也就是要看它能达到最初目的的程度。也就是说,测量效度是针对某种特殊用途而言的,不具有普遍性。如果一个测验被应用于多个方面,那么它就有多个效度,其中有的方面显得效度高,有的方面或许就比较低。这种同一测验针对多个目的而使用的情况十分多见，比如，同一学业成就测验既可作选拔用，也可在一定情况下作诊断用；同一人格测验既可用来鉴别被试的个性特征，有时也可用来诊断是否有精神病症状，等等。因此，同一测验针对不同目的其效度是不同的。

2．效度只有程度上的差异

即使人们按照特定目的精心编制测验，由于对某种属性的测量是通过行为样本间接推测获得的，而这种推测不可能百分之百正确有效。因此，效度不可能"全有"，当然也不可能"全无"，只能是在程度上有所差别。由于教育与心理测试的间接性，使得测量过程不可能百分之百的准确。不过，由于量表的编制都是针对一定目的的行为，所以在正常情况下，测量不会"完全有效"或"完全无效"。例如为了测量学生的语文水平，总是用分辨错别字、造句、作文之类的试题，不会用数学题目。因此，学生语文水平的高低总能在测量结果中反映出来一些，不会毫无反映，即总会有一定效度，效度不会为零。

3．效度是针对测量结果而言的

测量的效度如何，只有在实际测过之后才能表现出来。只有当测量结果真实，正确反映要测量的特性，才能认为这种测量是较为有效的或效度较高的。测量效度实质上就是测验所测到的结果与测量编制者想要测的心理特性之间的一致性程度。

4．评价一个测量是否有效要多角度、多方面地搜集证据

要确定测量效度到底如何，也就是要分析所测结果与欲测目标之间的一致性程度。然而，欲测的目标往往是隐蔽的、抽象的，无法直接与测量结果进行比较。因此，要证明测验实际测量了什么，必须从多方面搜集证据。这些证据可以是被试在所测特性上通过其他途径获得的证明有效的测量结果，也可以是有关专家对测验性能的评价分析意见，也可以是被试在实际生活中的表现等等。然后再利用这些跟测验有关的客观资料，用逻辑思辨或统计分析的方法来确定该测验的实际有效性。这种收集大量资料和证据来检验测量效度的工作过程，叫做效度验证(validation)。验证测验效度可以从不同角度采用不同方法来进行，比如系统考察测验项目的内容、拿被试测验分数与其他独立测量结果作比较，以及分析测验所测的心理特性的结构与性质等。

由于各种考试的目的、目标不同，每一种效度都有其特定的适用范围，因此效度的种类很多，每位学者的分法也有很大的不同。目前在测量方面使用很

为广泛的,是美国心理学会采用的分类方法(French 和 Michbel,1966 年所提出来的)这种分类法将效度分为内容效度、效标关联效度(又称标准相关效度)和结构效度三类。

(一)内容效度

1. 内容效度的性质

考试有效化的核心问题就是内容的有效性。内容效度是研究考试或测验的内容与教学目标和教材内容相符合的程度。它主要评价的是试卷的知识(技能)结构是否合理,解决"这个考试能否反映课程的目标和内容"这样的问题。课程的内容包括"教材内容"和"教学目标"这两个方面。前者是指所包括的主题或教材领域。例如化学教材中包括以下几方面教学内容:化学基本概念与理论、元素化合物知识、有机化合物知识、化学计算、化学实验等。而教学目标则是指所预期的学生行为改变的情形,如获得知识、理解、应用、分析、综合、评价等能力。在决定一个考试或测验结果的内容效度时,必须同时考虑到"教材内容"和"教学目标"两个方面。我们称"教材内容"和"教学目标"是内容效度的两项要素。因此,试题所引起的行为是不是所预期的行为改变。显然,内容效度特别适用于成就测验,当然它也适用于能力倾向测验及兴趣测验等。

2. 提高内容效度的方法

上面提到内容效度特别适用于成就测验。在成就测验中,我们的兴趣主要集中在此测验能否充分测量到所学过的教材重点和所期望的行为改变。在编制成就测验时,如果能遵循下述步骤,将可提高考试和测验的内容效度。

(1)分别列出教材内容的各项重点和所要测量的各类学习结果,这可以参照教学大纲和教学计划。

(2)各项教材重点和各类行为改变(学习结果)要以其相对的重要性来加权。确定权数时可根据教学中使用的时间以及该学科专家的意见等来决定各部分的相对重要性。

(3)编制一个命题双向细目表,表中各个细格的数字代表各项教材重点及行为改变的相对权数。因此,表中已经说明了在编制测验时,每项教材重点及行为改变的相对重要性或是所应包括的题数。

(4)根据上面的细目表来编制考试或测验,所编制的测验内容越是符合双向细目表中各细格所列的比重,则内容效度就越高。

3. 评估内容效度的方法

在试卷编制好以后，可以请有经验的专家或教师将试题逐题分析归类，不同的专家对同一学科的内容范围和教学目标可能有不同的理解，对同一个考试题的性能也可能有不同的理解，因此对整个测验的内容效度所做出的判断就有可能不同，这是需要在评估时要注意解决的。

由于在评估内容效度时主要靠对试卷中的试题的性能是否能代表所要测量的内容及教育目标进行逻辑分析并做出判断，因此内容效度有时又称为"逻辑效度"。

还可以借助如下的方法来评估考试的内容效度。

用同一个考试的两个复本，在学科教学或训练前后实施测试，该考试内容的有效性可以由两次在统计上有显著意义，则表明考试的内容正是教学或训练的内容，这样就可以认为考试的内容效度较高，否则可认为考试的内容效度较低。

（二）效标关联效度

衡量一次考试，除去评估考试内容的有效性程度以外，还可以根据客观效果来检验。效标（即效度标准）是指考察检定考试是否有效的一种外在参照标准。所谓效标关联效度就是以某一种考试与这种效标之间的相关程度来表示的效度（故也称为统计效度），其相关系数就是效标关联效度系数。在相关系数与总体零相关有显著性差异时，相关系数的值（正值）越大，考试的效度就越高；反之则越低。

显然，为某次考试选择一个最佳的参照标准（效标）是件非常重要的工作。通常人们是以另一种有关的考试分数或活动来表示，如同类的标准化考试分数。因为标准化考试是一种取样范围大、题量多、覆盖面宽、并经过有关专家鉴定和权威性机构确认的效度很好的考试。如果某次一般考试分数与这个标准化考试分数之间一致性很高，当然一般考试的效度也就很好了。这里所说的标准化考试就作为衡量这次一般考试效度的一种客观的效标。

寻找外在参照标准的过程称为树立效标。由于任何一种考试都是与特定的考试目的紧密相连的，因此，人们必须围绕考试目的或作用来寻找能够反映考试效果的效标。例如人们在研究高考时想知道这种选拔性考试的预测效果如何，这时可以将参加高考被录取的那些考生在大学一年级的学习成绩作为高考的效度标准，利用效标分数和高考分数所求出相关系数就是高考的效度系数。当然也可以用学生在大学二三年级的学习表现作为衡量高考的效标。一般的说，考试与效标的时间间隔愈长,效标的有效性就愈差。这里所树立的效标和高考两者的分数是在不同时间获得的(效标在考试之后),所求得的效度系数主要用来预测高考结果与以后学生在大学学习中的成效这两者之间的接近程度,这样求出的效度称为预测效度。

如以普通高校同门课程的结业水平作为参照标准的自学考试,就需要把自考生的成绩与他们参加作为参照的普通高校结业考试的成绩相对照,分析两者相关程度,或者把普通高校在校生参加自考的成绩与校内同门课程结业考试的成绩相对照,分析两者的相关程度(同时效度);如果在收集考试分数的同时收集效标资料,然后计算这两组数据的相关系数,这时求得的是同时效度(又称并存效度),其目的不是用于预测,而是决定考试分数能否取代效标资料。

值得注意的是,效标变量的样本容量往往会小于预测变量的样本容量,因此有的学者指出,这会导致低估预测效度。

(三)结构效度

结构效度是指考试对于人的心理方面假设属性及结构测量到的程度,这些被假设存在的属性是人的潜在特性,如智力、动机、志趣、态度、性格等,决定了人们的外部行为。结构效度要解决的是这样一个问题:"考试中的分数意味着什么?"即根据对考试分数的分析来推论学生所具有的心理特征及验证假设结构。

确定结构效度是一个复杂的过程,需要在实际中收集各方面资料,还需在理论上对假设结构进行分析。结构效度的检定可以用因素分析法。

因素分析法是一种较为复杂的多元统计分析方法,其目的是将一些具有错综复杂关系的因素归结为数量较少的几个综合因素(亦称共同因素),并用这少数几个因素来解析考试的结果。

一般说来,影响效度的主要因素是条件误差(或称系统误差),这其中有多方面的因素,如测验本身的因素、教学的因素、测验实施和记分的因素或考生的因素等。人们可以通过精心编制试卷、妥善组织考试、注意选取最佳效标及努力提高考试的信度等方面提高考试结果的正确性(即效度)。

(四)提高效度的方法

考试效度是考试结果的有效性指标,它是在考试中因偶然因素所引起的随机误差和系统误差的综合控制程度,是指它所要测量的知识、技能和能力的精确程度。

提高考试的效度，就是使考试的结果与考试的目标有更高的相关性，从而更好地实现考试的目的。为此，应在提高考试目标与考试功能的相关性、考试内容与考试目标的相关性、考试方法与考试内容的相关性、考试过程的客观性、成绩使用的合理性等方面下工夫。

1．恰当地规定考试目标，使考试目标与考试功能有更高的相关性

考试之所以能够实现既定的目标，归根结底是因为考试具有与此目标相关的功能。考试目标与考试功能的相关联、相一致的程度，制约着考试的效度，二者的高相关是考试效度高的前提。因此，为提高考试的效度，在规定考试目标时，应尽可能使之与考试所能发挥的功能相一致。

2．科学地确定考试内容，使考试内容与考试目标有更高的相关性

确定考试内容也就是通常说的决定"考什么"，这是目标确定后命题者面临的第一位的重大课题。规定的考试目标，是要通过确定的考试内容来反映的，规定的考试目标与考试所具有的功能相关性再高，考试内容确定得不合适、不科学，再严密的考试也无法准确地反映考试目标。因此，为提高考试的效度，必须科学地确定考试内容，使所要考的东西恰恰是最能反映考试目标的东西。

3．选择最宜表现考试内容的考试方法

考试方法也就是通常说的"怎么考"的问题。在确定了考试内容、解决了"考什么"之后，考试设计者的首要任务是选择最适宜的考试方法，恰当地解决"怎么考"的问题，使实际考的恰恰是所要考的东西。解决好"怎么考"的问题，是提高考试效度的重要方面。

4．科学地组织考试，提高考试的客观性，使考试有很高的信度

确定考试内容和考试方法，是考试设计方面的工作。设计工作搞得再好，也只不过描绘了考试工作的蓝图，它的实现还要靠考试工作的正确实施。考试实施得好，干扰小，测试准确、客观，考试结果才能更真实地反映考试目标。可见，考试信度高，是考试效度高的必要条件。因而，提高考试信度的措施，对于提高考试效度都是有益的、必要的。考试的信度和效度，是表征考试质量的两个重要指标。但两者并不是并列的、无关的、互相独立的。信度是考试实施过程（从命题到评分）准确性的量度，而效度则是包括考试设计、实施、测试数据使用的整个考试测量真实性的量度；信度是反映多次实施相同测验其结果的稳定性、一致性的指标，而效度则是反映考试符合目的性、考试结果实现目标程度的指标；信度是通过两个相同测验的结果的相关程度来表示的，而效

度则是通过一项考试与代表目标的标准考试结果的相关程度来表示的。考试实施过程客观、准确，并不能保证其设计科学、使用合理，因而不能保证考试符合目标的程度高，而考试真实地反映目标，却要求测试过程客观、准确。因此说，信度高是效度高的必要条件，但不是充分条件。

5. 合理地使用考试的成绩

考试的设计科学，实施客观、准确，但考试的成绩使用不当，也不能很好地实现考试目标。考试的成绩即数值不等的一系列分数，究竟说明了什么，仅仅能够说明什么，如何使用才能更好地实现目标，在有些考试中并不是一目了然的。为了提高考试的效度，提高考试成绩的使用效果，还必须进行一番探究，更合理地使用它。

三、试题难度

考试是以试题为基础进行的，试题和学生水平相适应的程度显然也会影响行为样本及其测定。试题质量得不到保证的考试是很难有令人满意的效度和信度的。试题分析（又称项目分析），除了包括根据考试目的、性质、内容等进行的质的分析外，还应包括在测量学原理基础上应用统计方法做出的量的分析。据此，人们就可以对试题质量做出评价，进而对试题进行修改、筛选或积累建库。考试试题量的分析包括难度分析、区分度分析，教育测量与评价中题目或项目的难度，就是被试完成题目或项目任务时所遇到的困难程度。定量刻画被试作答一个题目所遇到的困难程度的量数，就是题目的难度系数，也常称为难度值，用符号 P 表示。所以，难度（Difficulty）是指试题难易程度，是考试试题对学生知识和能力水平相适应的指标。试题愈难，说明对该试题学生能正确回答的成分愈低，或能正确回答该试题的学生愈少。

在经典测量理论中，试题难度定义为考生在该题上的通过率或得分率。对于答对了给满分、答错或不答给零分的客观性试题，难度就是答对（亦即通过）试题的人数与考生之比（通过率）。对于按解答正确程度给分的主观性试题，难度是考生对该题的平均得分与该题满分量之比（得分率）。

需要注意几点：由于答对试题的人数总是小于或等于考生人数，考生在一道试题上的平均得分总是小于或等于该题的满分量，所以试题难度是一个 0-1 之间的正数；难度值越大（即通过率或得分率越大）的试题越容易，难度值越小的试题越难；难度值表示的仅是试题的难易等级（是一等级或顺序变量），其本身不能相加或相减，如不能说难度值为0.8的试题比难度值0.5的试题难度大0.3。

经典理论的试题难度定义为考生的通过率或得分率，难度值的大小强烈依赖于分析难度时所使用的考生样本的水平，样本水平高，通过率或得分率就高，试题就容易；样本水平低，通过率或得分率就低，试题就难。这样，试题的难易就不是试题本身所固有的特性，而是试题对于特定一组考生的适应性。

在题目反应理论中，试题难度定义为刚好有一半可能性答对这道题的考生的能力水平。譬如平均得分为80分（满分为100）的那些考生，恰好有一半答对该题，而低于80分各分数区间的考生对于该题答对率都小于0.5，而高于80分各分段的考生对该题的答对率又都大于0.5，那么这道题的难度就是0.8。该理论把试题难度定义在反映考生能力水平的量表（度量系统）上，其难度不因考生样本水平的高低而发生变化，难度就成为试题本身所固有的特征。

两种理论关于难度的定义和计算方法虽然不同，但是它们所反映都是试题的难度程度，因而也有相通之处。水平较高的考生才能够答对的试题（题目反应理论中的难题），对于特定一组考生，其通过率或答对率必低（在经典理论中其难度值小，认为试题难）；水平较低的考生也能答对的试题（题目反应理论中的容易题），对于同一组考生其通过率或得分率必高（在经典理论中其难度值大，认为试题容易）。

（一）难度值计算方法

如果一个题目的难度大，则被试得高分的可能性小；反之，如果题目的难度小，则被试得高分的可能性就大。因此，用得分率可以作为难度系数的指标。通常人们使用所谓"得分率"作为试题的难度指标。公式为：

$$P = \frac{M}{W} \tag{13-18}$$

式中 M 为学生在此题得分的平均分，W 则为此题满分分值。如果试题为二值计分题，此时学生在某题的"得分率"和通过率是一致的：

$$P = \frac{R}{N} \tag{13-19}$$

式中 R 为某题答对的人数，N 为考生总人数。

显然，这里的难度指数 P 的值介于 0.0～1.0。P 值愈大，此题就愈容易。因此 P 实际上是易度（即得分率或答对率、通过率）。真难度应指失分率或答错率、不通过率，为 $1-P$。但一般情况下，大家均以"易度"来表示"难度"。

在考生人数多的中等规模或大规模考试中，人们常用"极端分组法"来计算试题的难度指标。不论是否为二值计分题都可以使用这种方法，而且还可同时计算试题的区分度指标。因此，这种方法受到欢迎，该方法是分别计算高分组被试和低分组被试的得分率，然后求取二者的平均值作为难度系数，公式为：

$$P=\frac{(P_H+P_L)}{2} \quad (13-20)$$

式中，P 代表难度系数；P_H、P_L 分别表示高分组和低分组被试的得分率，即该两组被试在同一个题目上的难度系数。

以两端组被试的得分率作为难度系数的具体计算步骤为：

（1）按被试的总分，将全体被试从高到低进行排序。

（2）从高分往下找，找出高分组；由低分往上找，找出低分组。两组人数分别占总人数的 27%。

（3）分别计算高分组、低分组的被试在该题目上的平均得分。

（4）代入公式分别计算高分组和低分组被试在同一个题目上的难度系数。

（5）把 P_H 和 P_L 代入公式，计算这个题目的难度系数。

用上述方法计算出来的难度系数，不论是得分率还是失分率，都属于顺序变量，不具有相等的单位，指出的仅仅是题目的相对难度。因此，通过 P 值的比较并不能客观指出题目难度之间差异大小，这对我们作进一步的难度分析带来了困难。例如 3 个题目的难度系数分别为 0.50、0.60、0.70，我们只能说，第一题最难，第二题次之，第三题最容易。虽然三题难度系数分别相差 10%，但并不能说第一题与第二题的难度之差等于第二题与第三题难度之差。

为了解决这个问题，人们常假设每个试题所要测量的潜在特质或能力是呈正态分布的，然后就可以根据正态分布曲线，将试题的难度值 P 作为正态曲线下的（概率）面积，转换成具有相等单位的等距量表，即 Z 分数（标准分数）。由于标准分数具有相等单位，属于等距量表。所以，用标准分数作为题目难度的指标，为进一步作难度分析带来了一些方便。

优良的考试题，应该有适当的难度。一般认为，常模参照性考试的试题难度在 0.3～0.8 为宜，难度过高或过低的试题对于鉴别学生的水平都没有意义。

一般说来，试题的难度与考生的分数分布有如下的关系：中等难度的题目能将全体考生的分数最大限度地拉开，其结果呈正态分布；较难的题目使学生分数集中在低分段，从而能将水平高的考生分数拉开，因此，对好的学生有较好的鉴别力，其结果为正偏态分布；而容易的题目则可使考生分数集中在高分段，只可将水平低的考生分数拉开，结果是负偏态分布。

从理论上说，难度在 0.5 时，试题方差最大，这时试题的鉴别力最佳。但实际考试中的试题难度不可能都是 0.5，而是有一个分布范围。因此，人们追求的是整个考试的平均难度在 0.5 左右，这样有利于使考生分数分布范围最大。如果考试从整体上过难或过易，考生分数分布范围缩小，信度就会降低。特别是试卷过难时，考生凭猜测作答部分试题或根本没有时间作完全卷，这样必然会降低考生分数与其真实水平的一致程度。实际考试中，一般在试卷开头有一两个给分很少的较为容易的题目，这样的题目可使绝大部分考生易于进入考试情境，熟悉解题程序，解除焦虑心情，然后逐渐加大难度，在试卷最后安排一两个难度很大的题目，用以选拔尖子学生。如果试卷中试题不按难度顺序排列，在题目少、时间充裕时无大的影响；而在题目多、时间紧时，缺乏经验的考生就可能在前面的某个难题上耽搁太久，来不及解答后面容易的题目，结果就不能考出应有的水平。

（二）难度值的经验估计

为了按试卷蓝图组配试卷，需要在组卷之前预估试题的难度。为此需要在试题编出之后，对一个有代表性的考生样本进行测试，再根据经典理论或题目反应理论分析其难度值。这对于应考对象不是来自同一社会阶层、其构成经常变化、不同地区不同年度的考生水平相差较大的自学考试来说，其操作的难度较大。有些理论工作者和实际工作者对于经验估计试题难度的方法及其有效性进行了研究，提出了数种经验估计的具体方案，其中有的已经应用于题库建设。

内容难度是按教学（考试）目标的要求衡量难度的指标。它主要依据试题的认知层次、考试的知识面、知识深度、解题的步骤、技能技巧等几个方面的因素综合确定的一个量度。这个量度的取值是由试题本身固有的特点决定的，不因考生水平的不同和测试的时间、地点的变化而发变化。

为便于估计，研究者设定内容难度是一个 0～1 的实数，评定时它从难到易分为 1～9 个等级，第 9 级的试题最易，第 1 级的试题最难。

他们假设试题内容难度是由被称作"项目"的六个因素决定的，这六个因素是：是否常见，何种题型，含考核点多少，解题步骤多少，是否需要解题技巧，所属认知层次。每个"项目"又包含若干可能的情况，称为"类目"，如"是否常见"的类目是：常见、较常见、不常见；"解题技巧"的类目是：特殊技巧、一般技巧、无技巧；"认知层次"的类目是：识记、领会、运作、分析综合。

他们还假设内容难度与各个项目之间存在近似的线性关系：$Y = \sum\sum \alpha \overline{X}$。其中 $\overline{X}$ 为各项目的类目，α 为待定系数，Y 为试题内容难度。如果能够推算出各个待定系数的估计值，命题教师只需在试题卡片上划定该题各项目的类目，输入计算机即可得出试题难度值。

问题是如何确定待定系数。他们的办法是依靠专家的经验，采用一定的程序，事先估计出若干试题的内容难度，代入前面给出的预测方程，求出各类目的系数。专家估计的方法和步骤是：

首先，从题库中选取170多道具有代表性的试题样本，课题组的专家讨论确定各试题的认知层次；

其次，确定各认知层次的试题难度的级别范围，如"识记"层次的试题对应的难度级别确定为9～7级之间，"领会"层次的对应级别9～6级，"运用"层次的对应级别为7～2级，"分析综合"层次的对应级别为4～1级；

再次，专家组在评判试题认知层次及其所对应难度级别范围基础上，再根据其他决定难度的因素（其他五个项目），具体评定各题的难度级别；最后，把初步确定内容难度级别的试题，按1～3级、4～6级、7～9级分为三类，对每一类试题的难度作综合平衡，并对各类之间相邻的第3、第4级和第6、第7级的题目加以比较和平衡，使各级别的难度确定协调一致。

研究者还对此种方法所估计的内容难度值与考后的通过率进行了对比，发现两者的相关极其显著。

我们从内容难度的提出及其估计的思路中可以得到这样的启示：直接估计试题难度的大小（等级或数值），其准确性（估计的效度）和不同人估计的一致性（估计的信度）比较低，如果能够找到决定或影响难度大小的更容易判断的若干因素，通过这些因素的判断来间接估计难度的大小，可以大大提高估计准确性和一致性；决定或影响难度大小的因素，对于不同学科具有共性的一面，也有特殊的一面，需要命题人员根据各学科的特点研究提出具体的估计方案；拟定估计方案的时候，既要考虑方法本身的科学性，以确保估计结果的有效性和可信性，又要考虑方案的可操作性和具体实施的可行性。

总之，由于一份考试的试卷由多个题目组成，所有这些题目的难度取值都应该力求恰当，而且这些题目的难度分布状态也应合理。究竟怎样的题目难度与难度分布是合适的，这主要取决于测验的目的与性质。

一般的标准化常模参照测验，目的是要尽可能地区分被试的个别差异，因此希望测验结果能尽可能将被试拉开距离。这样，测验题目的恰当难度，就应该使 P 值尽量接近 0.50。试想，如果一个题目的通过率为 1.00 或 0.00，即所有被试全部通过或全部不能通过，则无法区分不同水平的被试。经验与研究均表明，倘若整个测验所有题目的难度系数分布在 0.30 至 0.70 之间，并且整个测验的难度系数在 0.50 左右时，可使测验对被试有较大的鉴别力，而且可以使测验分数接近正态分布。

在常模参照测验中，测验的目的是要区分学生能力或成就的高低，因此，教师所期望的难度系数以接近 0.50 左右为理想，此时的试题最能够区分学生水平的高低。但是在标准参照测验中，测验的目的是在检验学生是否已达到教学目标规定的掌握程度，因此，教师所期望的是学生都能够在教学之后掌握所有的教学内容。也就是说，学生在试题上的表现应该都是百分之百答对，亦即答对率接近 1.00。因此，当教学有效时，多数试题的难度系数 P 值都会很大，在这种情形下，难度系数所反映出来的现象是教学质量好坏的成分多于试题质量好坏的成分。所以，教学质量和学习效果才是影响标准参照测验难度系数的最直接因素。因此，对于标准参照测验，考试与评价要切实改变过于强调区分和选拔的功能，教师不能按照常模参照测验的难度评价标准，而应该依据教材内容和实际教学情况来命题或选题。

四、试题区分度

区分度（Discrimination），试题区分度就是题目区别被试水平能力的量度，常记为 D。测验多少都带有将被试的水平加以区分的意图，那么构成测验的每一个题目就应该为这一目标作贡献，区分度就是刻画试题的这种功能的质量指标。在所测特质上，被试的水平总是有高低之分的，倘若高水平被试在测验题目上能得高分，低水平被试得低分，那么测验题目区分被试水平的能力就强；假若高水平被试和低水平被试在测验题目上所得分数没有差异，题目不能提供关于被试水平差异的信息，则它的区分能力就很弱；假如高水平被试在测验题目上得低分，低水平被试在测验题目上反而得高分，这种题目的性能就跟测验理念相背离，在测验中只能起干扰破坏作用。可见，题目区分度是测验性能的一个重要指标，说明的正是题目对测验目的来说的有效性程度。

计算试题区分度的方法主要有相关法和极端分组法：

（一）相关法

相关法是以考生在每个试题上得分与试卷总分的相关系数作为该题的区分度指标。在这里，人们认为总分是能够区分不同水平考生的，故将其作为一种标准，如果某题与之相关很大，则该题也能区分不同程度的学生。

考试总分是正态连续变量，试题为非二值计分题时，试题分数也是正态连续变量，这时可以学生在某题上的得分与其考试总分的积差相关系数表示区分度。

试题为二值计分题时，虽然所有学生对某个试题从完全正确理解至完全错误理解，可以视为正态连续变量，但由于数据的原因，这时人们仍是用点二列相关系数或是二列相关系数来表示区分度。

相关法求得的区分度指标最高为 1，表示试题对于考生的水平有完全的鉴别力，即好的学生得满分，差的学生得零分；如果计算出的区分度指标为 0，则表示试题无法区分不同水平的考生，好生和差生得分都差不多；计算出的区分度指标为负值时，表示试题对学生有相反的鉴别力，差的学生比好的学生更容易得分。用相关法求得的区分度，其显著程度需要作统计检验。

（二）极端分组法

用极端分组法求试题的区分度指标的步骤和用此法计算试题难度的步骤基本相同，但公式不同。用此法确定的试题区分度又称鉴别指数（DiScriminating Index）。

$$D = P_H - P_L \qquad (13\text{-}21)$$

此式意为：当试题为二值计分题时，区分度指数 D 的数值等于高分组学生中答对该题的百分比 P_H 和低分组学生中答对该题的百分比 P_L 之差；当试题为非二值计分题时则等于对应的两个得分率（仍表示为 P_H 和 P_L）之差。

还可以使用此法利用考生总分数据在求出高分组难度和低分组难度以后计算出整个考试的区分度。

（三）目标参照性考试的试题分析方法

由于常模参照性考试的目的在于测量学生的相对位置或等第，因此，试题的区分度相当重要，而且难度也要能够使它充分发挥鉴别的作用。目标参照性考试的目的在于测量学生是否完成了预先规定的教学内容和目标。试题的难易程度应根据教学内容及目标来确定。因此，试题的区分度对目标参照性考试来说意义不大。例如如果教学内容及目标较为简单，那么，试题也必然比较容易。在此情况下，所有的学生都可能答对某一试题。这时，虽然此题区分度为零，但是对于目标参照性考试来说，该题还是有效的。只是那些区分度为负值的试题必须删去。

目标参照性考试中试题的品质，可以用教学前后答对某题的人数比率之差来表示，称为教学效果指数。用如下的公式表示：

$$S = P_A - P_B = \frac{(R_A - R_B)}{N} \tag{13-22}$$

这里 R_A 表示教学之后答对某题的人数，R_B 表示教学之前答对该题的人数，N 表示作答该题的总人数（不包括未答者）。

显然，$-1.0 \leq S \leq +1.0$ 当 $S>0$ 时，表示教学效果有效；S 愈接近于 1，则教学效果愈理想；当 $S=0$ 时，表示教学效果无效，其原因往往是试题太难或太容易；而当 $S<0$ 时，表示教学效果反常，此时应该具体检查试题或教学方面的原因。

总之，区分度也是试题的一个重要质量指标，是指试题对于不同水平的考生具有的鉴别其优劣或水平高低的能力。区分度高的试题，能把学习好的学生和学习差的学生有效地区别开来；而区分度低的试题，能力水平高和能力水平差的学生得分都差不多，因此，人们无法通过这样的试题甄选考生。常模参照性考试的目的是选拔人才，比较重视的是区分不同水平的考生，重视试题的区分度是很自然的。目标参照性考试，不很强调区分度，但也不能有负区分（学习好的学生得分反而低）的试题。因此，区分度是衡量试题质量的重要指标，是编制考试过程中筛选试题的主要依据。

（四）区分度的分析

人们通常把试题区分度表述为一道试题使学习好的考生得高分、学习差的考生得低分；从而把水平不同的考生区分开来的能力。这种表述是不错的，其优点一是直观，二是为其估计提供了一种简便的办法。不过，这种说法常常使人产生一种误解：对于着重区分考生水平差异的选拔考试来说，区分度是试题质量特别重要的指标，但对于主旨不在区分考生差别、而是检验每一名考生是否达到规定水平的标准参照考试（如自学考试）来说，区分度指标是次要的，可以不予考虑。

实际上，任何性质的考试，其试题的功能都在于区分：把是否达到试题考核要求以及达到不同程度要求的考生区别开来。选拔考试关注这种区分，水平考试同样关注这种区分。没有这种区分能力的试题，把它们组合起来，难以把不同水平的考生拉开档次，以适应选拔考试的需要；同样，这样试题的组合也难以把是否到达规定水平的考生鉴别出来，也不能适应水平考试的需要。

区分度是衡量试题把实现该题考核目标不同程度的考生区分开的能力高低的指标。对于任何种类、任何性质的考试区分度都是评价试题质量的最重要的指标。

在经典测量理论中，通常用考生（样本）在某一试题上的得分与这些考生的试卷总分的相关系数来估计该题的区分度；或者将考生样本按试卷总分划分出高分组（分数在前 27%的考生）和低分组（分数在后 27%的考生），用高分组考生在某一试题平均得分与低分组在同一试题平均得分的差数，再除以该题的满分量，作为试题区分度的估计值。一般认为，区分度的数值范围在-1 和+1 之间。如果区分度为正值，则数值越大，试题越好。对于二值性计分题，一般说来，优良试题的区分度在 0.40 以上；若区分度在 0.20～0.29，则试题需要改进；区分度在 0.19 以下的试题则必须淘汰或改进，提高区分度后方可使用。至于非二值性计分题，由于其猜测作答的成分较低，上述评价标准可以降低一些，0.30 以上为优良试题，0.20～0.29 评为良好，0.10～0.19 的则评判为可以。

在经典理论中，区分度和难度一样，其估计值的大小受考生样本状况的影响：选取作为样本的考生之间水平差距越大，区分度的估计值也越大；考生之间水平越接近，其估计值越小。另外，区分度还与难度密切相关，太难和太易的试题，其区分度都较低。比如所有考生都通过或都没通过的试题，对于考生水平的区分没有做出任何贡献，其区分度为 0。

在题目反应理论中，区分度是试题固有的特性，并且其大小与难度的大小相对独立。在该理论看来，试题的优良特性，只有在考核其能力水平在一定区间范围内考生才能显示出来。研究表明，一道试题的区分能力，在考核刚好有一半可能性答对这道题目的考生群体的时候，可以得到最好的显示。这一事实告诉我们，区分度是衡量一道试题"好差"的重要指标，而难度则是衡量试题适合于哪些考生的重要指标。在一种叫做"自适应测验"的考试中，就是通过"寻找"最适合某一考生的那种难度的题目，来"迅速"推断这一考生的能力水平。

第四篇 考试研究评价篇

第十四章 考试科学研究成果评价

考试科学研究成果是教育研究人员和其他研究者对考试进行科学研究的创造性劳动成果，也是人类社会最宝贵的知识财富。因此，对考试科学研究成果的科学评价问题，不仅是科研管理中的一个重要环节，而且也是当前考试科学研究如何为考试改革与发展服务的重要现实问题。客观、准确地认定和评价考试科学研究成果，不但对考试科学的发展和完善有直接的影响，而且对考试事业改革与发展，对科研人员的培养有着重大的现实意义。所以，我们应当重视考试科学研究成果的评价问题。考试科学研究属于社会科学研究范畴，其研究成果评价可以借鉴社会科学和教育科学研究成果的评价方法和体系。

第一节 考试科学研究成果的认定

对考试进行研究的结果并非都是科学研究成果，只有达到了一定的预期目的，能够对考试产生一定的影响，并且形成文本资料，可供阅读和传播，才能称之为成果。所以，要对考试科学研究成果进行评价，首要的问题就是要对考试科学研究成果进行认定，在这个基础上进一步分析和评价才是科学和有效的。

一、考试科学研究成果的界定

对考试科学研究成果的认定和评价，首先是要认定其是否属科学研究成果。考试科学研究成果是人们通过运用科学的研究方法，利用已知的知识，经过调查和分析，推导出具有一定价值的未知知识。其次，由于科研工作是一种知识性和创造性的脑力生产劳动，其突出的特点就在于创造性，这也是考试科研工作的灵魂。因此，考试科学研究成果同时又应具有创新的内容，能揭示一定的考试现象或考试客观规律，并且具有一定的研究水平和实用价值。具体包括考试科学领域的新发展、新理论、新观点和新方法等。但是，考试科学研究成果的科学创新，决非是主观臆想，它还应该能经得起考试实践的检验，符合考试发展的客观规律，顺应考试改革的需要。

二、考试科学研究成果的特点

1．研究成果的独创性。考试科学研究成果是经过研究者潜心研究而形成的与众不同的具有创新意识的理论或观点，决不是重复的研究和纯粹的资料罗列，更不是对他人观点的简单转述。

2．研究成果的实用性。学科考试科学研究成果能够直接明显地作用于学科的测试和教学，具有重要的现实意义。但是许多考试科学研究成果可能不能直接明显地作用于考试实践，它更多的是间接地体现其实用价值，尤其是还可以通过各种传播媒体将其新思想和新观点潜移默化地影响人们的意识和作用于考试实践活动。

3．研究成果的多样性。如果我们按照科研工作任务来划分，考试科学研究成果可分为三类，即基础研究成果、应用研究成果和发展研究成果。另外，还有学科考试研究成果、考试方法研究成果、考试类别研究成果等。

4．研究成果评价的复杂性。考试科学研究成果的评价很难提出明确客观的标准，许多情况下，只能根据具体的研究项目进行评价。因为就其成果价值来讲，并非立刻就能体现；就其理论观点和方法来说，其成果价值和验证则需要很长时间，特别是一些与众不同的新观点、新理论和新方法，一般都要通过一个时期的争鸣后才能得到学术界及社会的认可。

5．研究成果的层次性。对于不同层次的考试，其考试内容是大相径庭的，虽然在考试方法上具有许多相似性和可借鉴性。如教育类考试和公务员考试在内容上是有很大区别的，但不可否认的是教育类考试含选拔和测量的功能，而公务员考试纯粹是选拔的需要而设置的。

6．研究成果的时代性。特定的时代往往赋予考试不同的色彩和作用，考试制度本身也是处在动态的改革和发展中，因而对考试的研究也就具有特定的时代性，尤其是对考试内容的研究。近十多年来我国的高考改革和高考研究就是典型。

7．研究成果的区域性。不同国家、地区在考试制度和考试实施上存在很大的差异，因而对不同国家和地区考试的研究而得出的成果也是不同的。这种区域性要求我们有所区别地对待和认识研究成果。

三、考试科学研究成果的主要表现形式

考试科学研究成果都需要用一定的形式表现出来。考试科学研究主要是以

课题和研究者自我研究的方式进行，其结果形成了诸如著作、论文、社会调查、研究报告、咨询建议、方案论证、法律规章草案、工具书、译著、译文等形式。也就是说考试科学研究成果的表现形式，一般情况下，需要形成文本资料，并且可供传阅，才能对成果进行鉴定。

在考试科学研究活动中，科研成果的表现形式、体例是多种多样的。不同体例的考试科学研究成果，其结构也有所不同。

（一）考试调查报告

一般来说，调查报告从提出问题、分析问题到解决问题，一般由题目、前言、正文、总结及附录五部分组成。

（二）考试实验研究报告

实验研究报告是对整个考试实验研究的全面总结。通过阅读实验报告，人们对该实验有全面系统了解，为评判、接受或应用这一实验研究成果提供依据。因此实验研究报告的撰写对该实验的总结与推广起着重要作用。实验研究报告的基本框架结构包括题目、前言、方法、结果、讨论等部分。

（三）学术论文

学术论文是科学研究成果的文字表述。在考试科学研究领域，无论是应用研究、发展研究还是基础研究，只要对所研究的考试问题提出了新观点，采用了新材料，运用了新的研究方法，得出了新的结论，或站在新的高度对原有理论做出新的解释和论证，将获得的科学研究新成果写成的文章就是学术论文。它展示的是一个新的论点及理论体系的形成，是一个创造性的认识活动过程。因此，学术论文范围不仅包括论述创新性研究成果的理论性文章或学术专著，也包括某些实验性或观测性的新知识的科学记录，某些科学原理应用于实验取得新进展的科学总结。

学术论文总的特点是学术性。具体表现为创新性（在自己所研究范围内，理论上要有所发展，方法上要有所突破）、科学性（论据确凿，论证清楚，言之有理）和实践性（在各种社会实践中的现实意义和可行性）。学术论文的价值正是教育研究价值的集中体现，它不仅表现在一些新成果可以开创一门新的科学学科或建立一个新的理论体系，而且表现为在某一学科领域对前人成就的补充、完善和发展，或者是把分散的材料加以综合系统化，用新的观点或新的方法加以论证，得出新的结论。

学术论文有不同的基本类型。由于学科考试特点不同，学术论文的写法多种多样，彼此无严格界限。但从总体上看，任何形式的学术论文总要遵循科学研究的发展方向和途径对研究课题加以论证分析并得出结论。学术论文按研究目的可分为三种基本类型：1．理论探讨性、论证性论文；2．综合论述性论文；3．预测性论文。

无论哪一类学术论文，形式规格基本上要遵循"绪论——本论——结论"的逻辑顺序。规范性学术论文的框架结构，一般包括六个主要部分：标题、内容摘要、序言、正文（本论）、结论与讨论、引文注释与参考文献。

第二节 考试科学研究成果的评价标准

考试科学的研究对象为考试现象，即为一门研究考试现象的科学，具体研究包括考试的特点、功能、作用、信度、效度、类型、方法、管理、评价等多个方面，并把考试现象的本质及其发展规律研究总结出来。

一、考试研究成果评价标准

一般情况下，考试科学研究成果必须具备五个基本要素：（1）以考试现象及其发展规律为研究对象；（2）基础理论研究成果必须经学术权威部门鉴定，应用研究成果必须被实践证明；（3）有积极的社会效应（益），只有产生正效应的研究结果，才能称为真正意义上的研究成果；（4）必须有被人们认可的表现形式，如论文、论著、报告等；（5）必须有明确的结论，如创立新的理论、学说，提出新的观点、思想，或提出新的策略、对策、措施等。

考试科学研究本身是一种抽象性的思维活动，是一个从具体到抽象、从外到内、由浅及深的过程。所以，在研究的过程中不仅要排除很多方面的因素，还要假设某些前提条件，从理性上认识并揭示考试现象的本质及发展规律，此研究过程的本身也就决定了研究成果的抽象性的特点。人们通常必须借助于一系列可变换的中介来完成"具体→抽象"这一过程，而不能直接将研究成果用于实践。这表明，考试科学研究成果的转化具有间接性。由于受到研究者主客观因素，如价值判断、知识结构、社会阅历和环境等的影响，在考试科学的研究过程中，得到的成果总会包含各种缺陷、不足和错误。因此，我们要在实践和理论上进行不懈的探索，不断在实践的基础上提出创新的理论，再用发展的理论来指导实践，实现一个由具体到抽象，由考试科学成果到现实之间的良好转换。在这个意义上，考试科学研究成果的运用是一个检验错误并不断对其修正、完善的过程，要经过一个较长时期。因此，建立一个科学、合理的考试科学研究成果评价标准是科研管理创新的一个不懈的课题。

要做到客观公正地评价考试科学研究成果，应从以下几个方面来考虑：（1）实践价值。考试科学研究成果一定要有它自身的价值，其价值应符合当代考试改革与发展的要求，紧跟时代前进的步伐，能够被人们理解、接受、掌握、应用。在当前考试改革中，对亟须研究和解决的重大现实问题能够提出独创性的见解或可操作性的建议，产生显著的影响和作用。（2）创新程度。评价考试科学研究成果的一项重要标准是创新程度。只有创新才能在科研成果中总结出新的经验、规律，探索新的思路、方法，建立新的理论、学说，提出新的方案、对策，及时为新的实践提供科学的理论指导等。一项没有创新力的研究成果，只是重复别人已经提出的观点和方法，是毫无意义、没有价值的。所以，不同范围、层面、角度的创新对考试实践所起的作用不同，影响的广度和深度也不同。因此，我们应根据考试科学研究成果创新程度的大小来衡量其价值。（3）影响力度。考试科学研究成果一旦进入考试领域，都会对考试实施产生影响。考试科学研究成果可以增长人们的知识，改变人们的思想观念，并转化为管理者的决策或方案，影响考试的发展。研究成果的大小对考试的影响体现在广度和深度上，更重要的是其方向，产生积极正面影响的研究成果才是有价值的。（4）效益评价。考试研究成果既可以通过直接的或间接的途径对考试产生影响，也可以通过为人们提供知识、更新人们的观念，提高考试制订和实施的科学性，各类效益之间可以尝试进行量化。我们可以通过价值量的大小来衡量研究成果的好坏，对于难以量化且表现复杂的成果，可以通过其影响面、宣传面的大小以及贡献加以评判。

以上是四个方面的评价标准，是从考试科学研究成果的实践性、创新性、影响性、效益性四个方面进行评价。同时，我们还应该就其科学性、学术价值和社会价值、艰难程度等方面进行综合评价和比较，最后评定考试科学研究成果的标准，在可能的情况下也可以进行量化评价，使考试科学研究成果评价更为科学合理。

二、不同评价目的的标准差异

不同的评价目的，在评价标准上的侧重点会有所不同。这些不同应用目的的评价，在标准上有共同之处，但也有明显的侧重和取舍倾向。因此，必须针对不同研究目的、评价目的的差异，有所侧重地撰写和提交研究成果，提供相应的佐证材料。这里，仅列举若干常见的评价用途进行简要对比：

作为学位论文、毕业论文的考试研究成果：对照相应的毕业标准或学位授予学术标准，侧重理论知识的系统性、观点的创新性、资料的真实性，也包括资料引用的科学规范，研究方法的科学性，格式的规范性等；其评价结论是是否达到毕业或授予相应学位的学术水平。

作为考试研究立项课题研究成果：主要按照《课题立项协议书》(或《申报表》)承诺或设计的研究方案，审核研究成果是否达到预期研究目的，是否履行立项承诺，突出创新性和应用性，存在的不足或缺陷；评价结论是否达到预期研究目的，可否结题。

作为教育（考试）学术期刊用稿的研究成果：侧重考虑选题的新颖性、时效性，观点的创新性、发展性，文字的流畅性，特别要注重格式的规范化。评价结论是否达到发表要求、是否需要修改。目前，多数教育（考试）学术期刊采用的是《中国学术期刊（光盘版）检索与评价数据规范》(《CAJ-CD 规范》)，对投稿格式有严格、统一的要求，如标题、署名、论文摘要、关键词、中国图书分类号、正文、注释、参考文献及作者简介的中、英文撰写方法。不同期刊在这些方面规定也不尽相同，非专业研究人员要特别加以注意查询对照。除"文章编号"外，期刊编辑部一般不会代劳。

作为参评优秀教育（考试）研究成果的要求：评审优秀教育考试研究成果的要求是综合的、全面的，也是竞争性的。既有理论和学术价值的要求，又有效益和影响力等方面的要求，在此基础上侧重观点创新、社会效益（包括发表出版级别、转载引用情况、已获奖等级等）；如福建省社会科学优秀成果奖的量化评审指标体系依权重排序为：创新程度、完备程度、难易程度、成果价值等四大项 7 小项。评价结论是否达到获奖水平、建议获奖等级。

第三节 考试科学研究成果评价的基本原则

考试科学研究成果的评价越来越要求从重数量向重质量、从重过程向重结果、从重静态评估向重动态评估转变。如何确保考试科学研究成果评价的客观性、有效性、公正性以及操作的简便性，并以此为契机形成一个科学、健康的科研导向，一直是科研管理工作者十分重视的问题。考试科学研究成果应坚持以下几条基本原则：

一、坚持创新的原则

创新是科学研究的生命和灵魂，评价考试科学研究成果的一项重要指标就是创新程度。科研工作不是搞论证和注解，而是用已有的知识作为方法和手段去探究未知的知识。一个考试研究人员如果缺乏基本的创新精神，是不可能做出优秀科研成果的，也就不可能真正承担起考试科学研究的使命。考试科学研究成果评价体系是由多方面的标准、规则和内容组成的，其对学术成果进行评价、认可、奖励的依据和标准等对于引导科研人员如何做学问，对于形成良好的学术风气，是至关重要的，其所倡导的科学精神和蕴含的深层次内在价值，对学术和科研具有极大的引导、激励和规范作用。因此，应把创新作为考试科学研究成果评价的最高标准原则。

二、坚持社会效益原则

自然科学研究成果能够直接作用于社会生产，其质量是通过直接评价体现出来的。而考试科学研究成果属社会科学研究成果，其作用难于量化和直接体现，其评价应该注重社会效益，通过间接评价体现出来。因而，在考试科学研究成果评价中，必须坚持直接评价标准与间接评价标准相结合，这样才能更为全面科学合理地对研究成果进行评价。尤其是对其产生的规范性、为社会所节约的资源等方面进行评价。

三、坚持定性评价与定量评价相结合原则

定性评价方法是以评价者的主观判断为基础的一种评价方法，强调的是基于理解的"直接认识"，评价者依据个体的经验与学识水平对评价对象的学术价值、水平给出直接的判断。定性评价方法的优点是可以充分发挥专家的常识和经验，对信息资料的数据需求程度比较小，从而避免了因信息数据不全或不准确而造成的片面性和局限性。但这种方法的缺点是评价中的随机因素影响较多，由于评价者的价值观和主观意识的影响以及专家知识经验的局限性，往往是带

有个人偏见和片面性，因此评价结果有时可能不是完全客观准确的。

而定量方法首先要做的是，找到衡量差别的可操作性定量指标，然后再以该指标的量值来客观表征原来难于量化的"量的差别"。目前常用的定量分析指标包括成果发表的刊物级别、论文收录转载情况、获奖情况、成果被引证情况等，体现为"间接测量"。定量指标分析法的优点在于它是根据成果发表刊物的权威程度和成果系列反响来作为评价标准，具有较强的科学性和严谨性，不受个人主观因素的干扰和其他非科学因素的影响，有助于规范评价行为。为增加各个成果之间的可比性，应尽可能以定量为主，采用量化指标。

四、坚持基础理论研究标准与应用研究标准相区别原则

基础研究是为了认识现象，获取关于现象和事实的基本原理的知识，总体上是以主攻考试前沿的重大难题、探索创新知识、创建新理论的理性追求为其目标，这也是考试主体性的根基所在。评价基础性研究的主要标准往往是学术性和创新性，而应用研究在获得知识的过程中具有特定的应用目的，往往是实效性。应用研究虽然也是为了获得新的知识，但是这种新知识是在开辟新的应用途径的基础上获得的，是对现有知识的扩展，为解决实际问题提供科学依据，对应用具有直接影响。基础研究获取的知识必须经过应用研究才能发展为实际运用的开展。评价应用性研究成果的主要标准是研究成果能否向现实转化，要把能否进入决策的实际效果作为评价的主要依据。基础研究耗时大，其价值也是潜在的；应用研究则常常是当下的，效益是显在的。对两种性质迥然不同的研究，评价标准显然是不同的。在考试科学研究成果的评价过程中，既要重视理论上的创新性，又要重视成果的实际价值和运用程度。

五、坚持科研管理部门评价与专家评价相结合原则

同行专家用定性指标进行的主观评价，需要由一定数量的专家组成评价委员会，牵涉人数多，过程复杂，适用于对重大成果的评价；而使用定量指标所进行的客观评价，只考虑到成果作者和科研管理部门两方，适用于对大量的一般成果的评价。因此，在考试科学研究成果评价中，可以采用不同的方法，评价不同的成果。无论是专家评价还是科研管理部门评价，要达到评价的预期目的，前提就是要保证评价的公正性。

六、形式评价与内容评价相结合原则

"形式"主要是指成果的来源、类型与成果发表（出版）的形式（含刊物的档次）；"内容"则是指成果的质量、产生的影响和社会效益等。在对考试科学研究成果进行评价时，应坚持以内容为主，兼顾形式的原则。不能一味地追求研究成果的发表的级别、课题的级别，更多地应该注重评价研究出来的成果的真正含金量。

第四节 考试科学研究成果的评价指标体系

评价考试科学研究成果，主要是看其对考试科学领域基本规律的揭示、推动考试科学事业发展所显示出来的学术价值和实用价值，即看它是否具有学术性和效益性。尤其是根据上述评价标准和原则，初步设想采用10类具体指标分别从不同的侧面对某项考试科学研究成果进行单项评价，然后再加以汇总，对该项研究成果进行综合评判。考试科学研究成果的评价指标体系应该包括以下内容。

一、成果属性

成果类别指成果的性质和类型。不同的成果所具有的性质作用大小、评价的高低也会不同。我们将考试科学研究成果分成4种不同的类型：

1. 数据资料类。此类是指通过对各种现象的调查研究和数据资料的搜索、整理、对比、汇总，所取得的能够反映现象基本情况的成果。

2. 实践类。此类成果是指通过对各种门类考试的研究，将考试科学的基本理论应用于考试实践，进而取得的成果。这类成果不仅促使人们认识考试，提高考试的科学性，还能不断规范考试，为研究性工作提供参考依据。一般情况下，获得这类成果所进行的研究难度不是很大，创新的成分也不多，故评价不宜过高。此类成果还包括根据某一考试组织单位在一定时期内，对所组织的考试进行研究、总结，对影响考试的各种变量进行测算，促进考试目的更好地完成。

3. 理论性成果。理论性成果是指在考试基础理论和应用理论研究中取得的重大突破性成果。这类成果或者提出了新的观点、思想、理论和学说，或者对传统理论进行质疑、补缺、完善，或者在学科的交叉融合和创新方面有新的设想和进展，或者选题有特别重大意义，研究难度大，填补了某项专业的空白，在理论上具有开拓性创见，等等。这种成果的表现形式主要是学术论文和专著。

4．综合性成果。综合性成果是指兼有以上两种或多种属性的研究成果。考试科学研究是复杂的，其研究方法也是多样化的，因而成果的属性不是单一的。综合性成果具有较多的表现形式，也有一些综合性成果全面体现了考试科学研究成果的各种特性，这些成果产生的价值是非常巨大的。综合性成果的评价一般较高。

二、成果背景

成果背景是从形式方面对考试科学研究成果进行评价的分类指标。形式是内容的反映，形式评价是成果评价中不可缺少的一个组成部分，但形式评价在整个评价指标体系中只处于次要地位。形式评价主要是对成果的来源、项目的级别和成果发表（出版）刊物（著作）的级别、档次以及获奖等级进行评价。

1．项目来源。项目来源指考试科学研究的成果是来自哪一级立项的科研项目。项目的来源可分为国家级、部省级、厅局级、其他级、非立项 5 类。根据这些不同等级的评分，对科研成果进行形式评价，接受企事业单位委托研究的课题可参照其研究的难度和范围来评定相应的等级，国际合作项目可视同国家级。目前，国家级和部省级教育考试科研项目主要指全国（省）社科规划项目、全国教育科学规划项目、教育部或全国考委会项目以及全国（省）科学技术系统的软科学项目。

2．重要程度。重要程度是指科研项目在本学科的研究中属于哪一个层次的课题，是否具有高水平、科学性、知识性、可读性强等特点，在学术界评价如何。我们将科研项目分为重点项目、重大项目、规划项目、一般项目、自选项目 5 类。

3．发表（出版）等级。发表（出版）等级是指考试科学研究成果发表的刊物或出版的出版社的等级。一般情况下，刊物或出版社的等级越高，其价值也就越大。我们将刊物分成国内外权威刊物、国内核心刊物、省内一级刊物、其他公开刊物、内部刊物 5 类；将出版机构分为中央级出版社、省级出版社、其他出版社、在一定范围内交流、内部印刷 5 类。

4. 获奖等级。获奖等级是指某项考试科学研究成果已经获得的奖励等级。一般分为国际奖、国家奖、部省级奖、厅局级奖、其他奖，由于每种奖励中又分为一、二、三（或更多）等级，故其评价也应是一个区间。

三、创新力度

创新力度是对考试科学研究成果内容的评价。一项没有新意的成果是不会有多少价值的，只有使科学成果成为具有自主创新的知识产权，并且处于领先水平，在推广中取得一定的效益，才说明这项科技成果具有创新力度。创新力度应用以下几个指标来衡量。

1. 唯一性。唯一性是指在科研成果中提出的理论、思想、观点或方法，在古今中外绝无仅有，第一次提出来。唯一性又分为国际唯一性和国内唯一性。

2. 新颖度。新颖度是指科研成果中提出的理论、思想、观点、方法，虽然不是唯一的，但属于较早提出或较早对其进行阐述、解释、论证的以及较早应用这些理论、思想、观点、方法来解决实际问题的，并且具有的科学性较强，有可能较早的应用于实践，产生社会效益。我们可根据其在国际或国内出现的时序，分为填补空白、国际领先、国内领先、部分创新、较早应用等5种类型。

3. 转引率。转引率是指考试科学研究成果中引证其他成果的理论、观点、方法的次数与本成果中的理论、观点、方法被其他文章所引用次数的比率。如果转引率越大，说明引证他人的成果越多，而自己的成果被别人引用少，创新力度不强；转引率越小，说明引证他人的成果越少，而自己的成果被别人引用多，创新力度强。

四、影响广度

影响广度是指考试科学研究成果问世后，在理论界和实践中所带来影响的范围和广度。考试科学研究成果的学术价值或实用价值，也多表现为潜隐性和长效性。因此，在社会科学向生产力的转化过程中，往往具有模糊性，难以精确定量计算。但是，为了客观、准确地认定和评价考试科学研究成果，就必须要重视社会对其研究成果的认可度。一般来说，社会认可度主要表现在研究成果中的观点被其他专著、论文、报告文章所引用的次数，即"引证率"。"引证率"是目前较为客观的评价指标，也能较好地反映出一项研究成果和理论观点上的学术地位或被重视的程度。社会认可度主要包括下列要素：（一）研究成果在省（区）、国内学术界同行的反映情况；（二）同行专家的肯定意见；（三）报刊转载、评论、争鸣、刊用等。然而，采用"引证率"需要相持较长一段时间，鉴定评价也较难统计，它是一项具有一定难度的工作。

五、系统性

一项考试科学研究成果需要对所研究的领域进行全面的阐述和深入的探讨及系统的分析，这是对考试科学研究成果评价的基本标准。因此，在系统性方面可以分为以下几个档次：阐述全面、精当、知识结构系统完整；主要方面全面阐述，次要方面略有欠缺；主要方面基本阐述，初步建立知识结构基本框架；主要方面有遗漏或知识结构混乱。

六、可靠性

科学性是考试科学研究成果一项重要的指标，没有科学性就谈不上科学研究。因此，在评价考试科学研究成果时，可以分为以下几个档次：理论前提科学，概念明确，逻辑严密，资料准确、充实，研究方法科学、深究、适当；理论前提科学，在资料、研究方法、概念和逻辑等某个方面略有欠缺；理论前提科学，在资料、研究方法、概念和逻辑等某些方面有欠缺；理论前提、资料、研究方法、概念和逻辑等某些方面有严重欠缺。

七、引证规范性

学术的规范性是为了防止学术腐败和提高学术的可信度，更能够促进学术的发展。国外社会科学研究特别注重引证的规范性，近年来，我国也逐步重视这一标准。所以，在考试科学研究成果评价中，严格引证规范性是十分重要的，在这一方面可以分为以下几个档次：引证规范，所有引用资料、观点来源清楚；引证较规范；引证基本规范；引证不规范。

八、研究难度

考试科学研究中有的是考试基础理论研究，有的是应用性研究，如学科考试研究与考试方法等研究有很大的区别，难度各有不同。这些难度包括问题的研究难度和资料的搜集处理难度等。在研究难度方面可以分为以下几个档次：问题十分复杂，或理论难点多，或学科基础薄弱；问题复杂或有理论难度，或学科基础薄弱；问题较复杂，有一定难度；难度很小。在资料搜集处理难度方面可以分以下几个档次：资料的搜集与处理难度很大；资料的搜集与处理有难度；资料的搜集与处理难度不大；难度很小。

九、学术价值

考试科学研究成果的学术价值，主要是指科研成果要符合考试发展的科学规律，是前所未有或新突破的理论、观点、概念和方法等。一般来讲，对研究成果的学术价值的认定评价，往往是将有无创造性、创造性的大小和对社会产生的影响等作为鉴定的重要条件，但是就其创造性来讲，还有全新和部分新之分。

十、实用价值

考试科学研究成果的实用价值，主要是看研究成果是否符合考试发展的客观实际，着眼于对考试实践活动的指导和推动作用，以及理论联系实际的方向性、需要性和可行性等。在对考试科学研究成果的实用价值的认定与评价中应注意：

1．研究成果对本学科的研究领域的决策产生出来的影响。

2．研究成果对学科领域建设和发展有重要的指导和推动作用，也就是能否对当前的考试改革和发展起到政府导向、业务指向和组织引导作用。

3．研究成果直接或间接地作用于考试实践，并产生一定的效益。

4．研究成果对当前考试发展的现实矛盾有无针对性。

5．研究主要表现为是否是考试实践客观需要所迫切的，成果所提出的政策、措施、对策建议方案、方法在现实考试中有无推广应用的可行性，能否形成一套具体可操作的方法。

第五节 考试科学研究成果的评价方法

根据考试科学研究成果评价标准的设定应坚持的导向性、科学性和可行性原则，考试科学研究成果的评价应该遵循一定的方法，才能对成果进行更为有效的评价。这些方法包括：

一、定性和定量相结合，以定性为主进行综合评价

（一）定性评价法

考试科学研究对教育的发展具有长期、深远、间接的作用和影响，由于社科成果自身所具有的描述性、模糊性等特点，它难以像自然科学成果那样通过精确的计算、反复的科学实验来加以验证，也无法用数据或指标来做简单的测定。因此，目前对社会科学成果的评价大多采用定性评价的方法来进行，即同行的专家进行评定。定性评价法是以评价者的主观判断为基础的一种评价方法，这种方法的特点是充分利用同行专家的知识、经验以及调查分析能力，对要进行的评定成果进行定性评价。这种方法通过不断的发展完善，已被广泛地应用于各个领域。定性评价分为会议评价和通讯评价，前者为会议组织者聘请相关专家召开会议，听取被评人员对其成果的汇报，进行面对面的质询、答问，然后给出评定；后者是以信函形式送审成果，聘请有关专家进行背靠背的评价。

定性评价法的优点是可以充分发挥专家的智慧和经验，对信息资料的数据需求程度比较小，从而避免和减少了因信息数据不全或不精确而造成的片面性和局限性。定性评价法特别适用于某些因素难以量化的情况，但这种方法的缺点是评价中的随机因素影响较多，由于评价者的价值观和主观意识的影响以及专家知识经验的局限性，往往使评价结果带有个人偏见和片面性，因而评价结果有可能不是很客观、准确。此外，评价成果通常没有经历被检验和被认识的过程，因此可信度和可靠性也有一定的局限性。

（二）定量评价法

许多考试管理部门和研究人员为了使考试科学成果的评定结论尽可能地符合客观性，减少人为因素的影响，开始不断探索如何借助科学计量分析指标来评价社会科学成果。目前，常用的计量分析指标包括主体成果发表的刊物级别、论文收录、转载情况，成果被引证情况，获奖情况等。

定量指标分析法的优点是，由于它是根据登载成果刊物的权威程度和成果被转载、引用次数来作为评价标准的一种评价方法，因此它具有较强的科学性和严谨性，不受个人主观因素干扰和其他非科学因素的影响，有助于规范评价

行为。然而，对于以著作和科学论文为主要产出形式的社科成果来说，采用计量分析法也有不足之处。首先，在成果统计上有时间的滞后效应，由于论文发表或著做出版通常要等若干年才能验证其真正价值，因此不可能对成果进行及时的评价。其次，定量分析指标只适用于已公开发表的学术论文和公开出版的著作等科研成果，而对于那些不宜公开发表，已被有关部门采用，并已取得明显经济社会效益的科研成果却无能为力。目前，定量分析指标法已在我国自然科学界基础研究领域的评价工作中得到较广泛的应用，但对于社会科学成果的评价工作还存在着某些局限性，其主要原因是我国社会科学情报信息系统还很不完善，无法使成果的引用情况和引用次数被及时、准确地检索出来。

但是，如果只对考试科学研究成果进行非常精细、繁琐的定量评价是不科学的。因为考试科学研究成果不同于具体的物质产品，也不同于自然科学研究成果，它对社会的作用和影响，大多数是比较间接、深远和潜在的，它所引起的经济、社会发展和进步，人们政策素质和知识素质的提高及价值观念和生活方式的改变等，都是不能用数字来估量的。但是，对考试科学研究成果如果只单纯采取定性的方法评价也不妥。那样做主观色彩太浓，难以客观、公允。因此，评价考试科学研究成果要采取定性和定量相结合、以定性为主进行综合评价的方法，对不同层次或水平的成果进行比较。

（三）多因子综合评价方法

综上所述，由于考试科学研究对象的特殊性，目前社科成果评价工作仍以定性评审作为主要评价方法。但随着现代科学技术的发展，一些定量评价方法也开始在考试科学领域得到广泛运用，从而使考试科学研究取得突破性的进展。由于在考试科学领域，各种新兴交叉学科不断产生，考试科学的研究范围也日益扩大，影响考试科学研究成果的因素也愈来愈复杂，特别是对应用性考试科学研究成果，影响成果价值的标准除了要考虑其学术价值外，还要考虑其社会价值、经济效益、社会效益以及其他相关的外围因素。传统的一些定性评价方法由于其自身具有的局限性和主观性，不能准确地反映考试科学研究成果的价值，因而愈来愈不能满足评价要求。

为了更加科学、客观、公正地评价考试科研成果，人们期盼对考试科研成果能够实事求是、公平合理、保证质量地进行定量的、精确的描述，从而使考试科研成果评价更具有权威性和严肃性。由于考试科学的研究对象是考试发展问题以及改造考试的方法和手段等，因而，对于考试科学成果来讲，进行定量评价的难度比较大。在影响考试科研成果的众多因素中，许多因素都具有模糊性、复杂性，难以直接量化。因此，不能把定量评价单独作为解决考试科学研究活动评价的实用方法。

考试科学以其独特的方式研究考试问题和考试现象，每一项成果的实现，都取决于下面两个因素：一是接受这项成果的决策机关和领导人是否认可、赞赏并让其通过；二是运用该项成果的实际工作者的水平和运用的现实环境如何。对考试科学成果的考核，我们应该注意基础理论和应用科学成果是并重的，并且注意把定性和定量标准相结合。总之，考试科学成果的评价一定要统筹考虑，防止顾此失彼，做到公正合理地体现考试科学成果的真实价值。

二、分类评价和综合评价相结合评审

考试科学包含许多内容和知识。不同对象或现象的研究成果其研究的结果是有很大不同的，因此有必要分类，请有关专家学者审阅，进行集体评议、审定，最后由考试科学研究成果评审委员会集体审议并做出最后评定。这种方法可能会耗费许多物力和人力，但能够更为公平和科学地对成果进行评价。

三、以匿名投票的方式确定评审结果

在评审过程中采取专家学者个别评价和集体评审相结合的方式。每一项参评成果都请3位专家、学者分头审阅，来确定该成果是否可以进入初评会。凡3位专家学者中有两位都同意进初评会或有一位学者评价在三等以上的，才可以进入初评会；否则，参评成果实际上从这时开始便已落选了。但是，对上初评会的参评成果是否可以获奖，初评会集体做出的决定才是更具有决定意义的。无论是初评复评或终评做出的决定，都应采取无记名投票方式确定，以充分尊重全体评委的民主权利。

四、评价方式的多元化

评审权不能单方面进行，只集中于一个人或一个单位，应采取多元化的评价方式，听取多方面的意见。在评价过程中，应采取研究者自我评定、同行专家论证、行政部门评审等方式。这种评价方式可以避免片面性，区域性，从更广的角度来看待研究成果，能够更为科学和全面地评价研究成果。

第六节 考试科学研究成果的评价过程

对考试科学研究成果的评价不仅要注重结果,也要注重其过程,只有严谨的过程设计才能更为科学地进行评价。根据目前考试科学研究的特点,考试科学研究成果的评价过程包括以下几个方面。

一、确定总目标

评价总目标的确定,在一定程度上也反映了研究者的研究目的或者说是出发点。当前考试科学研究成果评价中一个很严重的问题就是定位问题。刚性的成果数量指标和不符合考试科学研究周期规律的考核评价导向,使考试科学研究成果成为满足评价需要的"快餐盒饭"。因此,确定出明确的总目标有利于评价的实施。

二、判定评价的指标体系

每一项研究成果都有其特殊性,这是在评价过程中不可忽略的一个很重要的方面。所以,在评价过程中有些指标体系并不是千篇一律的,应该有所区别。从考试科学研究成果管理上说,出现知识论形而上学的倾向,在于我国没有科学的考试科学研究成果评价机制和评价标准,研究者缺乏有效的学术约束,考试实践者没有可把握的实践有效性理论参照。如此循环往复,造成考试科学研究知识化形而上学倾向愈演愈烈。

三、选择或制作评价工具

针对不同的研究成果需要制作一定的评价工具,使评价更具有针对性。评价工具会因项目的不同而不同,因而存在一个选择问题,为了更好地使评价量化,可以采用量表等便于量化的工具。

四、实施评价

在完成了评价指标、工具的选定后就是对评价的操作。实施评价是对成果评价的具体操作过程,评价的实施不只是简单的资料收集、统计和罗列,而是要进行一系列的调查、量化和评定。

五、收集评价的信息

收集评价信息除了选择或制作评价工具和测量评价指标外，还要储存评价资料。在考试科学研究成果评价中，收集评价资料的主要方法是观察法、调查法、分析法、比较法等。评价的对象是研究成果，许多评价者阅读的资料需要由研究者自己提供。同时，评价者也需对研究成果相关的信息进行收集，供评审时使用。

六、分析处理信息资料并得出结论

对资料的分析是评审中至关重要的一步，目的是鉴定其级别和真伪，通过科学合理地鉴定，评出研究成果的质量，最终给出明确的评价和结论。而结论的形式也有许多种，包括定性的结论和定量的结论，目前更多的是以奖励的等级形式出现。

参 考 文 献

[1] 陈国达. 怎样进行科学研究[M]. 北京：科学出版社，1991.

[2] 顾天祯等. 教育科学研究入门[M]. 北京：人民教育出版社，1989.

[3] 张继志. 实用方法与技巧[M]. 哈尔滨市：哈尔滨船舶工程学院出版社，1989.

[4] 杨成鉴，金淘声. 中国考试学[M]. 北京：书目文献出版社，1995.

[5] 中国成人教育理论专著编纂委员会. 中国自学考试[M]. 北京：教育科学出版社，1994.

[6] 康乃美，葛为民. 中国自学考试学分制研究[M]. 北京：高等教育出版社，1999.

[7] 王宝墉. 现代测量理论[M]. 台湾心理出版社，1999.

[8] 黄光扬. 教育测量与评价[M]. 上海：华东师范大学出版社，2002.

[9] 曾桂兴. 现代教育测量方法[M]. 广州：广东教育出版社，1991.

[10] 张厚粲. 心理与教育统计学[M]. 北京：北京师范大学出版社，1993.

[11] 张敏强. 教育测量学[M]. 北京：人民教育出版社，1998.

[12] 漆书青. 教育统计与测量[M]. 广州：广东高等教育出版社，1999.

[13] 戴忠恒. 教育统计、测量与评价[M]. 北京：中国科学技术出版社，1990.

[14] 于信凤. 考试学引论[M]. 沈阳：辽宁人民出版社，1987.

[15] 廖平胜，何雄智，梁其健. 考试学[M]. 武汉：华中师范大学出版社，1988.

[16] 廖平胜等. 考试管理学[M]. 武汉：华中师范大学出版社，1996.

[17] 朱勃等. 比较教育的研究方法[M]. 北京：教育科学出版社，1984.

[18] 刘问岫. 教育科学研究方法与应用[M]. 北京：北京大学出版社，1993.

[19] 陈斌. 自学考试管理研究[M]. 武汉：武汉大学出版社，1994.

[20] 张宝昆. 大规模教育考试的社会控制功能研究[M]. 昆明：云南大学出版社，1999.

[21] 康乃美，周行久等. 福建自学考试考试指导[M]. 厦门：鹭江出版社，1996.

[22] 梁其健，葛为民等. 考试管理的理论与技术[M]. 武汉：华中师范大学出版社，2002.

[23] 教育部高等教育自学考试办公室. 高等教育自学考试命题工作的理论与实践[M]. 武汉：湖北人民出版社，2003.

[24] 国家教育委员会考试中心. 第三届全国标准化考试改革创新奖获奖项目文集

[M]．大连：辽宁师范大学出版社，1997．

[25] 魏超群．数学教育评价[M]．桂林：广西教育出版社，1999．

[26] 杨伯熙．命题中如何正确掌握及格线[M]．合肥：中国科学技术大学出版社，1994．

[27] 李广洲．化学教育统计与测量导论[M]．南京：南京师范大学出版社，1998．

[28] 宋奇成，龙健．现代人员测评理论与实务[M]．成都：四川大学出版社，2002．

[29] 王秀卿．高等学校招生考试理论研究[M]．北京：航空工业出版社，1994．

[30] 潘懋元．论高等教育[M]．福州：福建教育出版社，2000．

[31] 肖鸣政．试卷编制的方法与技巧[M]．南昌：江西教育出版社，1989．

[32] 吴定初．教育科学研究概论[M]．成都：四川教育出版社，1992．

[33] 都本伟．自学考试命题管理科学化研究[M]．大连：辽宁师范大学出版社，1997．

[34] 刘海峰．科举考试的教育视角[M]．武汉：湖北教育出版社，1996．

[35] 教育部高等教育自学考试办公室．全国高等教育自学考试统计资料汇[M]．北京：高等教育出版社，2001．

[36] 郑日昌等．考试的教育测量学基础[M]．北京：高等教育出版社，1992．

[37] 天津市教育招生考试院《考试研究》编辑部．考试研究[M]．天津：天津市人民出版社，2002．

[38] 栗方忠．统计学原理[M]．大连：东北财经大学出版社，1995．

[39] 林文广．高等教育自学考试命题导论[M]．福州：福建人民出版社，2005．

[40] 叶佩华．教育统计学[M]．北京：人民教育出版社，1991．

[41] L．W 安德森，L．A 索斯尼克．谭晓玉等译．布卢姆教育目标分类学—40 年的回顾[M]．上海：华东师范大学出版社，1998．

[42] 漆书青，戴海崎．题库建设简论．题库建设理论与实践[M]．北京：光明日报出版社，1991．

[43] 顾明远．教育大辞典[M]．上海：上海教育出版社，1990．

[44] 毛礼锐．中国古代教育史[M]．北京：人民教育出版社，1983．

[45] 于忠正．自学考试管理学[M]．兰州：甘肃人民出版社，1994．

[46] 郝德元等．教育科学研究法[M]．北京：教育科学出版社，1990．

[47] 裴娣娜．教育科学研究方法[M]．沈阳：辽宁大学出版社，2004．

[48] 叶澜．教育概论[M]．北京：人民教育出版社，1999．

[49] http://www..zjgsyxx.com/Get/kyll/2005_05_11_66.htm

[50] 葛为民，冯成火，边星灿．农村自学考试发展研究[M]．北京：人民出版社，2004．

[51] 张楚廷. 高等教育哲学[M]. 长沙：湖南教育出版社，2004.

[52] 欧阳康. 哲学研究方法论[M]. 武汉：武汉大学出版社，1998.

[53] 叶澜. 教育学原理[M]. 北京：人民教育出版社，2007.

[54] 中华职业教育社. 黄培炎教育文集[M]. 北京：中国文史出版社，1994.

[55] 胡适. 教育论著选[M]. 北京：人民教育出版社，1994.

[56] 潘懋元. 多学科观点中的高等教育研究[M]. 上海：上海教育出版社，2001.

[57] 查尔斯·赫梅尔. 今日的教育为了明日的世界[M]. 北京：中国对外翻译出版公司，1983.

[58] 保罗·朗格让. 终身教育导论[M]. 北京：华夏出版社，1988.

[59] 联合国教科文组织国际教育发展委员会. 学会生存[M]. 上海：上海译文出版社，1979.

[60] S·拉赛尔，G·维迪努. 从现在到2000年教育内容发展的全球展望[M]. 北京：教育科学出版社，1996.

[61] 叶忠海等. 成人教育学通论[M]. 上海：上海科技出版社，1997.

[62] 郑杭生. 社会学概论新修[M]. 北京：中国人民大学出版社，2003.

[63] 侯钧生. 西方社会学理论教程[M]. 天津：南开大学出版社，2001.

[64] 沙莲香. 社会心理学[M]. 北京：中国人民大学出版社，2002.

[65]〔英〕怀特海. 教育的目的——The aids of education[M]. 北京：生活·读书·新知三联书店，2002.

[66] 霍华德，加德纳. 多元智能[M]. 北京：新华出版社，1999.

[67] 冯大鸣. 沟通与分享—中西教育管理领衔学者世纪汇谈[M]. 上海：上海教育出版社，2002.

[68] 钟启泉，金正扬，吴国平. 解读中国教育[M]. 北京：教育科学出版社，2000.

[69] 商友敬，尹后庆，吴国平. 教师人文读本（三册）[M]. 上海：上海辞书出版社，2003.

[70] 王思斌. 社会工作概论[M]. 北京：高等教育出版社，1999.

[71] 关信平. 社会政策概论[M]. 北京：高等教育出版社，2004.

[72] 风笑天. 社会学研究方法[M]. 北京：中国人民大学出版社，2005.

[73] 卢淑华. 社会统计学[M]. 北京：北京大学出版社，2005.

[74] 全国高等教育自学考试指导委员会办公室. 中国高等教育自学考试国际学术研讨会论文集[M]. 北京：高等教育出版社，1996.

［75］ 全国高等教育自学考试指导委员会办公室．高等教育自学考试教育规律研究[M]．杭州：浙江大学出版社，1996．

［76］ 葛为民．自学考试的改革与发展[M]．上海：华东师大出版社，1998．

［77］ 吴康宁．教育社会学[M]．北京：人民教育出版社，1998．

［78］〔英〕汤因比，曹未凤等译．历史研究(上册)[M]．上海：上海人民出版社，1959．

［79］ 徐良英等．爱因斯坦文集（第3卷）[M]．北京：商务印书馆，1979．

［80］ 胡晓莺．梁廉玉．教育学[M]．北京：人民教育出版社，1984．

［81］ 王豫生．陈宜安．终身教育研究[M]．厦门：鹭江出版社，2005．

［82］ 陈明庆．林文广．高等院校自学考试新生资讯手册[M]．福州：海潮摄影艺术出版社，2008．

［83］ 李炎清．毕业论文写作与范例[M]．厦门：厦门大学出版社，2006．

［84］ 康乃美．中外考试制度比较研究[M]．武汉：华中师范大学出版社，2002．

［85］ 戴家干．改造我们的考试[M]．北京：高等教育出版社，2008．

后　　记

　　考试科研工作是考试事业的重要组成部分，是推进考试改革与发展的强大动力和首要前提。有基于此，2005年初福建省高等教育自学考试委员会办公室部分科研人员成立了"考试研究方法"课题组并立项。三年多来，课题组成员利用业余时间查阅资料、调查研究、缜密论证，不辞辛苦、积极开展研究工作，并先后召开开题报告、中期审查等有关科研会议，还发表了系列论文，课题组成员互相切磋，共同探讨，为本书的出版奠定了扎实的学术基础。

　　本课题具体分工如下：陈明庆主任撰写第一章第一、第二节；陈达辉处长撰写第一章第三、第四节；林文广副研究员撰写第二章、第三章、第十三章；林正展助理研究员撰写第四章、第五章；念孝明副编审撰写第六章、第十一章；冯云副编审撰写第七章、第八章；刘郁萍助理研究员撰写第九章、第十章；谢梅沁助理研究员撰写第十二章、第十四章。最后由陈明庆、陈达辉、林文广负责统稿。在本书出版过程中，得到了有关领导和专家们的指导和帮助，还得到福建省自考办杨小川、丁毅、苏良琪等同志，福州市教育局林志成和北京大学出版社的大力支持，还参考了许多文献资料和文章，在此一并深表谢忱。

　　应该说，本书的出版是课题组团体协作的结晶，然而由于撰写者的水平有限，书中疏漏不足之处在所难免，祈望读者批评指正。

编者

2008年7月25日于榕城西湖之滨